Karte von Tirol.

Zeichenerklärung:

nördliche Grenze des von Italien im April 1915 beanspruchten Tiroler Gebietes.

nördliche Grenze des als Kriegsziel Italiens geltenden Tiroler Gebietes.

Grenze von Tirol.

Reichsgrenze.

Landesgrenze.

Bezirkshauptmannschaftsgrenze.

⊙ Sitz der Bezirkshauptmannschaft.

Eisenbahn.

▲ Bergspitze.

ᴎ Paß, Sattel, Übergang.

SPRINGENSCHMID / SCHICKSAL SÜDTIROL

Karl Springenschmid

Schicksal Südtirol

3. AUFLAGE

LEOPOLD STOCKER VERLAG

GRAZ / STUTTGART

Umschlaggestaltung: Atelier Geyer, Albersdorf
Umschlagfoto: Schloß Tirol (Foto: Dr. Hermann Frass, Bozen)
Karten auf den Vorsatzseiten:
Vorne: Land Tirol zur Zeit Österreich-Ungarns mit Eintragung der von Italien geforderten
Grenzlinien: 1. Zum Zeitpunkt des Kriegseintrittes 1915, 2. mit der Wasserscheidenlinie
(Forderung bei den Waffenstillstandsverhandlungen 1918). Hinten: Frontverlauf am 3. und
4. November 1918, nach Lagekarte: „Österreich-Ungarns letzter Krieg 1914—1918, hrsg.
vom BM. f. LV. Siebenter Kartenband (Das Kriegsjahr 1918), Wien 1938, Beilage 34."

ISBN-3-7020-0426-2

Printed in Austria
Druck: M. Theiss, Wolfsberg

DER LANDESHAUPTMANN VON SÜDTIROL

LANDHAUS - BOZEN

EIN GELEITWORT ZUR DRITTEN AUFLAGE

Karl Springenschmids Buch „Schicksal Südtirol", ein Buch mit
geschichtsdokumentarischem Inhalt, erlebt zehn Jahre nach seinem ersten
Erscheinen die dritte Auflage und hat damit bewiesen, daß es eine immer
noch aktuelle Frage mit Objektivität behandelt. Das Schicksal Südtirols
ist nicht nur das Schicksal eines Drittels der seit mehr als einem Jahr-
tausend in diesem Alpenraum siedelnden deutschsprachigen Bevölkerung
Tirols, das geschichtlich gesehen erst in allerjüngster Zeit gegen seinen
Willen einem Staate anderer Nationalität einverleibt wurde, sondern das
Schicksal Südtirols wurde und wird im Wandel der Zeit, in dem sich das
allgemeine politische Denken immer mehr vom Nationalismus und damit
auch von der Nationalstaatsidee abwendet, eben als eine der jüngsten
ungerechten Entscheidungen im Leben der europäischen Völker zu einer
immer schwereren Belastung für das Zusammenwachsen Europas. Wenn
wir daran glauben, — und die Ereignisse der Gegenwart lehren uns, daß es
gar nicht anders möglich ist — daß die Völker Eurpas in Zukunft nur ein
gemeinsames Schicksal, das heißt nur eine gemeinsame Möglichkeit des
Überlebens und eine gemeinsame Gefahr des Unterganges haben, dann
müssen wir auch erwarten, daß in der Südtirolfrage einmal die Schritte
getan werden, die dieser neuen und weitsichtigen Erkenntnis für das
Zusammenleben der Völker Europas Rechnung tragen. Das ist aber nur
möglich, wenn die dem Unrecht gegenüber den Südtirolern zugrunde-
liegenden Ereignisse und geschichtlichen Tatsachen in objektiver
Darstellung im Gedächtnis aller und nicht nur als bittere Erinnerung im
Gedächtnis der Südtiroler bleiben. Dazu leistet das Buch „Schicksal
Südtirol" von Karl Springenschmid gerade wegen seiner Objektivität
einen wertvollen Beitrag und und wir danken es dem Leopold-Stocker-
Verlag in Graz, daß er eine dritte Auflage dieses Werkes besorgt. Es erhält
in der Zeit, in der es nur mehr wenige Zeugen dieser geschichtlichen
Epoche gibt, die das Entstehen der Südtirolfrage bewußt miterlebten,
einen hohen dokumentarischen Wert. Denn eindrucksvoller und anschau-
licher als alle wissenschaftliche geschichtliche Forschung vermag das

5

lebendige Zeugnis eines Zeitgenossen ein Bild von jenen Geschehnissen zu geben, die heute, nach zwei Generationen, zur ferne liegenden Geschichte zu werden drohen. So wird „Schicksal Südtirol" von Karl Springenschmid ein Buch, das alle angeht, die von wahrer europäischer Gesinnung erfüllt sind und die daran mitarbeiten wollen, daß alle Belastungen, die das friedliche Zusammenleben der Völker Europas heute noch beeinträchtigen, beseitigt werden. Dazu gehört die Südtirolfrage.

— Dr.Silvius Magnago —

Bozen, im April 1982

6

Anmerkung zu den im Buch enthaltenen statistischen Angaben:

Volkszählung	1971			1981		
Gesamtbevölkerung	414.041			429.500		
Deutsche	260.351	63	%	285.000	66,4	%
Italiener	137.759	33,3	%	126.000	29,4	%
Ladiner	15.456	3,7	%	18.000	4,2	%
Sonstige	475					

ITALIEN ENTDECKT DEN BRENNER

DIE „NATÜRLICHEN" GRENZEN ITALIENS

Florenz. Professor Marinelli spricht. Er gilt als der bedeutendste Geograph Italiens. Vor wenigen Jahren ist er aus Padua nach Florenz versetzt worden, das sich zu einer nationalen Pflegestätte geographischer und historischer Studien entwickelt hat. Das Thema seines Vortrages lautet: „Die natürlichen Grenzen Italiens."

Dieses Thema ist von höchster Aktualität. Man schreibt das Jahr 1890. Vor zwanzig Jahren hat das italienische Volk seinen eigenen Staat gefunden. Jahrhundertelang war Italien in einzelne, sich gegenseitig bekämpfende Teilstaaten zersplittert gewesen; denn das Gebirge läuft quer durch das Land, sondert einzelne Küstenlandschaften ab, die durch die langgestreckte Gestalt der Halbinsel wie Perlen an einer Schnur hängen und miteinander wenig Verbindung haben. Dies hat seit je den Zugriff der Nachbarn begünstigt. Spanien, Frankreich, Österreich machten sich die italienischen Teilstaaten botmäßig. Sogar der historische Zentralraum Rom befand sich als Kirchenstaat in fremder Hand. In einem kühnen, revolutionären Durchbruch, dem Risorgimento, versuchte das italienische Volk die Fremdherrschaft abzuschütteln. Doch das Programm, „Italia farà da sé" — Italien macht es selbst — erwies sich als untauglich. Nur eine kluge Politik, durch die man die einzelnen Nachbarn gegeneinander ausspielte, konnte zum Ziele führen. Piemont, das Land von dem die Einigung Italiens ausging, trat einzelne Grenzgebiete an Frankreich ab und erlangte dadurch dessen Hilfe. Im Jahre 1859 konnte es einen seiner Nachbarn, Österreich, durch den anderen, Frankreich, in der Schlacht von Solferino auf eigenem Boden besiegen lassen. Österreich mußte die Lombardei abtreten. Im Jahre 1866 wurde ein Bündnis mit Preußen geschlossen und Österreich zu einem Zweifrontenkrieg gezwungen. Trotz der vernichtenden Niederlage bei Custozza konnte Italien durch den Sieg der Preußen bei Königgrätz wieder einen Gebietszuwachs erreichen und sich Venetien eingliedern. Nur das Trentino, der italienisch besiedelte Teil Tirols, und Istrien mit Triest blieben bei Österreich. In kühnem Handstreich hatte Garibaldi Sizilien erobert. Modena, Toskana, Umbrien und andere Teilstaaten schlossen sich in Volksabstimmungen dem italienischen Staat an. Mit der Eroberung des Kirchenstaates wurde die nationale Einigung Italiens vollendet.

Italien war im wesentlichen fertig. Daß es seine Einigung nicht zuletzt den Siegen seiner Verbündeten verdankte, blieb vom Anfang an ein Zeichen der Schwäche, die vielfach durch einen übersteigerten Nationalismus kompensiert wurde. Aber kaum ein anderes Volk des europäischen Festlandes wohnt in einem so klar umgrenzten Raum wie das italienische. Dreiviertel der Grenze trägt das Meer. Das gibt eine fast inselartige Abgeschlossenheit; denn die Küste des Meeres stellt wirklich eine „natürliche" Grenze dar. Hingegen findet Italien keinen Rückhalt an Flußgrenzen, denn der Po fließt inmitten des Landes und seine Nebenflüsse, die Etsch, die Brenta, die Piave, der Tagliamento, der Isonzo fließen aus dem Gebirge südwärts ab. Umsomehr mußte sich Italien mit aller Energie auf die Sicherung seiner Festlandgrenze im Alpenbogen konzentrieren.

Professor Marinelli versichert, diese Grenze gefunden zu haben. „Ohne Alpen und Adria kann Italien nicht leben", erklärt er. „Zwischen beiden aber, der Adria, als dem ‚mare nostro', und den Alpen bestehe ein direkter Zusammenhang: Alles Land, dessen Wasser zur Adria fließt, ist italienisches Land und muß, so weit es sich noch in fremder Hand befindet, mit Italien vereinigt werden. Nur wenn die Landgrenze Italiens mit der adriatischen Wasserscheide zusammenfällt, hat Italien seine ‚natürliche' Grenze gefunden [1]."

Dieser von Giovanni Marinelli mit großem Pathos verkündeten Theorie liegt die Vorstellung zugrunde, daß alle wichtigen Ströme auf den höchsten Gipfeln der Alpen entspringen und daß diese Gipfel eine durchgehende Kette bilden, die als „natürliche" Grenze zu gelten hat. Dieser Wasserscheidentheorie Marinellis kam es gelegen, daß breite Schichten des italienischen Volkes nur sehr mangelhafte Vorstellungen von den Alpen hatten. Wer nicht selbst in diesen Bergen beheimatet war oder die Alpen aus eigener Anschauung kannte, betrachtete sie etwa so, wie man sie von der Poebene aus sieht: eine durchgehende Gipfelreihe, aus Fels und Eis bestehend, ähnlich wie die Alpen auf alten Landkarten dargestellt werden.

In wissenschaftlichen Kreisen Italiens wurde denn auch die von Marinelli, Vater und Sohn, mit großem Eifer vertretene Wasserscheidentheorie sehr bald bekämpft. Der Geologe und Rektor der Universität Pavia, Senator Paolo Vinassa de Regny schrieb: „Auf dem Festlande bilden die Alpen eine ‚natürliche' Grenze. Aber welche Alpen? Welche von den vielen Ketten, aus denen dieses Gebirge besteht? Man wird nicht sagen können, daß die Wasserscheide eine ‚natürliche' Grenze ist. Die ‚natürliche' Grenze ist überhaupt ein alter materialistischer Irrtum, denn die Nation ist kein materieller, sondern ein in hohem Grade geistiger Begriff. Derartige Wasserscheiden setzen uns allgemein in Erstaunen, da wir natürlich annehmen, die Wasserscheide zwischen Adriatischem und Schwarzem Meer müsse eine mächtige Bergkette sein. Diese Vorstellung hat dazu geführt, daß man sich diese Wasserscheidengrenze überall als uneinnehmbar oder schwer übersteigbare Bergkette vorstellt. Welch ein Irrtum [2]." Man braucht nur an die adriatische Wasserscheide auf dem Toblacher Feld oder im Talgebiet von Tarvis zu denken, um den Widersinn dieser Theorie zu erkennen. Die Vorstellung, daß bestimmte politische Gebiete mit den Einheiten der hydrographischen Gliederung zusammenfallen müsse, die Wasserscheiden also die „natürlichen" Grenzen seien, wird allein schon durch die tatsächlichen Grenzziehungen widerlegt. Sogar die Donaumonarchie, die dafür als Beispiel herangezogen wurde, hat in Böhmen, Schlesien und Galizien über den Einzugsbereich der Donau hinausgegriffen. Die Wasserscheide der größten Ströme Europas, Rhein und Donau, ist nie politisch wirksam geworden. In den Westalpen müßte die Wasserscheidentheorie geradezu als Sprengstoff wirken, denn die Schweiz sitzt auf den Wasserscheiden Europas und müßte demnach zwischen Frankreich, Italien, Deutschland, Österreich aufgeteilt werden. So wurden denn die Mängel und Schwächen der Wasserscheidentheorie allgemein sichtbar. Im geographischen Sinne galt diese Theorie bereits als abgetan. Doch damit war darüber noch nicht das letzte Wort gesprochen.

Vinassa gab zwar offen zu, daß es bei der Proklamierung der Wasserscheidentheorie nicht so sehr um die Verkündigung einer wissenschaftlichen Lehre als vielmehr darum ging, der Politik bestimmte Zielsetzungen zu geben. „Die Wasserscheide kam uns Italienern als objektiver Beweisgrund gelegen", schreibt er. „Wenn es jedoch aus außenpolitischen Erwägungen notwendig war, sie aufzugeben, haben auch wir sie aufgegeben. In der modernen Politik sucht man immer das Subjektive als objektiv hinzustellen." Das war deutlich genug gesagt. Im übrigen aber bemühte sich Vinassa, die überholte Wasserscheidentheorie durch eine neue, geographisch besser fundierte Auffassung zu ersetzen. „Wenn die Wasserscheide nicht sicher ist und vor allem, wenn sie für uns nachteilig wird, könnte man sie durch die höchste und unwegsamste Kette ersetzen, ohne Rücksicht darauf, ob das Wasser auf der einen oder der anderen Seite herabfließt." Tatsächlich versuchte Vinassa das hydrographische Prinzip durch das orographische zu ersetzen und behauptete, nicht die Waserscheide, sondern die Alpenmittelkette (Catena media) stelle die „natürliche" Grenze Italiens in den Alpen dar.

Die Fragwürdigkeit des Begriffes „natürliche Grenze" wurde von österreichischen Geographen, insbesonders von Robert Sieger, Graz, und Johann Sölch, Innsbruck, eindeutig klargelegt [3]. Aber auch der französische Geograph St. Marc Giradin hat in seiner Abhandlung „Frontières naturelles" die italienische Auffassung einer vernichtenden Kritik unterzogen. Er schreibt: „Es wurde in freier Phantasie ein Recht der toten Natur gegenüber dem lebendigen Menschen aufgebaut, von dem weder Naturrecht noch Völkerrecht jemals etwas gewußt haben. In Wahrheit stecke hinter der ‚heiligen' Natur, deren Gebote ohne Widerspruch gelten sollen, nur die Selbstsucht und Begehrlichkeit der Italiener." Wie unbegründet die italienische Forderung nach der Wasserscheidengrenze in Wahrheit ist, wird besonders deutlich, wenn man sich vergegenwärtigt, daß Italien mit der Salurner Klause eine überaus günstige Grenze besitzt, die außerdem noch mit der ethnographischen Grenze zusammenfällt. Diese zwar nicht „natürliche" aber doch in gewissem Sinne naturgegebene Grenze wurde von Marinelli völlig ignoriert. Durch seine Theorie kam zum ersten Mal die Wasserscheide und damit der Brenner in die wissenschaftliche Diskussion, obwohl sich breite Kreise Italiens von dieser Grenze noch keine Vorstellung machen konnten. Man übersetzte die deutsche Bezeichnung Brenner zunächst mit „Pirene", später, als sich diese Bezeichnung nicht durchsetzen konnte und der Öffentlichkeit völlig fremd blieb, sagte man, um die geographischen Begriffe nicht noch mehr zu verwirren, in enger Anlehnung an die überlieferte deutsche Bezeichnung einfach „Brennero". Was gerade beim Brenner besonders deutlich wird, hatte Marinelli bewußt übergangen: Daß die Alpenpässe nicht eine trennende, sondern eine verbindende Funktion besitzen, daß sie nicht Grenze, sondern Brücke sind und daß diese Funktion dort, wo die Alpen dafür genügend Raum bieten, zur Ausbildung inneralpiner Gemeinwesen geführt haben. So entstanden überaus lebenskräftige, in sich geschlossene politische Landschaften wie die Schweiz und Tirol, Paßländer, die sich, ohne jemals in die den Alpen vorgelagerte Ebene auszugreifen, durch die Jahrhunderte zäh im Gebirge behauptet haben. Die Eidgenossenschaft wuchs über den Gotthard und die Bündner Pässe von Norden nach

Süden, während die Grafschaft Tirol von dem bei Meran gelegenen Stammschloß Tirol aus dem Etschland über den Brenner in das Inntal, also von Süden nach Norden wuchs. In jüngster Zeit mehren sich auch auf italienischer Seite die Stimmen, die sich gegen die bestehende Alpengrenze Italiens als einer „natürlichen" Grenze wenden. So schreibt einer der bedeutendsten Ethnologen Italiens, Professor Gustavo Buratti in Sondrio: „Die gesegneten Alpen, die vom fernen Rom als eine natürliche Grenze betrachtet werden, ja nahezu als eine von der Vorsehung aufgestellte chinesische Mauer, trennen in Wirklichkeit in all ihrer Ausdehnung, von jenen des Mittelmeeres bis zu den Julischen Alpen, nichts und niemanden. Auf der einen wie auf der anderen Seite des Alpenabhanges spricht man dieselben Sprachen: Provenzialisch, Französisch, Schweizerdeutsch, ladinisch, deutsch-tirolisch und slowenisch. Wir, die wir in den Alpen leben, kennen dies alles sehr gut. Wir wissen, daß unsere Vorfahren von der einen zu der anderen Seite überwechselten, um Arbeit zu suchen, auf Märkte zu gehen und um sich zu verehelichen („Le popolazioni alpine e l'Europa")." Bei den Auffassungen, die Marinelli mit großem Eifer verkündet hatte, handelte es sich zunächst allerdings nur um eine Theorie, die außerdem wissenschaftlich nicht vertretbar war. Im übrigen schien die Angelegenheit in einem müßigen Streit der Gelehrten unterzugehen. Niemand hätte diese Bemühungen weiterhin ernst genommen, hätte nicht einer seiner Schüler, der zunächst völlig auf sich allein gestellt blieb, die Idee Marinellis aufgegriffen und die Wasserscheidentheorie politisch wirksam gemacht.

EIN JUNGER PROFESSOR AUS ROVERETO ...

Er hieß Ettore Tolomei und war, als er mit Marinelli in Verbindung trat, fünfundzwanzig Jahre alt. Er hat sein Leben ausschließlich dem Kampf um die Brennergrenze und um die Annexion Südtirols gewidmet. Als er im hohen Alter von fünfundachtzig Jahren starb, war dieses Ziel längst erreicht und gefestigt. Kein Geringerer als der italienische Außenminister Sonnino, der auf politischer Ebene dieses Ziel verfochten und durchgesetzt hat, ein Mann also, der es wissen mußte, hat bescheinigt, daß es in erster Linie Tolomei zu danken sei, wenn Italien nunmehr auf dem Brenner stehe. Er bezeichnet Tolomei als jenen Mann, der dem italienischen Volke erst den Brenner bewußt gemacht hat, als den „Schöpfer des nationalen Brennergedankens". Diese bezeichnende Äußerung enthält ein für die Südtirolfrage typisches Zugeständnis, nämlich, daß es sich beim Kampf um die Erreichung der Brennergrenze nicht um eine aus dem Volk kommende Bewegung handelte, somit um kein nationales Anliegen, sondern um eine Aktion, die von außen her erst in das Volk hineingetragen wurde und dem einfachen Manne erst mundgerecht gemacht werden mußte.

Kein Zufall, daß Tolomei aus Rovereto kam! Diese etwa 20 km südlich von Trient gelegene Stadt hatte ein anderes politisches Klima als die Stadt Trient. Dies hat geschichtliche Gründe. Während das Bistum Trient von Anbeginn an ein integrierender Bestandteil der Grafschaft Tirol war, wurde Rovereto erst viel später in dem Kampf, den Kaiser Maximilian mit Venedig führte, gewonnen. Diese „coscienza veneta", diese bewußte Erinnerung, einmal venetianisch gewesen zu sein, war in Rovereto lebendig geblieben. In Trient dachte man noch immer österreichisch und erstrebte zunächst nur eine nationale Autonomie. Lediglich die Irredentisten forderten die Vereinigung mit Italien. In Rovereto hingegen dachte man radikaler, konsequenter und wandte sich grundsätzlich gegen Tirol, gegen Österreich. In diese haßerfüllte Atmosphäre wuchs Tolomei, 1865 geboren, hinein. Sein Vater, Tolomeo Tolomei, ein angesehener Kaufmann, ein Mann mit künstlerischen Neigungen, war ein glühender italienischer Patriot. Seine Mutter, Olimpia Tomasi, kam aus Serravalle, das nahe der italienischen Grenze liegt. Tolomei studierte in Turin und Rom. Im Jahre 1887 promovierte er zum „dottore in lettere". Als Prüfungsarbeit hatte er ein Thema aus der Geschichte Venedigs gewählt. Im Jahre 1888 ging er nach Tunis, wo sich die italienischen Kolonisten in nationaler Bedrängnis befanden und nahm am italienischen Gymnasium eine Lehrstelle für Geschichte ein. Als österreichischer Staatsbürger wurde er eingezogen und leistete seinen Militärdienst in Wien. Zu seiner Arbeit zurückgekehrt, gründete er in Rom die Zeitschrift „La Nazione Italiana". In der Vielfalt der Aufgaben, die er sich damit gestellt hatte, blieb Ziel und Richtung seiner Arbeit noch unklar, bis ihm im Jahre 1890 Professor Marinelli begegnete. Was Tolomei bisher instinktiv empfunden hatte, wurde hier zum ersten Male in wissenschaftlicher Form ausgesprochen: die adriatische Wasserscheide als die „natürliche" Grenze Italiens! Der Brenner — das

16

war der zündende Funke, der nunmehr seine Arbeit und sein Leben bestimmte.

Tolomei bat Marinelli, er möge die von ihm vertretene Theorie in seiner Zeitschrift eingehend darlegen und begründen. Dieser Aufsatz in „La Nazione Italiana" umschloß das Programm, dem sich Tolomei verschrieben hatte. Je mehr die wissenschaftliche Welt von der Theorie Marinellis abrückte, um so hartnäckiger wurde diese von Tolomei verteidigt.

Mit unerhörtem Eifer machte sich Tolomei an die Arbeit. Wie er schon in seinem Äußeren mit dem blonden Haar, den hellen Augen, dem gepflegten Spitzbart einem deutschen Gelehrten glich, hätte sein Fleiß, die Gründlichkeit, mit der er den kleinsten, den geringsten Dingen nachging, jedem deutschen Professor Ehre gemacht. Der bekannte Südtiroler Publizist, Claus Gatterer, schildert in seinem Buche „Der Kampf gegen Rom" Tolomei folgendermaßen: „Der karrierehungrige, eitle Kleinbürger aus der österreichischen Provinz, der in sich alle schlechten Eigenschaften des österreichischen Spießers vereinigte: Intoleranz, Antisemitismus und Überheblichkeit! Pfropft man auf diesen Stamm den Sprößling des italienischen Nationalismus, so entsteht etwas, das in seiner fanatischen Konsequenz teutonisch sein könnte, wäre es nicht in den Dienst Italiens gestellt worden." Sein ganzes eigenes Vermögen setzte er ein, um seine Idee zu propagieren. Mit Hilfe seines Schwagers Guido Vianino, eines führenden Irredentisten, kaufte er in der Nähe von Neumarkt den Besitz Glen, den aufgelassenen Hof eines Tiroler Bauern, gab dem Hofe sogleich den italienischen Namen Gleno und ließ neben dem alten Gehöft einen Turm in italienischem Stil erbauen. Vor allem ging es ihm darum, für das Land südlich des Brenner einen geeigneten Namen zu finden. Die Bezeichnung „Südtirol" ließ sich nicht übersetzen, denn der Name Tirol sollte völlig ausgetilgt werden. Da kam ihm ein Einfall zu Hilfe. Napoleon hatte im Jahre 1810 Tirol in einzelne Departements aufgeteilt, die, wie in Frankreich üblich, nach Flüssen benannt wurden. So gab es ein Departement Piave und ein Departement Hochetsch. Diese Bezeichnung „Hochetsch", italienisch „Alto Adige", galt aber nicht für ganz Südtirol, sondern lediglich für jenen Teil des Landes, der damals zu dem neugeschaffenen Königreich Italien geschlagen wurde, also dem Gebiete südlich von Klausen am Eisack und Gargazon an der Etsch, ein Gebiet also, das sich ungefähr mit den Grenzen des Bistums Trient deckte. Tolomei aber

verwendete die Bezeichnung „Alto Adige" für das gesamte Gebiet südlich des Brenners. Mit sicherem Instinkt wußte er, daß es, um bestimmte,
völlig absurd erscheinende Tatsachen in der Öffentlichkeit durchzusetzen, überzeugender Formeln bedurfte. Mit der Bezeichnung „Alto
Adige", die jedem, der diese Bezeichnung gebraucht, unwillkürlich die
Vorstellung eines italienischen Gebietes suggeriert, war der erste Schritt
auf diesem Wege getan.

Die italienische Bevölkerung wußte naturgemäß sehr wenig von
diesem Lande, das Tolomei für Italien „entdeckt" hatte. Nur spärliche
Nachrichten waren darüber im Volke bekannt. Als einer der ersten hatte
der italienische Schriftsteller Gambillo das Land südlich des Brenners
beschrieben: „In diesem 124.000 Quadratmeilen großem Gebiet wohnen
188.000 Menschen, die sich nach Sprache, Gebräuchen, künstlerischem
Ausdruck und Tradition von uns Italienern durchaus unterscheiden,
und unserer Richtung gänzlich abgeneigt sind. In diesem für einen
Kleinkrieg sehr geeignetem Lande ist diese rohe und ungebildete Bevölkerung jederzeit bereit, wie im Jahre 1809 dem Aufruf eines Wirtes
aus dem Passeier Folge zu leisten. Es fragt sich, ob es für Italien jemals
von Nutzen wäre, die physische Grenze der politischen gleichzusetzen [4]."

Tolomei hatte also von Anfang an mit heftiger Gegnerschaft zu
rechnen. Während man in Tirol selbst seine verschrobenen Auffassungen
kaum ernst nahm, traten ihm in Italien immer wieder Männer entgegen,
die seine Ansichten für unhaltbar hielten. Auch in Trient wies man seine
Ideen energisch ab. Sogar die Irredentisten erklärten, es ginge nicht um
die Brennergrenze, sondern um die Grenze bei Salurn, bei Salurn liege
in Wahrheit die „natürliche" Grenze Italiens. Aber Tolomei ließ sich
nicht beirren. Unermüdlich setzte er seine Arbeit fort. Im Jahre 1906
gab er das „Archivio per l'Alto Adige" heraus, ein großangelegtes
Sammelwerk, das die Italienisierung Südtirols wissenschaftlich vorbereiten sollte. In der ersten Ausgabe wird die Aufgabe, die sich Tolomei
mit dieser Veröffentlichung gestellt hatte, folgendermaßen skizziert:
„Das Archiv beschreibt jenes weite, nördlich des eigentlichen Trentino
jedoch diesseits der Alpen gelegene Gebiet mit dem Hauptort Bozen, das,
obwohl unbestreitbar zum geographischen Italien gehörend, bis heute
fast vollständig von den Forschungen und Studien ausgenommen war,
die der wissenschaftlichen Beschreibung der Halbinsel und der Wiederherstellung ihrer Geschichte dienen. Es ist Zeit, daß dieser Teil des

italienischen Bodens aufhöre, den Italienern, auch den gebildetsten, unbekannt zu sein [5]."

Typisch übrigens, daß sich in dem kleinen Kreis von Mitarbeitern, den Tolomei um sich scharen konnte, auffallend viele Männer mit deutschen Namen befinden, wie Bruno Emmert, Ludovico Oberzimmer, Gino Onestinghel, Desiderio Reich, Guido Suster, Aldo Zippel, wohl vorwiegend Mitarbeiter aus den deutschen Sprachinseln im Trentino, in denen man damals noch über 14.000 deutsch sprechende Bewohner zählte. Im übrigen aber gelang es Tolomei niemals, wirkliche Gefolgschaft zu bilden. Über einen zahlenmäßig geringen Kreis fanatischer Anhänger kam Tolomei niemals hinaus, wollte er auch vielleicht niemals hinauskommen. Ihm ging es nicht um politische Gefolgschaft, sondern um eine großzügige, das ganze italienische Volk erfassende Propagierung seiner Idee.

Persönlich blieb Tolomei völlig unabhängig, verschrieb sich keiner bestimmten Partei, keiner Bewegung, ließ sich von niemandem diese oder jene Auffassung vorschreiben, von niemandem in seine Aktionen dreinreden, vermied es auch, eine amtliche Stellung oder eine politische Funktion anzunehmen, verstand es aber doch, zum richtigen Zeitpunkt die richtigen Männer zu finden und richtete seine ganze Arbeit, ja sogar seine persönliche Lebenshaltung ausschließlich auf den Dienst an seiner Idee aus. Er blieb unverheiratet, um Zeit und Arbeitskraft nicht mit einer Familie vergeuden zu müssen.

Für die politisch maßgebenden Stellen Italiens war dies die denkbar günstigste Haltung. Da es sich bei Tolomei um keine offizielle Persönlichkeit handelte, konnte man sich ohne Gefahr der von ihm vorgebrachten Argumente bedienen. Erwies sich eine seiner Aktionen als erfolgreich, konnte man sie nachträglich sanktionieren. Schlug der Vorstoß fehl, so konnte man darauf hinweisen, daß es sich dabei lediglich um die Auffassungen eines Privatgelehrten handle.

Tolomei war österreichischer Staatsbürger, lebte in Österreich, und ließ seine Broschüren und Zeitschriften sogar lange Zeit in Österreich drucken und verteilen. Doch war er klug genug, nicht gegen die monarchistische Staatsform aufzutreten, weil er wußte, wie empfindlich man in dieser Hinsicht in Österreich war, obwohl er im Grunde genommen republikanisch gesinnt war. Sein älterer Bruder Ferrucio, von Beruf Arzt, war als Anhänger Garibaldis jedenfalls fanatischer Republikaner.

Im Grunde genommen erkannte damals niemand auf österreichischer

Seite, auch nicht in Tirol, welche Gefahr für den Bestand der Einheit des Landes von diesem Manne ausging. Die Auffassungen, die er vertrat, waren so absurd, so weit von jeder Wirklichkeit entfernt, daß Tolomei von keiner Seite ernst genommen wurde. Außerdem hatte man damals in Tirol soviel mit den Irredentisten im Trentino, die eine Abtrennung Welschtirols erstrebten, zu tun, daß man es gar nicht nötig fand, sich mit den seltsamen Ideen dieses Einzelgängers zu befassen.

Man hat Tolomei als einen Sonderling bezeichnet, der sich nur deshalb die Brennergrenze forderte, um seinen übersteigerten Patriotismus zu beweisen. Man hat ihn als einen skrupellosen Draufgänger bezeichnet, dem jedes Mittel heilig war, um sein Ziel zu erreichen. Man nannte ihn einen Pseudogelehrten, der seine These mit scheinwissenschaftlichen Argumenten unterstützte, einen Scharlatan, der vor bewußten Fälschungen, ja vor offenem Betrug nicht zurückschreckte, wenn damit seiner Sache gedient war. Man hat in ihm mit vollem Recht den Mann gesehen, der alles, was südlich des Brenners deutsch war, auslöschen und vernichten wollte, den Mann, der alles Tirolische haßte. „Innsbruck, Stadt meines Hasses", schrieb er einmal, „daß der Inn dich überflute, daß das Salz der Haller Salinen deine Felder vergifte, daß die Berge dich zermalmen [6]." Diese Beurteilung Tolomeis ist absolut richtig. Aber es ist nicht alles, was über Tolomei gesagt werden kann. Es wäre einseitig, ja geradezu gefährlich, würde man sich, wie heute allgemein üblich, mit dieser negativen Beurteilung seiner Persönlichkeit begnügen. Maßgebend im politischen Leben sind die Erfolge. Man muß die Persönlichkeit Tolomeis von den Erfolgen her beurteilen, die er in seinem Leben errungen hat. Tolomei war in erster Linie Propagandist. Daß er, um seine Idee zu propagieren, in der Wahl seiner Mittel skrupellos war, steht eindeutig fest. Lüge und Fälschung gehören eben zum Handwerk eines erfahrenen Propagandisten, dem es nicht um die Durchsetzung moralischer Werte, sondern einzig und allein um den Erfolg geht. Was Tolomei erstrebt und schließlich erreicht hat, ist ein geradezu klassisches Beispiel dafür, wie eine bestimmte Idee das Leben und die Art eines Menschen in allen nur irgendwie denkbaren Bereichen erfassen und bestimmen kann. Tolomei hat die Idee von der Brennergrenze zu einer Zeit mit aller Kraft und Begeisterung vertreten, in der man diese Idee nicht nur in Österreich und Tirol, sondern auch in Italien für Wahnwitz, für die Marotte eines verschrobenen Einzelgängers hielt. Tolomei nahm Unverständnis und Mißachtung gelassen entgegen. Lange Zeit stand er mit seinen Auffassungen völlig allein. Noch schien das Ziel in unerreichbarer Ferne. Doch es gelang ihm, die Gunst der Stunde zu nützen, früher als er selbst es erwartet hatte.

Arbeit und Erfolg dieses Mannes stellen in der Geschichte unserer Zeit einen ganz besonderen und gewiß einzigartigen Fall dar. Ein Mann, der sich in aller Einseitigkeit einer bestimmten Idee verschrieben hat, erlebt ohne materielle Unterstützung, ohne politische Hilfe, ohne eine wirksame Organisation allein durch die Kraft und Konsequenz seines Wirkens schließlich den totalen Sieg seiner Idee. Daß diese Idee wissenschaftlich längst überholt ist und keine moralische Berechtigung besitzt, weil sie das Lebensrecht und den Willen eines Volkes mißachtet, beeinträchtigt den tatsächlichen Erfolg ebenso wenig, wie die Tatsache, daß dieser Erfolg größtenteils mit absolut verwerflichen Mitteln erreicht worden ist.

Eigentlich müßte Italien diesem Manne, durch dessen Tatkraft es die Brennergrenze errungen und mit Südtirol eine reiche Provinz gewonnen hat, dankbar sein. Das italienische Volk besitzt ja eine ganz besondere Neigung und Vorliebe, die Erinnerung an bedeutsame Männer wach zu halten. Große Namen auf den Plätzen und in den Straßen der Städte, Denkmäler und Marmortafeln noch und noch! Wie in jedem Südtiroler Dorf die beste Straße, dem Befehl Roms gemäß, „Via Roma" genannt werden mußte, sollte die zweitbeste Straße eigentlich „Via Tolomei" heißen. Man wird vergeblich danach suchen. Keine Straße, die seinen Namen trägt, kein Denkmal, nichts, das an ihn erinnern würde. Der Name Tolomei soll vergessen werden und er wird tatsächlich vergessen. Warum? Weil mit diesem Namen die Erinnerungen an jene durchaus nicht rühmenswerten Mittel und Methoden verbunden sind, mit denen die Welt überlistet worden ist. Man sagt auf italienischer Seite, wenn die Südtiroler einen Prügelknaben brauchen, sprechen sie von Tolomei. Damit will man das Wirken dieses Mannes lächerlich machen und verharmlosen. Damit aber wäre dem Bemühen, der geschichtlichen Wahrheit möglichst nahe zu kommen, ein schlechter Dienst erwiesen. Wenn man darstellen will, wieso Südtirol tatsächlich an Italien verloren gegangen ist, kann man sich nicht gründlich genug mit Ettore Tolomei, seinem Leben und seinem Werk befassen, nicht zuletzt auch deshalb, weil das Gedankengut, das Tolomei geschaffen hat, mittlerweile tief in das italienische Volks eingedrungen ist. Auch wenn sich das offizielle Italien heute eindeutig von Tolomei distanziert, ist sein Geist noch lebendig geblieben. Man wird diesem Manne nicht gerecht, indem man über ihn schweigt. Dafür ist seine Bedeutung für das Schicksal Südtirols zu groß. Im Sinne einer historisch einwandfreien Darstellung, die sich bemüht, beiden Teilen gerecht zu werden, wird man die Licht- und Schattenseiten dieser einzigartigen, schwer erfaßbaren Persönlichkeit darstellen müssen. Bedauerlicherweise haben sich in jüngster Zeit Autoren, die sich mit Südtirol befassen, den italienischen Standpunkt des Verharmlosens und Verschweigens zu eigen gemacht. Claus Gatterer nennt in seinem Buche „Der Kampf gegen Rom" Tolomei einen Mann dritten Ranges, der zwar die nationalistische, dann die faschistische und schließlich ganz allgemein die italienische Politik in beträchtlichem Maße mitbestimmt habe, doch „ließe sich eine Geschichte des italienischen Nationalismus schreiben, ohne den Namen Tolomei zu erwähnen. Das ist in der Tat auch schon geschehen und man entdeckt in diesen Texten keine Lücke." Franz Tumler schließt sich in seinem Buche „Das Land Südtirol" den Auffassungen Gatterers vollinhaltlich an und bemüht sich gleichfalls, die Bedeutung Tolomeis zu „unterspielen". Dieser Darstellung widerspricht es allerdings, wenn Franz Tumler an gleicher Stelle Tolomei mit Hitler vergleicht: „Im Grunde war Hitler, der in Braunau geborene Linzer Mittelschüler, der in Wien nicht zurechtkam, in der österreichischen Armee nicht dienen wollte, daher 1914 in die deutsche eintrat, derselbe Typus!"

„FINO AL BRENNERO"

„Bis zum Brenner!" — Dies war die Parole, die Tolomei dem italienischen Volk einhämmerte. Zunächst aber fand er damit überall nur taube Ohren, denn es gab in jenen Jahren eine andere, viel zugkräftigere Parole, die tatsächlich das ganze italienische Volk erfaßte: „Trento e Trieste". Darunter verstand man die Vereinigung der italienisch besiedelten Gebiete Österreichs, also des Trentino und des Gebietes von Triest, mit Italien. Dies war eine klare, überzeugend begründete, allgemein verständliche Forderung. Das „Fino al Brennero" hingegen blieb eine höchst verschwommene, nebulose Parole, unter der man sich zunächst nichts Konkretes vorstellen konnte. Vielfach glaubte man sogar, der Brenner wäre die Nordgrenze des Trentino und die Parole „Fino al Brennero" wäre eine Forderung der Trentiner Irredentisten, um das Gebiet, auf das sie Anspruch erheben wollten, klar abzugrenzen. Daß die Alpen ein tief gegliederter, mannigfach abgestufter Lebensraum sind, ein Raum, der seine eigenen Formen und Gesetze besitzt, wurde nur von wenigen erkannt. Diese geographische Unwissenheit kam Tolomei sehr zustatten. Ihm selbst war natürlich völlig klar, worum es ging. Es ging um Tirol; denn wer Brenner sagt, sagt Tirol.

Der Brenner liegt nur 1372 m hoch. Vom Golf von Genua bis zu den Niederen Tauern gibt es im Alpenbogen keinen Übergang, der so niedrig wäre. Alle Schweizer Alpenpässe liegen höher, meist sogar über 2000 m, also über der Siedlungsgrenze. Der Große St. Bernhard ist 2472 m, der St. Gotthard 2112 m, der Splügen 2117 m hoch. Aber auch der Reschenpaß liegt mehr als 100 m höher als der Brenner, nämlich 1508 m. Ostwärts gesehen erreicht der Radstädter Tauernpaß eine Höhe von 1738 m. Erst noch weiter im Osten werden die Alpen durchgängiger und leichter überschreitbar. So sammelt der Brenner, ohne das Gebiet der Dauersiedlung zu verlassen, den gesamten von Norden in das Land einströmenden Verkehr, bündelt ihn zu einem einzigen Strange und leitet ihn nach Süden weiter.

Erst der Brenner hat Tirol geschaffen. Auf den Brenner ist der „Bauplan" des Landes ausgerichtet. Tatsächlich verdankt Tirol seine Entstehung als geschlossene inneralpine Landschaft nur dem Umstande, daß der Brenner eine unmittelbare, innerhalb der Dauersiedlung gelegene Verbindung quer durch die Alpen ermöglicht. Die raumbildende Kraft, die vom Brenner ausgeht, verknüpfte die Täler der Etsch und des Inn zu einer Einheit. Selbst im Namen des Landes kam das Empfinden für diese natürliche Einheit zum Ausdruck. Vergeblich wird man auf alten Landkarten oder Urkunden die Bezeichnung „Nordtirol" oder „Südtirol" suchen. Diese Namen sind erst sehr spät in Gebrauch gekommen. Es gab eben nur ein einheitliches Tirol, das nicht in einen nördlichen und einen südlichen Teil geschieden war. Das Land beiderseits des Brenners wurde eben als Einheit empfunden. Wenn man früher von „Südtirolern" sprach, waren damit wirklich Tiroler aus dem Süden, nämlich aus dem Trentino, also Welschtiroler gemeint. Der älteste Siedlungsname, den man im Gebiet des Brenners findet, ist der Name „Aiterwanch". Der Name bedeutet soviel wie „Brennesselwiese". Später taucht dafür der Name „Mittenwald" auf, weil der Paß inmitten des ausgedehnten „Wibetwaldes" liegt. Übrigens greift auch die Bezeichnung „Wipptal" von der Sill zum Eisack, also über die Wasserscheide hinweg. Allein die Tatsache, daß das Gebiet des Brenners beiderseits den gleichen Namen „Wipptal" trägt, beweist, wie stark diese Landschaft als Einheit empfunden wird. Bayrische Siedler schufen sich auf dem Paß mit Brand und Rodung einen Acker und gründeten eine Heimstatt. Von diesem Einzelhof, der Brenner genannt wurde, erhielt der Paß seinen Namen.

Die Bezeichnung „Paß" führte zu falschen Vorstellungen. Der Brenner ist kein Paß, wie etwa der St. Gotthard oder der Arlberg, den man in steilem Anstieg erreicht und mit dem Eindruck verläßt, eine Höhe überschritten zu haben. Im Grunde genommen handelt es sich nicht um einen Paß im engeren Sinne dieses Wortes, sondern um einen auf mehr als 1300 m ansteigenden durchgehenden Siedlungsstreifen. Der Brennerpaß selbst läßt sich eher mit einem Hochtale vergleichen. Die soviel umstrittene Wasserscheide ist in der Landschaft kaum zu erkennen und hat sich überdies im Laufe der Zeit mehrfach verändert. Jedenfalls war der Brenner schon von altersher besiedelt, während einzelne Talengen und Felsschluchten Tirols, die auf dem Wege zum Brenner liegen, etwa die Sillschlucht bei Innsbruck oder die Eisackschlucht zwischen Klausen und Bozen, ohne Zweifel das verkehrsmäßig schwierigste Stück des Brennerweges, erst sehr spät passierbar gemacht wurden. Seit Menschen diesseits und jenseits der Alpen leben, hat sich der Weg über den Brenner als der einfachste, kürzeste und zuverläßlichste Alpenübergang erwiesen. Man hat berechnet, daß von den 133 Romzügen, die im Mittelalter von fränkischen und staufischen Herrschern unternommen wurden, 66 über den Brenner geführt haben, also über den Brenner allein nahezu gleich viele wie über sämtliche anderen Alpenpässe zusammengenommen. Bezeichnend auch, daß die Eisenbahn den Brenner nicht auch, wie etwa am Gotthard, Arlberg, Lötschen oder Simplon in einem Scheiteltunnel „unterfährt", sondern zur Paßhöhe ansteigt und den Brenner tatsächlich überschreitet. Die völkerverbindende Funktion des Brennerpasses hat in unseren Tagen einen neuen Triumph erlebt: Von Tirol angeregt und begonnen, wurde im Zuge der alten Brennerstraße in einer überaus kühnen, technisch hervorragend geführten Anlage eine Autobahn geschaffen, wobei gleichfalls auf einen Scheiteltunnel verzichtet und der Brenner tatsächlich überschritten wurde, die erste Autobahn, die quer über die Alpen führt.

24

Zugegeben, daß eine Fahrt über den Brenner nicht sonderlich reizvoll ist. Ich stimme damit mit Franz Gschnitzer, dem mutigen Anwalt Südtirols, völlig überein: „Sag ich's offen, ich hab den Brenner nie leiden mögen. Die Politik ist viel später dazugekommen, ihn mir ganz zu verleiden. Aber wie unfreundlich, ja öde ist die lange Furche! Als ob sie zu nichts Besserem gut und von jeher bestimmt gewesen wäre, ein Rangierbahnhof zu werden. Nicht einmal die hohen Berge zeigen sich, sie weisen uns abschätzig die kalte Schulter. Unfreundlich und zugig ist es selbst an Sommertagen; denn die Sonne kommt spät und geht früh. Ich weiß keinen Paß wie den Brenner, dessen Höhe auch nicht einen Reiz bietet. Der übrigens recht bescheidene See liegt tiefer. Wer mich für voreingenommen hält, der vergleiche den Brenner nur einmal mit dem Reschen, mit seinen blauen Seen und grünen Matten, seinen Dörfern, den Ortler im Hintergrund ... Nein, in Wirklichkeit war mit dem Brenner nie viel los und jetzt ist es mit ihm gar nichts mehr. Dabei ist er nicht einmal eine entscheidende Wasserscheide. Zwar springt von der Bergwand schäumend der junge Eisack herab, aber im Talboden könnte er sich ebenso gut nach Norden, zum Schwarzen Meer, wie nach Süden, zur Adria, wenden, und hat auch einmal sein Bett so mit Schotter verlegt, daß er nach Norden überfloß. Trotzdem bleibt der Brenner der Idee nach die Schwelle vom Norden zum Süden: eine sanfte Schwelle, verglichen mit den Hochpässen sonst, die eher trennen als verbinden. Es ist zugleich die Grundidee des Landes Tirol, das von jeher dazu bestimmt war, Norden und Süden zu verbinden [7]."

Der Brenner hat im Laufe der Geschichte niemals eine Grenze getragen. Schon die Römer schlossen den Paß als wichtigstes Bindeglied in die Provinz Rätien. Die Bischöfe von Brixen, denen im früheren Mittelalter die Sicherung des Brennerweges oblag, rückten die Grenze ihres Bistums über den Paß hinweg in das Inntal bis an den Nordrand der Alpen vor. Als die Grafen von Tirol, auf die bischöfliche Machtentfaltung gestützt, ihr Herrschaftsgebiet vom Etschlande über den Paß nach Norden vorschoben, rückte der Brenner, wie es seiner Funktion entsprach, in den Mittelpunkt des Landes. Selbst Napoleon, der nach der verlorenen Schlacht am Berg Isel entschlossen war, dieses widerspenstige Bergland von der Landkarte auszutilgen, konnte sich nicht entschließen, die Grenze über den Brenner zu ziehen. Er hielt sich vielmehr an die Grenzen der römischen Provinz Rätien, die außerdem mit den Grenzen des Bistums Brixen mehr oder weniger zusammenfielen, also jene Grenze, die bei Klausen die Eisackschlucht überschreitet und bei Gargazon die Etsch quert. Was nördlich von dieser Grenze lag, kam zu Bayern, was südlich blieb, also etwa das Gebiet des Bistums Trient, wurde dem von ihm geschaffenen Königreich Italien einverleibt. Es ist überaus bezeichnend, daß selbst bei dieser völligen Aufteilung Tirols der Brenner in einer einzigen Hand blieb und seine verbindende Funktion aufrecht erhalten konnte. Diese eigenartige Grenzziehung, die später in der italienischen Politik eine gewisse Rolle spielte, weil es sich bei dieser „Napoleongrenze“, wie sie genannt wurde, sozusagen um eine mittlere, zwischen dem Brenner und Salurn liegende Lösung handelte, währte allerdings nur von 1810 bis 1814, also vier Jahre lang. Napoleon ging. Tirol blieb.

Jenes „Fino al Brennero“, das von Ettore Tolomei proklamiert worden war, zielte jedoch unmittelbar auf den Brenner. Das bedeutete die Zerstückelung Tirols; denn Tirol war in gleicher Weise zu beiden Seiten des Passes beheimatet. Als Paßland war Tirol entstanden, nur als Paßland konnte es seinem geschichtlichen Auftrag, den Norden mit dem Süden zu verbinden, gerecht werden. Ohne das Etschland im Süden blieb Tirol ein Torso.

TOLOMEI BESTEIGT DEN GLOCKENKARKOPF

Im Sommer des Jahres 1904 fährt Ettore Tolomei mit seinem Bruder Ferrucio nach Bruneck und wandert in das Ahrntal hinein.

Von allen Bergtälern Südtirols ist das Ahrntal das rauheste, unwegsamste. Hier ist nichts vom sonnigen Süden zu spüren. Mit seinen kargen Äckern, den einsamen Berghöfen, den dunklen, ernsten Tannenwäldern, den ungemein steilen Almhängen gehört das Ahrntal seinem Charakter, auch seinen Menschen nach eher zum Norden als zum Süden Tirols. Man möchte sagen, unter den Landschaften Südtirols ist das Ahrntal das „tirolischeste“. Aber der Ahrnbach, der dieses Tal durchfließt, mündet bei Bruneck in die Rienz, die Rienz fließt in den Eisack, der Eisack in die Etsch, die Etsch in die Adria — auf diese umständliche Weise gehört das Ahrntal zum Einzugsgebiet der Adria — eine seltsame Laune der Natur. Damit aber hatte dieses einsame, abgelegene

Hochgebirgstal, das mit Italien nicht das geringste zu tun hat, in dem seit Jahrhunderten niemals ein Italiener, nicht einmal ein Welschtiroler gelebt hatte, weil das Klima zu rauh, zu kalt war, sein Schicksal verwirkt. Eingehend hatte Tolomei alle verfügbaren Landkarten dieses Gebietes studiert. Die Wasserscheide lief hier von den Zillertaler Alpen zur Dreiherrenspitze. Zwei hochgelegene Übergänge, der Krimmler Tauern und die Birnlücke führten aus dem hintersten Ahrntal in das bereits zum Lande Salzburg gehörende Krimmlertal hinüber. Dazwischen lag ein an sich unbedeutender, teilweise vergletscherter Gebirgszug, der im Glockenkarkopf kulminierte. Nach den Untersuchungen, die Tolomei an Hand der Spezialkarte vorgenommen hatte, war dieser 2913 m hohe, leicht zu ersteigende Gipfel der nördlichste Punkt, den die adriatische Wasserscheide erreichte. Dieser Glockenkarkopf lag mehr als zehn Kilometer nördlicher als der Brenner. Dies war ein Gedanke, der Tolomei faszinierte. An diesem unscheinbaren Berggipfel im Hintergrunde des Ahrntales konnte man dem italienischen Volk die Bedeutung der Wasserscheidengrenze vor Augen führen; denn an dieser Stelle stößt die Grenze weit in österreichisches Gebiet vor, liegt nördlicher als der größte Teil Kärntens, und erreicht sogar die geographische Breite von Graz.

Im letzten Dorf des Ahrntales, in Prettau, wird übernachtet. Am 16. 6. 1904 nimmt Tolomei einen Bergführer auf. Nicht um die Dreiherrenspitze geht es, wie dieser meint, auch nicht um den Großvenediger, sondern um den Glockenkarkopf, einen Gipfel, für den sich bisher kaum jemand interessiert hat. Der Bergführer bringt die beiden Alpinisten auf den Gipfel. Tolomei hat sich im Tale mit Meißel und Hammer versehen und meißelt nun in den Gipfelfels ein großes I. Auf die Frage des Bergführers, was dieses I bedeuten solle, erwidert Tolomei, dies bedeute den Namen einer geliebten Frau. In Wahrheit bedeutete es: Italia. Symbolisch nimmt Tolomei damit diesen Gipfel für Italien in Besitz.

Die Tat eines Phantasten? Mitten im tiefsten Frieden, zu einer Zeit, da sich nicht die geringsten Anzeichen für eine Änderung der politischen Verhältnisse zeigen, okkupiert ein einzelner Mann einen Berggipfel für seine Nation, einen Gipfel, der über einhundert Kilometer von der italienischen Staatsgrenze entfernt ist und mitten in fremdem Volksgebiet, nämlich in urtirolischem Bauernlande liegt. Aber dieser Mann ist felsenfest davon überzeugt, daß dieser Berg einstmals den nördlichsten Punkt Italiens bilden wird.

Tolomei verfaßte sogleich einen pathetischen Bericht über seine alpine Expedition „an die Nordgrenze Italiens", den er in seinem „Archivio per l'Alto Adige" veröffentlichte. Im „Bolletino del Club Alpino italiano", der Zeitschrift des Italienischen Alpenklubs, veröffentlichte er einen zweiten Artikel, worin er allen Ernstes behauptete, daß es sich bei diesem kühnen Unternehmen um eine Erstbesteigung gehandelt habe. Vor ihm habe kein anderer Alpinist diesen Gipfel betreten. Bei der Gründlichkeit, mit der Tolomei seine Studien betrieb und seine Aktionen vorbereitete, ist kaum anzunehmen, daß ihm der Bericht, den Dr. Fritz Kögl in der Zeitschrift des deutsch-österreichischen Alpenvereines [8] über die Erstbesteigung des Glockenkarkopfes am 10. Juli 1895, also zehn Jahre vorher, veröffentlicht hat, unbekannt geblieben ist. So oder so, um das Ganze propagandistisch entsprechend auswerten zu können, war es notwendig, sein Unternehmen als Erstbesteigung zu deklarieren. Abgesehen davon, war ihm auch ein geographischer Irrtum unterlaufen. Der Glockenkarkopf ist nämlich gar nicht der nördlichste Punkt der adriatischen Wasserscheide. Tatsächlich liegt der Westliche Zwillingskopf, der im gleichen Kammverlauf liegt, noch weiter im Norden. Doch dergleichen Dinge blieben unwesentlich, wenn man das Ziel, das mit diesem alpinen Unternehmen erreicht werden sollte, im Auge behielt. In jenem Bericht für den italienischen Alpenklub heißt es: „Auf jeden Fall steht uns, die wir als die Ersten unter den Alpinisten darauf den Fuß gesetzt haben, das volle Recht zu, dieser Spitze den Namen zu geben und wir geben ihr einen Namen, der alles sagt: ,Vetta d'Italia!' [9]"

Das bedeutet „Scheitel oder Gipfel Italien". Namen hatten für Tolomei immer schon eine ganz besondere Bedeutung. Mit Namen konnte man alles Fremde beschwören und sich gefügig machen. Dieser Fall ist für die eigentümliche Logik Tolomeis typisch: Er erklärt sich für den Erstbesteiger, leitet daraus für sich das Recht ab, diesem Berge einen italienischen Namen zu geben und behauptet allen Ernstes, damit sei dieser Berg italienisch geworden und Italien habe das Recht, ja die Pflicht, sich diesen Berg, der seine Nordgrenze markiert, einzuverleiben.

Es wäre überflüssig, sich mit dieser absurden Denkweise zu befassen, hätte nicht gerade diese Aktion für das Schicksal Südtirols ungeheuerliche Folgen gehabt. Tolomei versuchte mit allen Mitteln dem italienischen Volk den Begriff „Vetta d'Italia" einzuhämmern. Er verfaßte sogar zwei Jahre später eine eigene Schrift darüber und brachte diese Broschüre überall in Umlauf. Durch seine ausgezeichneten Beziehungen zur Geographischen Gesellschaft Italiens erreichte er, daß die Bezeichnung „Vetta d'Italia" in allen Kartenwerken und Atlanten verwendet wurde. Die italienischen Schulbücher nahmen begeistert diese Bezeichnung auf. So wenig eindrucksvoll der Ahrntaler Glockenkarkopf an sich ist, der anspruchsvolle Name „Vetta d'Italia" schmeichelte dem Nationalstolz des italienischen Volkes. In kurzer Zeit wurde die „Vetta d'Italia" populär, auch wenn kaum jemand wußte, wo dieser fremde, abweisende Tauerngipfel eigentlich lag. Um so leichter war es, allen Beteiligten diesen Namen einzureden, nicht anders als würde es sich tatsächlich um einen italienischen Berg handeln. Der Begriff von der „Vetta d'Italia" gehörte künftig zum Sprachschatz italienischer Politiker. Von Sonnino bis Mussolini, der immer wieder die „Vetta d'Italia" beschworen hat, wurde dieser Name zitiert, um den Anspruch Italiens auf seine Nordgrenze zu rechtfertigen. So entstand ganz allgemein der Eindruck, die über den höchsten Kamm der Alpen verlaufende Waserscheidengrenze müsse schon deshalb beansprucht werden, um die italienische „Vetta d'Italia" absichern zu können. Damit brachte Tolomei auf dem Umwege über die „Vetta d'Italia" die wissenschaftlich längst überholte Theorie von der Wasserscheidengrenze in die Politik.

Mitunter meldeten sich allerdings auch Gegenstimmen. Sie kamen zuerst aus den Kreisen der Bergsteiger. So macht sich der Alpinist Dr. Eugenio Sebastiani über die Leute, die zur „Vetta d'Italia" pilgerten, lustig. „Man kann die legendäre Bedeutung der ‚Vetta d'Italia' tatsächlich verstehen; denn Leute, die gerne deklamieren, haben ein Bedürfnis nach Sensation. Wirklich geirrt hat sich nur jener, der diesem nichtssagenden Berg den hochtrabenden Namen ‚Vetta d'Italia' angehängt hat. Der Ruhm eines Berges liegt in seiner Gestalt, in seiner Höhe, nicht aber in seiner geographischen Breite [10]."

Doch solche Stimmen blieben unmaßgeblich und wurden überhört. Maßgebend hingegen war, daß die von Tolomei geschaffene Bezeichnung „Vetta d'Italia" auf allen Karten, Urkunden und Dokumenten aufschien, die von italienischen Politikern später verwendet wurden, um den Anspruch Italiens auf Südtirol begründen zu können. Der italienische Diplomat Aldovrandi Marescotti, der bei der Friedenskonferenz in Saint Germain als Sekretär der italienischen Delegation tätig war und in seinem Buche „Guerra diplomatica" ein anschauliches und einigermaßen objektives Bild der diplomatischen Vorgänge auf dieser Konferenz gegeben hat, schreibt über die kritische Situation am 2. Juni 1919, dem Tage, an dem über die Zugehörigkeit Südtirols zu Italien entschieden werden sollte: „An diesem Tage wurde im letzten Augenblick, obwohl schon alles unentschieden zu bleiben drohte, die Unterlage fertiggestellt und vorgelegt, welche Italien die Alpenlinie zuwies, die Brennergrenze und die nördlichste Spitze, die den Namen ‚Vetta d'Italia‘ trägt und damit entgegen englischen und amerikanischen Urteilen schon an sich ein zuverläßliches Zeugnis für die vollkommene Berechtigung unseres Anspruches."

Der italienische Ministerpräsident Orlando, der auf dieser Konferenz den Anspruch Italiens auf Südtirol durchkämpfte, versäumte nicht, bei der Schilderung des Grenzverlaufes die von Tolomei feierlich proklamierte „Vetta d'Italia" einzubauen. Er hat später selbst in einem Interview zugegeben, daß dieser Name auf Wilson starken Eindruck gemacht hat, ja, er gibt zu, daß es vermutlich ohne die Erwähnung der „Vetta d'Italia" gar nicht gelungen wäre, Wilson für die Anerkennung der Brennergrenze zu gewinnen.

Von dem Tag im Sommer des Jahres 1904, an dem Ettore Tolomei mit seinem Bruder im hintersten Ahrntal den Glockenkarkopf bestiegen hat, bis zu jenem 2. Juni des Jahres 1919, an dem dieser Berg tatsächlich Italien als nördlichster Punkt seiner Grenze zuerkannt wurde: welche zähe, zielbewußte Arbeit, welch ein Meisterstück politischer Propaganda stellte dies dar!

DER DRUSUS KOMPLEX

Aber die „Vetta d'Italia" allein war zu wenig. Um den italienischen Anspruch auf Südtirol nachzuweisen, genügte es nicht, bestimmte geographische Namen abzuändern, und einer Theorie nachzujagen, die längst überholt war. Seit mehr als dreizehn Jahrhunderten war dieses Land deutsch. Das war eine unumstößliche Tatsache. Man mußte sich somit mit jenem „an den Südabhang der Alpen gewehten deutschen Volksteile", wie sich Tolomei ausdrückte, eingehend befassen. Es kam

also darauf an, nicht nur die Geographie, sondern auch die Geschichte
Tirols zu verändern und die historischen Tatsachen in ihr Gegenteil
zu verkehren, um nachzuweisen, daß es sich in Südtirol nicht um ein
deutsches, sondern um italienisches, historisch gesehen also um römisches
Land handle. Es mußte nachgewiesen werden, daß Südtirol, bevor
die Bayern im 7. Jahrhundert über den Brenner gezogen waren und das
Land besiedelt hatten, dieses Gebiet von den Römern erobert, besetzt
und durchgehend besiedelt worden war. Was an Deutschen nachträglich
in dieses Land gekommen sei und südlich des Alpenkammes lebe, sei nach
Ansicht Tolomeis daher jener „natürlichen Aufsaugung ausgesetzt, die
„Alto Adige" sei römisch gewesen und müsse wieder römisch werden.
diesem Gebiet den ursprünglichen Zustand wiederherzustellen. Das
Natur und Geschichte verlangen", es käme also lediglich darauf an, in

Vor allem war Ettore Tolomei bemüht, die These von der römischen Besiedlung des Etschtales durch ein bestimmtes, leicht faßbares
Symbol darzustellen. Eine historische Persönlichkeit mußte gefunden
werden, die für jene historisch nachweisbaren Aufassungen eingesetzt
werden konnte. Tatsächlich ist das Gebiet südlich des Brenners, obwohl
es fünf Jahrhunderte hindurch von den Römern beherrscht worden war,
niemals von ihnen wirklich besiedelt worden. Dies war eine feststehende
historische Tatsache, über die es keinen Zweifel gab. Tolomei aber
glaubte, diese geschichtliche Persönlichkeit in der Gestalt des römischen
Feldherrn Drusus, eines jüngeren Bruders des Kaisers Tiberius, gefunden
zu haben. Drusus, „der wunderbare Duce", wie Tolomei schrieb, „der
Gründer der Stadt Bozen, Drusus, der die Alpen der lateinischen Kultur
erschloß."

In den folgenden Jahren beschäftigte sich Tolomei eingehend mit
Studien über Drusus und versuchte die Gestalt des römischen Feldherrn
populär zu machen. Auch in Welschtirol hatte man nach einem nationalen Heros gesucht, um aller Welt den italienischen Charakter des
Trentino nachzuweisen. Mit Duldung der österreichischen Behörden
hatte man im Jahre 1897 auf einem großen Platz der Stadt ein Denkmal
des Dichters Dante aufgestellt, ein sehr eindrucksvolles Monument, vor
dem immer wieder große nationale Kundgebungen stattfanden. Wie
Dante im Trentino, sollte Drusus im Alto Adige allgegenwärtig werden.
Tolomei träumte von einem imposanten Standbild des römischen Feldherrn, das aller Welt zeigen sollte, daß man sich hier in einem römischen

Land befand. Über die Frage, wo man dereinst dieses Denkmal aufstellen würde, kam es zwischen Tolomei und seinen Freunden zu einem erbitterten Streit. Vaglieri trat in seiner Schrift über die „Römer in Oberetsch" dafür ein, das künftige Drususdenkmal unmittelbar auf dem Brenner aufzustellen, um jedem, der in dieses Land kam, klar zu machen, daß er an dieser Stelle römischen Boden betrete. Tolomei hingegen war der Ansicht, daß es wichtiger wäre, die Bewohner des Alto Adige selbst unausgesetzt an den römischen Charakter des Landes zu erinnern, das Denkmal des römischen Feldherrn also im Lande selbst, am besten in der Stadt Bozen aufzustellen und zwar auf jenem Platze, auf dem sich das Denkmal des deutschen Minnesängers Walther von der Vogelweide befand, ein Denkmal, das Tolomei verhaßt war. Walther von der Vogelweide durch Drusus zu ersetzen, wurde für ihn ein zentrales Problem. Mit allen nur erdenklichen Mitteln versuchte er diesen Gedanken durchzusetzen. Wie sehr sich dieser Drususkult im Laufe der Zeit bei Tolomei zu einem tatsächlichen Komplex entwickelt hat, beweist eine Episode aus dem Jahre 1928, also aus einer Zeit, in der sich Südtirol bereits unter der Herrschaft der Faschisten befand. Tolomei hatte damals eine Unterredung mit Hitler. Auf dem Wunschzettel, den sich Tolomei für diese streng geheim gehaltene Aussprache angelegt hatte, stand als Punkt 2: Errichtung eines Drususdenkmals auf dem Waltherplatz in Bozen. Tolomei wollte feststellen, welche Meinung Hitler zu dieser Frage vertrete. Hitler war die Errichtung dieses Denkmals völlig gleichgültig. Tolomei nützte das natürlich sofort für seine Sache aus. „Die Deutschen wundern sich", schreibt er, „daß Bozen noch kein Drususdenkmal errichtet hat. Die Statue des Drusus sollte ein Symbol im Herzen dieser Stadt sein." Doch dieser Wunsch Tolomeis ging nicht in Erfüllung. Zwar wurde die neue, großzügig angelegte Brücke über die Talfer in Bozen von den Faschisten „Drususbrücke" genannt, doch das von Tolomei so hartnäckig geforderte Denkmal kam nicht zustande, vermutlich nicht deshalb, weil man auf die deutsche Bevölkerung Bozens Rücksicht nehmen wollte, sondern weil der an sich für das groß gewordene Bozen zu kleine Platz, von dem man das Denkmal Walthers von der Vogelweide entfernt hatte, verkehrstechnisch nicht durch dieses Monument eingeschränkt werden sollte.

Worin liegt nun tatsächlich die historische Bedeutung des römischen Feldherrn Drusus für Südtirol, den Tolomei gewissermaßen zum Schirmherrn und Schutzpatron des Landes erhoben hatte?

Bild 1: Schloß Tirol. Von diesem Schloß aus ist das Herrschaftsgebiet der Grafen von Tirol über die Täler und Pässe gewachsen und hat dem Land Tirol seine Gestalt gegeben. Das Stammschloß der Grafen von Tirol befindet sich seit dem Verlust Südtirols im Besitz des italienischen Staates.

Bild 2: Meran, Laubengasse. Einstmals Hauptstadt Tirols, hat Meran seinen ursprünglichen Charakter gut bewahrt. Heute ist Meran eine Kurstadt von internationalem Ruf.

Im Jahre 15 v. Chr. eroberte Drusus mit seinen römischen Legionen das von der rätischen Urbevölkerung dünn besiedelte Land, besiegte die Räter und Vindeliker, erhob Augsburg zum Hauptort der neuen Provinz Rätien, drang über die Weser bis zur Elbe vor, trat zum Kampfe gegen die germanischen Stämme an, starb aber nach wenigen Jahren durch einen Sturz vom Pferde. Die einzelnen, in den Bergtälern lebenden rätischen Stämme, wie die Venasten (davon der Name Vintschgau) und der Isarken (Isarkus = Eisack) bewiesen jenen zähen Freiheitsdrang, der Bergvölkern eigen ist. Nur nach langen, harten Kämpfen konnten die Römer die Herrschaft in diesem Lande aufrichten. In den römischen Urkunden ist von einem „ungebärdigen" Volke die Rede. Wesentlich bleibt, daß sich die Römer damit begnügten, das eroberte Gebiet militärisch zu sichern. Eine tatsächliche Besiedlung fand nicht statt. Das Land blieb der Bevölkerung nach bis zur Einwanderung der Bayern im 7. Jahrhundert rätisch. Wie Roberto Almagià, der heute führende italienische Geograph, nachweist, war das eigentliche Gebirgsland damals noch im wesentlichen unbewohnt und öde. Ansiedlungen fanden nur dort statt, wo Bodenschätze gefunden wurden. Es gab nur einzelne Zollstationen. Keine einzige Ortsbezeichnung ist überliefert, die sich einwandfrei auf eine römische Siedlung zurückführen ließe. Nicht einmal Garnisonen gab es in diesem Gebiet. Alle siebzehn römischen Garnisonen der Provinz Rätien lagen nördlich des Brenners, die nächste im Inntal bei Zirl. Drusus hatte diese Täler mit seinen Legionen rasch durchschritten. Ihm ging es nur darum, die Zugänge zu den Pässen militärisch zu sichern, um sich den großen Aufgaben zuwenden zu können, die seiner im Lande der Germanen harrten. Die Gestalt dieses römischen Feldherrn mit Südtirol in Verbindung zu bringen und ihn zum Gründer und Schirmherrn der Stadt Bozen zu erheben, läßt sich mit den geschichtlichen Tatsachen nicht vereinen.

Ein weiterer Beweis dafür, daß Südtirol niemals von den Römern besiedelt worden ist, ergibt sich daraus, daß auf dem Boden Südtirols kaum nennenswerte Funde aus der Römerzeit gemacht werden konnten. Wenn man etwa die römischen Ausgrabungen in Kärnten oder im Donaugebiet zum Vergleiche heranzieht, bleibt es erstaunlich, daß im Gebiet der Etsch und des Eisack keinerlei Römerfunde werden konnten, obwohl dieses Gebiet geographisch dem zentralen römischen Herrschaftsbereich näher lag als viele andere Gebiete, in denen reichhaltige Funde gemacht wurden. Für die Römer galt dieses Land nicht einmal als Etappengebiet, sondern lediglich als Durchgangsland, das im übrigen wegen seiner hohen Berge, seiner rauhen Schluchten gefürchtet war. Auf dem Boden Südtirols ist keine einzige römische Dauersiedlung nachweisbar.

Doch Tolomei gab den Kampf nicht auf und hielt an seiner These von der römischen Besiedlung Südtirols fest. Wenn schon der Boden dafür keine Beweise lieferte, konnte man diese Beweise vielleicht bei den Menschen selbst finden. Die im Lande siedelnden rätischen Stämme hatten sich, obwohl ihr Gebiet fünf Jahrhunderte lang von den Römern beherrscht wurde, ihre primitiv-bäuerliche Eigenart bis zur Einwanderung der Bayern im 7. Jahrhundert erhalten können, ja in den weltabgelegenen Tälern der Dolomiten ist diese tirolische Urbevölkerung bis heute erhalten geblieben. Die rätoromanische Sprache, die in den Tälern von Gröden, Enneberg und Buchenstein, teilweise auch noch in Fassa und Ampezzo gesprochen wird, ist etwas durchaus Eigenes. Man nennt diese 30.000 Menschen umfassende Volksgruppe „Ladiner". Dieser Name ist irreführend, da man ihn zumeist, ohne zu überlegen, mit „Lateiner" übersetzt. Die Ladiner jedoch wollen weder Lateiner noch Römer noch Italiener sein. Sie sind reine Rätoromanen, ähnlich wie die „Romantsch" im Engadin, die ihre rätische Sprache als vierte Landessprache in der Schweiz durchgesetzt haben.

Das „Tirolische" hat bei den Ladinern eine ganz besondere Ausprägung gefunden. Man kann bei den „Ladins", wie sie sich selbst nennen, eine durch Jahrhunderte reichende Schicksalsgemeinschaft mit den Deutschen Tirols feststellen, eine Haltung, die sich auch in den Krisen und Erschütterungen, die Südtirol mitzumachen hatte, hervorragend bewährt hat.

Tolomei aber suchte hartnäckig nach Beweisen für die „Latinität" Südtirols und glaubte, diese in den Ladinern gefunden zu haben. In seinem „Archivio" widmete er den Ladinern eingehende Studien. Immer wieder tauchten in seinen Aufsätzen, seinen Broschüren und Büchern die Ladiner auf, die er kurzerhand als Nachkommen der Römer deklarierte. Aber so heftig sich auch Tolomei bemühte, diese einfachen, durchwegs tirolisch gesinnten Menschen als lebendigen Beweis für die römische Tradition des Landes einsetzen zu können, so wenig Gegenliebe konnte er bei diesen Menschen finden. Die „Ladins" blieben und bleiben, was sie immer waren, — gute Tiroler.

BOLZANO, MERANO, BRUNICO...

1909. Hundert Jahre sind seit der Schlacht am Berg Isel vergangen. Tirol feiert die Erinnerung an den Kampf gegen die Truppen Napoleons in einem großen Fest. Aus allen Teilen des Landes sind die Schützenkompanien nach Innsbruck gekommen, über 30.000 Männer mit 715 Fahnen und 158 Musikkapellen, alle in ihren buten Trachten, die Unterinntaler, die Burggräfler, die Zillertaler, die Vintschgauer, die Stubaier, die Ahrntaler, die Ötztaler. Vor der Hofburg nimmt Kaiser Franz Josef den Vorbeimarsch der Schützen ab.

Zwölf Jahre war ich damals alt. Mein Vater, Statthaltereibeamter in Innsbruck, hatte uns auf der Terrasse des Stadttheaters, das der Hofburg gegenüberliegt, im Gedränge der Zuschauer einen Platz gesichert. Unauslöschbar hat sich mir das Bild dieses Festes eingeprägt. Tirol, das waren für mich bisher nur die Berge, die Täler, die Wälder gewesen. Tirol, — das wurde mir an diesem Tage bewußt — das waren auch die ernsten, harten Männer, die da in geschlossenen Reihen vorüberzogen.

Unter den Zuschauern befand sich auch der bayrische Dichter Ludwig Thoma. In einem Brief an seinen Freund Konrad Hausmann hielt er die Eindrücke dieses Tages fest: „Tja, lieber Konrad, da war ich jetzt in Innsbruck und habe dreißigtausend Bauern defilieren gesehen. Dreißigtausend deutsche Bauern und jeder einzelne war mehr Germane als sämtliche deutschen Oberlehrer zusammen. Es war unerhört schön. Ethnologisch war es ein Wunder... Mein alter Glaube, daß nur der Bauer die Rasse hält, hat eine glänzende Bestätigung gefunden, und ich bin drei Stunden lang glücklich und stolz gewesen, als Deutscher zu sehen, wie unser Volk einstmals war, bevor es Bäckerbäuche und Gelehrtenbrillen verschandelt haben. Herrgott, war das schön! Mit eigenen Augen sehen zu dürfen, was einen Dürer und Riemenschneider entzückt hat...[11]" Eine geradezu paradoxe Situation: Während Tirol im tiefsten Frieden lebt und die Erinnerung an den Kampf um die Freiheit des Landes feiert, sitzt auf einem hochgelegenen Bauerngehöft, von den Nachbarn, den Menschen des Landes kaum beachtet, ein österreichischer Privatgelehrter italienischer Volkszugehörigkeit, der von der Idee besessen ist, das Land, das vor den Fenstern seines Hauses liegt — der Blick geht über Bozen weit in das Etschtal hinauf! — von Tirol zu trennen und zu italienisieren. Niemand hat ihn zu dieser Aufgabe gedrängt, niemand hat ihn dafür autorisiert, niemandem ist er für sein Tun verantwortlich. Gewiß, er findet da und dort Helfer, Mitarbeiter. Aber im Grunde genommen, können auch sie seine politischen Ziele nicht begreifen; denn es besteht nicht die geringste Möglichkeit, diese Idee jemals in die Tat umzusetzen. Vielleicht werden die Irredentisten im Trentino eines Tages ihr Ziel, den Anschluß an Italien, erreichen; denn dies ist eine klare, in gewissem Sinne praktische Forderung, die allerdings, das sieht man in Trient völlig ein — nur verwirklicht werden kann, wenn man die Donaumonarchie in einen Krieg verwickelt. Aber die Brennergrenze, aber ein italienisches Südtirol — das ist eine Utopie. Die Grenze bei Salurn ist das Äußerste, was die italienische Politik jemals in Betracht ziehen kann. Tolomei weiß das. Er weiß, daß seine Arbeit eine Arbeit ins Ungewisse ist, eine Arbeit, für die jede Voraussetzung fehlt. Doch das stört ihn nicht. Im Gegenteil! Weil niemand seine Arbeit ernst nimmt, weil niemand gegen ihn auftritt, um seine Argumente zu entkräften — wofür an sich eine einfache Schulbildung genügt hätte! —, kann er ungestört seine Arbeit fortsetzen und ausbauen. Sein Plan, das Land südlich des Brenners, gestützt auf die große Tradition des Römertums, zu italienisieren, reift in der Stille heran. Immer neue Wege, neue Möglichkeiten eröffnen sich ihm.

„Eine Tünche der Italianità", wie sich Tolomei ausdrückte, sollte das ganze Land überziehen. Wenngleich die Städte, die Märkte und Dörfer Südtirols grunddeutsch waren, ihre Namen sollten italienisch werden.

Um die Namen ging es also. Namen hatten für Tolomei etwas Mystisches, Faszinierendes. Schon als junger Student in Turin hatte er sich mit den Ortsnamen Südtirols beschäftigt. Wenn man einem Dorf einen italienischen Namen gibt, ist es, so meinte Tolomei, zu mindesten dem äußeren Anscheine nach bereits italienisch geworden. Der überaus vielschichtige Bestand an Orts- und Flurnamen, der die bewegte Siedlungsgeschichte Tirols widerspiegelt, kam seinen Bestrebungen sehr entgegen. Die Bayern, die vor 1300 Jahren über den Brenner gezogen

36

waren, dieses Gebiet besiedelten und zu dem Lande gemacht haben, das wir heute mit der Vorstellung von Südtirol verbinden, hatten ihren Märkten, Dörfern, Gehöften deutsche Namen gegeben, wie Sterzing, Klausen, Waidbruck, Neumarkt, Atzwang, Bruneck, Mitterwald, Toblach usw. Daneben aber übernahmen sie auch einzelne Namen und Bezeichnungen der rätischen Urbevölkerung wie Gufidaun, Gargazon, Eppan, Jenesien, Vilpian. Seit langem arbeitete Tolomei gemeinsam mit seinem Bruder Ferrucio daran, sämtliche Flur- und Ortsnamen Südtirols ins Italienische zu übersetzen beziehungsweise dafür eigene italienische Namen zu erfinden. Am leichtesten gelang dies bei jenen bayrischen Namen, die eine bestimmte Bedeutung haben, sich also einfach übersetzen ließen. So wurde Mittenwald zu Messaselva, Niederdorf zu Villabassa, Franzensfeste kurz zu Fortezza. Ließ sich der Name nicht ohne weiters übersetzen, hielt sich Tolomei an die gebräuchliche Form und bemühte sich, diese für Italiener mundgerecht zu machen. Bozen hieß bei ihm Bolzano, Meran wurde einfach zu Merano, Bruneck zu Brunico, Toblach zu Dobbiaco. Herkunft und ursprüngliche Bedeutung eines Namens blieben Tolomei gleichgültig. In den meisten Fällen kam es ihm nur darauf an, eine ähnlich klingende Form zu finden, die im Italienischen leicht auszusprechen war. So wurde beispielsweise Pfalzen zu Falzes, Mauls zu Mules, Kaltern zu Caldaro, Brixen zu Bressanone, Seis zu Siusi, Branzoll zu Bronzolo und so fort, Namen, für die es keinerlei wissenschaftliche Begründung gab. Für besonders widerspenstige Namen erfand Tolomei eine völlig eigene italienische Form, etwa wenn Vintl zu Vandoies oder Völs zu Fié wurde. In einzelnen besonders schwierigen Fällen wurde der Ortspatron zu Hilfe gerufen, etwa wenn das für Italiener schwer auszusprechende Innichen San Candido genannt wurde. An manchen Namen experimentierte er oftmals lange herum, so etwa an dem Namen Sterzing. Darüber schreibt er in seinem „Archivio per l'Alto Adige": „Werden wir den Namen ,Sterzano' annehmen? Er klingt angenehm. Aber findet er in der Quellenforschung genügend Stützen? Viele ziehen ,Sterzinga' vor. Wirklich keine schöne Nachahmung, eine Form von bayrischem Geschmack. Oder bleiben wir vielleicht eher bei ,Sterzen?' Aber keine dieser deformierenden Prägungen entspricht der Würde dieser Stadt. Wir schlagen daher die Auferstehung des antiken Namens vor: Vipiteno (nach einer angeblich vor zweitausend Jahren in diesem Gebiet bestehenden römischen Militärstation) [12]." Tolomei begnügte sich aber nicht mit den Ortsnamen. Jedes einzelne Gehöft, jede noch so unbedeutende Siedlung, jede Hütte, die einen eigenen Namen trug, jede Alm erhielt eine italienische Bezeichnung. Darüber hinaus wurden auch alle Flurnamen italienisiert. Jeder Berg, jede noch so unbedeutende Höhe, jeder Fluß, jeder Bach, selbst das kleinste Gewässer, erhielt einen eigenen italienischen Namen. Diese jahrelange, überaus mühsame Arbeit, für die selbst das geringste Detail wichtig war, wurde von Tolomei in einem großangelegten Sammelwerk zusammengefaßt. Diese „Toponomastica", die er gemeinsam mit seinem Bruder Ferrucio im Jahre 1910 herausgab, enthält eine vollständige Katalogisierung aller in Südtirol vorkommenden Orts- und Flurnamen.

Dieses Werk, zu einer Zeit geschaffen, da niemand daran dachte, daß das Land südlich des Brenners jemals zu Italien kommen könnte, hat in den folgenden Jahren immer eine große Rolle gespielt, wenn es galt, nachzuweisen, daß Südtirol eigentlich italienisches Land sei. Der Name mußte die Sache, der Schein die Wirklichkeit ersetzen. Bald tauchten die von Tolomei erfundenen Namen in italienischen Zeitungen und Broschüren, auf Landkarten und Atlanten und schließlich in den Schulbüchern auf, wobei die Geographische Gesellschaft Italiens abermals den pseudowissenschaftlichen Thesen Tolomeis wertvolle Hilfe leistete. Doch niemals hätte Tolomei zu hoffen gewagt, daß seine „Toponomastica" einstens offiziellen Charakter erhalten würde und die darin angeführten Namen als die amtlichen Bezeichnungen zu gelten hätten. Aber als nach dem ersten Weltkrieg die Faschisten an die Macht kamen, benützten sie den von Tolomei geschaffenen Katalog, um die italienischen Bezeichnungen restlos durchzusetzen. Der Gebrauch der deutschen Bezeichnungen wurde verboten und nur mehr die italienische Form des Namens zugelassen. Mit Hilfe dieser Namen sollte Südtirol jene „Tünche der Italianità" erhalten, die von Tolomei mit großem Nachdruck gefordert und von den Faschisten mit Begeisterung verwirklicht wurde. Nahezu zwanzig Jahre hindurch durften in Südtirol nur die „Tolomei-Namen" verwendet werden. Zwanzig Jahre — diese Zeit sollte hinreichen, um diese Namen dem italienischen Volke, und, wie man hoffte, auch der Bevölkerung Südtirols mundgerecht zu machen. Tolomei triumphierte. Mit den entschlossenen Maßnahmen der Faschisten gingen seine kühnsten Träume in Erfüllung. Selten ist es einem Manne, der eigentlich sein Wirken nur auf Buch und Schrift beschränkt hatte, gelungen, seine Auffassungen und Ideen in solchem Ausmaße zu verwirklichen.

TRIENT: SALURNISMUS

Mit seinen Landsleuten im Trentino hatte Tolomei ständig Ärger; denn selbst jene Politiker, die sich bemühten, die Zustände im Trentino zu ändern und dieses Gebiet mit Italien zu vereinigen, wollten von der Brennergrenze nichts wissen und traten für die Grenze bei Salurn ein; denn die Tatsachen sprachen eindeutig für diese Grenze. Die Grafen von Tirol, ursprünglich Lehensherren der Bischöfe von Brixen und Trient, faßten im frühen Mittelalter das zu beiden Seiten des Brenners liegende Land zu einer geschlossenen politischen Einheit zusammen. Ähnlich wie die Eidgenossen in der benachbarten Schweiz damit auch fremdes Volkstum ihrem Herrschaftsbereich eingegliedert hatten, gehörte auch das italienisch besiedelte Gebiet von Trient zur Grafschaft Tirol. Das Trentino ist also nicht, wie man mitunter glaubt, eine erst später vollzogene Erwerbung der Grafen von Tirol, im Gegenteil, das Gebiet von Trient war vom Anfange an ein wesentlicher Bestandteil Tirols. Trient war ebenso gut Tirol wie Meran oder Innsbruck. Man spricht von Welschtirol, wobei aber der Begriff „welsch" keineswegs herabsetzend gemeint ist. Welschtiroler, das sind nicht etwa mindere Tiroler, sondern lediglich Tiroler italienischer Volkszugehörigkeit. Das Schicksal des Landes stand deutschen wie welschen Tirolern immer gleich nahe. Schon in der Zeit des Bauernkrieges, als Michael Gaißmair, ohne Zweifel die bedeutendste historische Persönlichkeit Tirols, im Gebiete von Brixen den Aufstand führte und seine berühmt gewordene „Tiroler Landesordnung" schuf, traten auch die Bauern Welschtirols zum Kampfe gegen den Bischof von Trient an. So war es auch beim Kampfe gegen Napoleon. 18.000 Welschtiroler standen in den Reihen Andreas Hofers, 4000 von ihnen ließen für Tirol ihr Leben. Der erbitterte Kampf um die Freiheit des Landes war nicht, wie man vielfach gedankenlos wiederholt, ein Kampf der Tiroler gegen französische Truppen, sondern ein Kampf deutscher, welscher und ladinischer Schützenkompagnien gegen bayrische und sächsische Bataillone. Das Trentino, das ungefähr 400.000 Einwohner zählt, also nicht ganz doppelt soviel wie Südtirol, besaß innerhalb des Landes Tirol eine vollständige Kulturautonomie. Italienisch war die Dienstsprache der Behörden. Selbstverständlich war auch das Schulwesen italienisch.

Es muß festgehalten werden, daß Tirol niemals in seiner Geschichte ein rein deutsches Land gewesen ist. Immer schon hat es die Welschen in die Gemeinschaft des Landes miteingeschlossen. In diesem jahrhundertelangen nachbarlichen Zusammenleben von deutsch und welsch offenbart sich ein Grundzug tirolischen Wesens. Mit dem Aufkommen nationalistischer Bewegungen jedoch geriet diese geschichtlich gewordene Einheit in Gefahr. Schon im Jahre 1848 tauchte bei der großen deutschen Nationalversammlung in Frankfurt am Main eine Delegation der Welschtiroler auf, die erklärte, man möge „die Salurner Klause als einen von der Natur selbst geschaffenen Trennungswall respektieren, das deutsche und das welsche Tirol voneinander trennen und im Rahmen der österreichisch-ungarischen Monarchie ein eigenes Kronland Trient schaffen [13]." Mit aller Entschiedenheit verwahrten sich die Welschtiroler dagegen, in den „Deutschen Bund" aufgenommen zu werden. Leider hat dieser Appell kein Gehör gefunden.

In den Augen italienischer Nationalisten galt das Trentino als ein unerlöstes Gebiet, eine „terra irredenta", ein Ausdruck, der im Jahre 1877 von dem Garibaldianer Imbriani geprägt worden war. Die von ihm geschaffene Bewegung des Irredentismus, die sich „der im Exil lebenden Brüder" annehmen wollte, stand im Nachhall der versinkenden Romantik des Risorgimento und war für die italienische Jugend gleichbedeutend mit Patriotismus. Die Irredentisten forderten die Loslösung des Trentino und die Vereinigung dieses Gebietes mit Italien. Der geschichtliche und geographische Zusammenhang Tirols sollte gelöst, das Trentino eine italienische Provinz werden.

Im Trentino selbst erfaßte der Irredentismus lediglich bestimmte Kreise der Intelligenz. Die Landbevölkerung, die weitaus den größten Teil der Bewohner des Trentino bildete, verhielt sich gleichgültig oder abweisend; denn sie fühlte tirolisch und war durchwegs habsburgfreundlich gesinnt. Die bäuerlichen Bewohner des Landes waren zufrieden, daß sie, was ihre Sprache betraf, weder in der Schule noch in der Kirche noch gegenüber der Behörde zu klagen hatten. Außerdem wußte man sehr gut, daß es den Bauern in Italien schlechter ging als in Tirol. Es gab also für diese Menschen keinen Grund, die bestehenden Verhältnisse zu ändern. Die Irredentisten fanden auf dem Lande taube Ohren. In Italien aber machte man sich von der politischen Lage im Trentino völlig falsche Vorstellungen. Der Italiener Gambilla, der das Trentino bereiste, die Verhältnisse in diesem Gebiete eingehend studierte und darüber im Jahre 1880 ein Buch herausgab, erklärte seinen Landsleuten, daß der Kampf um die Befreiung des Trentino für die meisten Italiener nur ein Vorwand zum Lärmen gewesen sei und daß diese Schreier von der „terra irredenta" die gleichen unbestimmten Vorstellungen hätten wie vom Lande der Papuas!

Anders sah es bei den Irredentisten im Trentino aus, denn diese wußten, worum es ging und daß der Kampf um die Loslösung ihres Landes nicht mit Tirol allein, sondern vor allem mit Österreich ausgetragen werden mußte. Führer dieses Kampfes war der Sozialist Cesare Battisti, der im Jahre 1875 als Sohn eines Kaufmannes in Trient geboren wurde. Damals kämpfte man im Trentino noch um eine Autonomie innerhalb Österreich-Ungarn. Aber das „Los von Innsbruck" steigerte sich sehr bald zu einem „Los von Wien". Der Bruder seiner Mutter, Don Luigi de Fogolari, war wegen Teilnahme an einer gegen Österreich gerichteten Verschwörung zum Tode verurteilt, später zu lebenslänglichem Kerker verurteilt worden — für den jungen Battisti ein Eindruck, der ihn durch das ganze Leben begleitete. Mit achtzehn Jahren inskribierte er an der Universität in Graz, um dort Jus zu studieren, meldete sich aber zu gleicher Zeit in Florenz an dem berühmten „Istituto di studi superiori" zum Studium von Philosophie und Geographie an. Mit einer geographischen Dissertation über das Trentino schloß er seine Studien ab. Als Irredentist war er nach Florenz gekommen. Dort aber entdeckte er in der Begegnung mit dem Historiker und Publizisten Gaetano Salvemini den Sozialismus. Salvemini war eine große überragende Persönlichkeit und wurde zum Lehrer einer ganzen Generation von Historikern, Soziologen und Politikern. Das Bild dieses großartigen Gelehrten, der allen Widerwärtigkeiten zum Trotz immer für gerechte politische Lösungen kämpfte und nur das Wohl des Volkes im Auge hatte, auch das Wohl der Deutschen Südtirols, läßt ebenso wie die untadelige Erscheinung Cesare Battistis das Literatentum, den Dilettantismus und die maßlose Eitelkeit eines Tolomei vergessen. Battisti gestand, daß er von Tag zu Tag mehr „salveminisch" werde.

In Florenz fand Battisti auch die Gefährtin seines Lebens, Ernesta Bittanti, eine überaus befähigte, auch schriftstellerisch begabte Frau, die völlig in seiner Arbeit aufging. Er selbst sagte von ihr: „Sie ist für mich eine Heilige."

Als Mann des „Florentiner Kreises" kehrte Battisti nach Trient zurück, rief dort mit einigen Freunden eine politische Organisation ins Leben und wurde in rastloser Arbeit Schöpfer des Sozialismus im Trentino. Es waren Jahre einer zähen und mühsamen Arbeit, eines Kampfes um die Menschen dieses Landes, die weder von seinem Sozialismus noch von seinen irredentistischen Plänen etwas wissen wollten. Vergeblich bemühte sich Battisti in diesem konservativen Lande, in dem es gewiß auch viel Not und Unterdrückung gab, einen Aktionsboden für seine Ideen zu gewinnen. In diesen durchgehungerten Jahren scheute Battisti auch nicht vor Provokationen zurück, um die Bevölkerung aufzurütteln. Mitunter gelang es ihm, auch in der bäuerlichen Bevölkerung Fuß zu fassen. So schreibt er einmal über eine Ortsgruppe seiner Partei in einem 1133 m hochgelegenen Bauerndorf: „In diesem Bergsozialismus ist etwas Mystisches und Revolutionäres. Es ist ein Gemisch von christlichem Fühlen und unterdrücktem Haß, ein wenig Sizilien und ein wenig Rußland." Seine politischen Auffassungen, die er vor allem in seiner Zeitung „L'Avvenire" vertrat — ein Blatt, das bezeichnenderweise in Wien gedruckt wurde —, sollten zum Motor des Irredentismus werden. Hartnäckig bemühte er sich, diese vielfach nur gefühlsmäßig erfaßten, reichlich verschwommenen Vorstellungen zu einem klaren Programm zusammenzufassen.

Battisti, dessen wissenschaftliche Neigungen eindeutig der Geographie galten, war vom Anfange an überzeugt, daß sich der Irredentismus auf das tatsächlich italienisch besiedelte Gebiet Tirols beschränken müsse. Jede darüber hinausgehende Forderung war nicht bloß ein Unrecht gegenüber der deutschen Bevölkerung Tirols, sondern konnte den Irredentismus selbst in Gefahr bringen. „Wir bleiben diesseits" erklärte Battisti seinen Anhängern. Mezzocorona, das südlich von Salurn im Etschtal gelegene italienische Dorf, erschien ihm als das Nonplusultra. Klar und eindeutig, ohne jede Verzahnung, verläuft dort die Grenze zwischen deutsch und welsch. Damit war das politische Bekenntnis zur Salurner Grenze ausgesprochen. Battisti bekannte sich in diesem Punkte zu den Auffassungen, die im Jahre 1848 von den Delegierten des Trentino im Frankfurter Parlament vertreten worden waren, und die jene vom Ortler über den Nonsberg zur Enge von Salurn und von dort über die Fassaner Alpen zur Marmolata führende Grenze, als die „von der Natur ausgezeichnet prädisponierte kleine Alpenkette" als die Nordgrenze des Trentino proklamiert hatten. In einer eigenen Denkschrift hatten diese Männer außerdem noch den besonderen strategischen Wert dieser Grenzziehung hervorgehoben. „Fünf Militärstraßen führen nach Trient hinein, doch nur eine einzige Straße führt von dort nach Norden weiter", hieß es darin, „durch fünf Türen kann man in das Trentino hineinkommen und sich dort versammeln, um die einzige nach Norden führende Türe zu verschließen [14]." Battisti schloß sich auf Grund seiner geographischen Studien dieser intuitiv erkannten Auffassung an. „Ortler und Marmolata sind die riesigen Eckpfeiler des Trentino, die beide Volksgebiete trennen und nur im Etschtal eine schmale Öffnung freilassen. Es wäre gut, wenn diese Scheidelinie in Zukunft im Interesse des nationalen Friedens dort bliebe [15]." Die Idee Tolomeis, die Nordgrenze Italiens bis zum Brenner vorzuschieben, bezeichnete er als „verrückt [16]".

Versehentlich hat Tolomei selbst in seinem „Archivio" eine ausgezeichnete Beschreibung der Salurner Grenze gegeben: „Diese Enge verläuft drei Kilometer lang zwischen hohen, kahlen Wänden. Wer, von Süden kommend, das Trentino verläßt, vor dem öffnet sich das weite malerische Becken von Neumarkt, mit Bozen und den Etschländer Alpen im Hintergrund. Wer hingegen, von Norden kommend, das Oberetsch verläßt, vor dem öffnet sich plötzlich in lichterfüllter Weite das Becken von Mezzolombardo mit den Bergen von Trient im Hintergrund. Es ist plötzlich eine ganz neue Landschaft. Das Trentino be- beginnt [17]."

Tolomei wandte sich aber wütend gegen die Auffassung, die Salurner Enge als Grenze gelten zu lassen. Er bezeichnete diese Auffassung als „Salurnismus". Ständig fürchtete er, daß man in Italien sich den Ansichten der Trentiner Politiker anschließen könnte. Mit allen Mitteln zog Tolomei dabei gegen die geographische Unwissenheit breiter Kreise zu Felde, für die der gesamte Alpenraum so wie einstens den Römern nur ein „Raum des Schreckens" war, in dem sich die einzelnen Begriffe unheilvoll verwirrten. „Die Ansichten über das Land nördlich von Trient waren sehr unklar, wenn nicht überhaupt irrig", schreibt er. „Man hatte den vagen Aspirationen der Volksseele eine unsichere Grundlage gegeben ... Man sprach vom Besitze ‚Italienisch-Tirols' und vom Besitze des ‚Alpenkammes' wie von identischen Dingen und zeigte damit, daß die Regierung und die Diplomatie Italiens entweder von der Existenz zisalpiner Deutscher nichts wußten oder vermuteten, daß der ‚Alpenkamm' durch die Ortschaft Salurn laufe [18]." Umso gefährlicher erschien es Tolomei, wenn die Irredentisten des Trentino, nun, da er jahrelang für die Brennergrenze gekämpft hatte, die Salurnergrenze ins Gespräch brachten, denn diese Männer um Cesare Battisti waren die einzigen, die klare Vorstellungen von diesen Grenzverhältnissen hatten und genau wußten, worum es ging.

Im Jahre 1909 erschien in Trient ein bis dahin völlig unbekannter, äußerst radikaler Sozialist, der sich bisher als Arbeiter in der Schweiz verdingt und dort ein politisch sehr turbulentes Leben geführt hatte, der damals sechsundzwanzigjährige Benito Mussolini. Battisti, der seine politischen Fähigkeiten rasch erkannte, übertrug ihm die Leitung seines „L'Avvenire". Später arbeitete Mussolini auch an der neuen Tageszeitung „Il Popolo" mit. An sich erschien ihm damals der Klassenkampf wichtiger als die nationalen Bestrebungen der Irredentisten. Erbittert wandte er sich gegen die österreichischen Sozialisten. „Gibt es in Österreich ein staatszersetzendes Element? Nein. Das österreichische Proletariat, das diesen Staat in die Luft sprengen sollte, garantiert und verlängert in Wirklichkeit seinen Bestand. Es genießt das allgemeine Wahlrecht und viele Sozialreformen wie die Arbeiterkrankenkassen; zudem erwartet es die Altersrente. Die einzige Chance für den Irredentismus ist ein Krieg zwischen Österreich und Italien, nachdem nur ein siegreiches Italien das besiegte Österreich zwingen kann, einen Teil der unerlösten Gebiete herauszugeben [19]." Im übrigen war die Zeit vom 6. Februar bis zum 26. September 1909, die Mussolini in Trient verbrachte, für ihn sehr fruchtbar. Er befaßte sich sehr viel mit literarischen und politischen Studien und schrieb auch für die Zeitschrift des „Florentiner Kreises" „La Voce", die von dem bekannten Publizisten Giuseppe Prezzolini herausgegeben wurde. In mehreren politischen Prozessen setzte sich Mussolini gegenüber den österreichischen Behörden zur Wehr. Das Aufsehen, das damit um seine Person entstand, kam ihm sehr zunutze. Er wurde populär. Schließlich aber wurde er doch aus Österreich ausgewiesen. Er verließ das Land. Seine beiden Geliebten, von denen jede ein Kind von ihm erwartete, blieben in Trient zurück. Er veröffentlichte eine Streitschrift, in der er ein vortreffliches Bild des Irredentismus gab: „Schon viele Italiener des Königreiches — auch jene nicht ausgenommen, die sich zum Irredentismus bekennen, ein Bekenntnis, das heute ziemlich bequem und vielleicht auch recht einträglich ist — haben eine nur sehr unbestimmte Vorstellung von der wirklichen Lage der Gebiete, die sie erlösen möchten. Viele, auch gebildete Italiener legen, wenn sie vom Trentino sprechen, eine große Unwissenheit in politischer, sprachlicher und geographischer Hinsicht an den Tag. Der Verfasser der folgenden Seiten hat fast das ganze Jahr 1909 in Trient gelebt. Er hat dort beobachtet, hat sich seine Notizen gemacht und Material gesammelt. Seine Aufgabe war es, das Trentino in seiner heutigen sprachlichen, wirtschaftlichen und politischen Lage zu beschreiben und das große Publikum aufzuklären, das davon falsche Vorstellungen hat, nichts weiß oder sich in rosigen Illusionen wiegt, die von der Wirklichkeit widerlegt werden. Die Nationalliberalen hemmen die Aktion, die Klerikalen suchen sie abzubrechen. Die große Masse beteiligt sich nicht an dem Kampf, außer bei besonderen Gelegenheiten. Das Trentino ist heute ohnmächtig. Es kann Tirol nicht bekämpfen, weil es Österreich nicht bekämpfen will [20]."

Cesare Battisti, der bisher seine politische Arbeit auf seine engere Heimat, das Trentino, beschränkt hatte, versuchte nun, auf höherer Ebene das Programm des Irredentismus zu verwirklichen. Im Jahre 1911 wurde er in den österreichischen Reichsrat gewählt und traf dort mit seinem engeren Landsmann Alcide de Gasperi zusammen, der die konservative Partei des Trentino führte. De Gasperi, der nach dem zweiten Weltkrieg als Urheber jenes Abkommens bekannt wurde, das die Provinz Bozen mit dem Trentino zu einem autonomen Gebiet, der Region, zusammenschloß und gemeinsam mit Adenauer und Schumann die Europäische Wirtschaftsgemeinschaft schuf, distanzierte sich eindeutig von den Bestrebungen der Irredentisten. Battisti aber blieb auch auf diesem schwierigen politischen Boden der unerschrockene Kämpfer für die Loslösung des Trentino. Als er bei seiner Aufnahme als Abgeordneter gefragt wurde, ob er wegen politischer Delikte vorbestraft sei, antwortete er unumwunden: „venti volte", zwanzigmal. Wenige Jahre später gelang es ihm, auch als Abgeordneter des Trentino in den Tiroler Landtag zu kommen, in jene politische Körperschaft also, in welcher der Kampf um die Abtrennung des Trentino unmittelbar ausgetragen werden mußte. „Mit flammenden Augen schleuderte er seine haßerfüllten Reden in den Saal", schrieben die österreichischen Zeitungen. Mit seiner hohen, sehnigen Gestalt, dem hageren Antlitz, das Bild eines leidenschaftlichen Kämpfers, eines Asketen, der bereit ist, das Letzte, Äußerste für seine Idee einzusetzen, in allem und jedem dem Typ des politischen Literaten, wie ihn Ettore Tolomei verkörperte, entgegengesetzt. Unerschrocken griff er die Probleme an. „Wir Sozialisten reden hier von Tirol und dem Trentino, von zwei Gebieten, die sich leicht trennen lassen, weil der von der Natur der italienischen Bevölkerung zugeteilte Boden von jenem der deutschen Bevölkerung geschieden ist.

Unser Problem ist unter den vielen nationalen Fragen Österreichs das am leichtesten zu lösende . . . Es ist eure Regierung, die jede Nationalität unzufrieden macht, die im Staate jene zentrifugalen Kräfte erzeugt, die ihn zu sprengen drohen, statt ihn zu einigen und die Völker enger aneinander zu binden. Solange die Zentralregierung nichts Klügeres zu tun weiß als jene, die an den äußersten Grenzen leben, zu reizen, ist es nur natürlich, daß diese über die Grenzen schauen. Man wird die zentrifugalen Kräfte dann in zentripedale verwandeln können, wenn man die einzelnen Völker gleichberechtigt behandelt, wenn ihre Interessen Gerechtigkeit finden [21]."

Am 12. Juni 1914, wenige Wochen vor Ausbruch des Weltkrieges, erklärte er: „Anderswo ist das Heer der natürliche Ausdruck des Vaterlandes. Aber das Vaterland existiert in Österreich nicht. In Österreich türmen sich, wie die Sektoren in der Danteschen Hölle, die Vaterländer, das eine über dem anderen auf. Das stärkere macht dem schwächeren den Boden streitig — und nicht nur den Boden, auch die Freiheit, die für die Völker die Luft ist, die sie zum Atmen brauchen . . ."

Vielleicht hätte damals eine großzügige, weitblickende Politik durch die Schaffung eines eigenen österreichischen Kronlandes Trentino dem Irredentismus den Wind aus den Segeln nehmen können. Durch das Programm der Irredentisten wäre die Salurner Enge zur Nordgrenze Italiens geworden. Damit wäre ein „deutsches" Tirol geschaffen worden, jenes „Tirol von Kufstein bis Salurn", von dem erst zu einem Zeitpunkt gesprochen wurde, an dem es für diese Lösung bereits zu spät war. Durch dieses „deutsche" Tirol wäre der Brenner im Lande geblieben, Tirol hätte nach wie vor seine historische Aufgabe, den Norden mit dem Süden zu verbinden, erfüllen können. Vielleicht hat man damals im Tiroler Landtag instinktiv empfunden, daß durch eine Abtrennung des Trentino nur der erste Schlag gegen die historische Einheit des Landes vollzogen würde, und daß dieses kleiner gewordene Tirol einen zweiten, noch viel härteren Schlag gewärtigen müsse, einen Schlag, der dem Brenner galt. Von diesem Standpunkt aus sah man damals in den Irredentisten die Totengräber Tirols.

ITALIEN ENTSCHEIDET SICH FÜR DEN KRIEG

Bild 3: Bozen, der Pfarrturm mit dem Blick auf den Rosengarten. Geblieben ist der gotische Charakter der Altstadt, geblieben ist die starke wirtschaftliche Stellung dieser alten deutschen Handelsstadt. Hingegen wurde durch die Zuwanderung von Italienern, meist aus südlichen Provinzen, in den Vorstädten Bozens das Bild dieser Stadt völlig verändert.

Bild 4: Schloß Sigmundskron. Südtirol ist das Land der Burgen, in denen sich die bewegte Geschichte dieses Landes widerspiegelt. Über dem Zusammenfluß von Etsch und Eisack erhebt sich die von Herzog Sigmund dem Münzreichen erbaute Burganlage, von weitem Obstland umgeben.

NUTZNIESSER DES DREIBUNDVERTRAGES

Die ungelöste Frage des Trentino, die von den Irredentisten leidenschaftlich vorangetrieben wurde, belastete von Jahr zu Jahr mehr das Verhältnis der Donaumonarchie zu Italien, das politisch durch den Dreibundvertrag mit Österreich verbunden war. Dieser Dreibundvertrag war ein Geheimvertrag, dessen Wortlaut erst nach dem ersten Weltkrieg verlautbart wurde. Es handelte sich um ein zwischen dem Deutschen Reich, Österreich-Ungarn und Italien abgeschlossenes Verteidigungsbündnis, mit dem sich diese drei Monarchien gegenseitig verpflichteten, einander im Falle eines Angriffes durch eine fremde Macht beizustehen. Österreich-Ungarn und das Deutsche Reich hatten sich schon 1879 zu einem Bündnis zusammengeschlossen, das unter der Führung Bismarcks den Bestand der Mittelmächte und den Frieden Europas garantieren sollte. Als Frankreich unerwartet Tunis besetzte, das als Siedlungsland für Italien wichtig war, schloß sich Italien am 20. Mai 1882 den Mittelmächten an.

Der Dreibundvertrag wurde jeweils auf fünf Jahre abgeschlossen, auch 1912 „ausdrücklich" verlängert. Italien benützte die militärische und politische Rückendeckung, die ihm der Dreibundvertrag gewährte, um sich noch als letzte der europäischen Mächte an der Aufteilung 'Afrikas zu beteiligen. Es setzte sich in Eritrea und Somali fest und versuchte das alte Kaiserreich Abessinien zu unterwerfen, ein Versuch, der allerdings mißlang (und von Mussolini im Jahre 1935 wiederholt wurde). Auch wirtschaftlich brachte der Dreibundvertrag Italien große Vorteile. Italien erlebte in den Jahren vor dem Ausbruch des Weltkrieges eine ungeahnte Prosperität, die nicht zuletzt auf die durch den Dreibundvertrag geschaffene stabile wirtschaftliche Lage Europas zurückzuführen war.

Trotzdem blieb auf italienischer Seite ein starkes Mißtrauen gegenüber der Donaumonarchie bestehen, insbesonders seit österreichische Truppen 1878 Bosnien und die Herzegowina besetzten. Man sah darin in Rom Vorzeichen einer aktiven österreichischen Balkanpolitik. Deshalb bestand Italien darauf, von Österreich Garantien für die Erhaltung des Status quo auf dem Balkan zu erhalten. Diese Sondervereinbarung wurde als Artikel VII in den Vertragstext aufgenommen. Infolge des italienisch-türkischen Krieges, mit dem sich Italien Tripolis und Lybien sichern konnte, hatte die italienische Regierung eine vorzeitige Verlängerung des Dreibundvertrages gewünscht, die an sich erst im Jahre 1917 fällig geworden wäre. Dieser neue, am 8. Juli 1914, also wenige Wochen vor Ausbruch des Krieges abgeschlossene Vertrag sollte bis zum Jahre 1920 gelten, darüber hinaus aber bis 1926 verlängert werden. Italien war also offensichtlich bis zuletzt bemüht, sich die wirtschaftlichen, politischen und militärischen Vorteile, die ihm der Dreibundvertrag einbrachte, zu erhalten. Es entsprach jedoch der traditionellen italienischen Politik, sich auch auf der Gegenseite abzusichern. Im Jahre 1902 hatte Italien mit Frankreich ein Geheimabkommen geschlossen, mit dem ihm von Seiten Frankreichs in Tunis, das von Italienern stark unterwandert war, gewisse politische Rechte zugesagt wurden, während sich Italien bereit erklärte, im Falle eines deutschen Angriffes auf Frankreich neutral zu bleiben. Außerdem hatte sich Italien im Jahre 1909 mit Rußland über die Abgrenzung von Interessensphären auf dem Balkan geeinigt und sich damit eine gewisse Sicherung gegenüber der Donaumonarchie verschafft; denn der Dreibundvertrag war nach den Worten des italienischen Staatsmannes Crispi „nur eine Vernunftehe, keineswegs aber eine Liebesheirat".

Am 28. Juni 1914 wurde der österreichische Thronfolger Franz Ferdinand und seine Gattin in Sarajevo von einem serbischen Studenten erschossen. Es war völlig klar, daß Belgrad dabei seine Hand im Spiele hatte. Österreich konnte diese offene Provokation nicht hinnehmen, ohne sein Gesicht zu verlieren. Man überlegte in Wien, ob nicht der Moment gekommen wäre, Serbien durch eine Kraftäußerung für immer unschädlich zu machen. Aber man wußte: Hinter Serbien stand Rußland.

Nach dem Wortlaut des Artikel VII wäre Österreich verpflichtet gewesen, Italien von den gegen Serbien geplanten Maßnahmen zu verständigen. Der österreichische Außenminister Graf Berchtold lehnte dies jedoch entschieden ab, „weil Österreich während der Balkankriege untrügliche Beweise dafür gewonnen hat, daß alle geheimen Mitteilungen an die italienische Regierung regelmäßig tags darauf durch den Draht nach St. Petersburg weitergegeben wurden. Eine vertrauensvolle Eröffnung an diesen Bundesgenossen wäre somit einer bewußten Orientierung unserer Gegner gleichgekommen [22]". Erst als in Belgrad das Ultimatum Österreichs überreicht worden war, wurde auch das italienische Außenministerium davon unterrichtet. Ebenso erfolgte auch die

Kriegserklärung Österreichs an Serbien, ohne daß Italien vorher verständigt worden wäre. Dieses Vorgehen wurde übrigens auch von Seiten des Deutschen Reiches voll und ganz gebilligt. Ohne Zweifel hat damit die österreichische Diplomatie einen verfahrensrechtlichen Fehler begangen, der allerdings, wie sich später zeigte, nichts an der tatsächlichen politischen Situation änderte.

Damit aber war Italien formell im Recht, wenn es behauptete, der Dreibundvertrag sei von Österreich verletzt worden. Zunächst aber kam es Italien lediglich darauf an, in Ruhe abwarten zu können, wie sich die kriegerischen Vorgänge entwickeln würden, also vorerst neutral zu bleiben.

Man hatte in Österreich nichts anderes erwartet. Rein geographisch gesehen, hatte Italien kaum eine Möglichkeit, in das sich ständig ausweitende Kriegsgeschehen einzugreifen. Rußland lag weitab, von Frankreich war es durch den hohen, unübersteigbaren Wall der Westalpen abgeschirmt. Ein Krieg an dieser Front war sinnlos, ganz abgesehen davon, daß sich Italien Frankreich gegenüber bereits verpflichtet hatte, im Falle eines deutschen Angriffes neutral zu bleiben. Gegen England anzutreten, hätte für Italien eine unmittelbare Bedrohung seiner Existenz bedeutet; denn mit seiner weit überlegenen Flotte konnte England jederzeit die ungeschützten Küsten Italiens bedrohen.

Dies stand auch für die Mittelmächte vom Anfange an fest. Was im besten Falle zu erreichen war und worauf diplomatisch hingearbeitet werden mußte, war eine dauernde neutrale Haltung Italiens, die Österreich, das an der Front gegen Serbien und gegen Rußland seine ganze militärische Macht einsetzen mußte, einen Dreifrontenkrieg ersparen konnte. Generalstabschef Conrad von Hötzendorf erklärte, vom militärischen Standpunkt aus sei kein Preis zu hoch, um Italien vom Kriege fernzuhalten. Wenn die italienische Armee im Trentino einfalle oder gegen Istrien und Triest antreten würde, sehe er in der bedrängten Lage, in der sich die Monarchie zur Zeit befinde, keine Möglichkeit, diese Angriffe abzuwehren. Auf keinen Fall dürfte man Italien einen Vorwand liefern, um sich auf die Seite der Gegner zu schlagen. Diese Gefahr war groß; denn während Italien den Alliierten gegenüber keine „mögliche" Front besaß, hatte es gegenüber Österreich eine ausgedehnte Grenze zu Lande und eine Gegenküste in der Adria, Gebiete, die teilweise italienisch besiedelt waren und durch die Tätigkeit der Irredentisten besondere politische Bedeutung erlangt hatten. Trient und Triest waren nach wie vor neuralgische Punkte.

Am 1. August 1914 sandte Kaiser Franz Josef an den italienischen König ein Telegramm, worin es hieß:

„Dreißig Jahre des Friedens und des Wohlstandes verdanken wir dem Vertrag, der uns verbindet, und dessen identische Auslegung seitens unserer Regierungen ich mit Befriedigung konstatiere. In diesem feierlichen Augenblick bin ich glücklich, auf die Hilfe meiner Verbündeten und ihrer tapferen Armeen rechnen zu können und hege die wärmsten Wünsche für den Erfolg unserer Waffen und eine glorreiche Zukunft unserer Länder [23]."

König Viktor Emanuel antwortete: „Ich brauche Eurer Majestät nicht zu versichern, daß Italien, das alle nur möglichen Anstrengungen unternommen hat, um die Aufrechterhaltung des Friedens zu sichern, und das alles, was in seiner Macht liegt, tun wird, um sobald als möglich an der Wiederherstellung des Friedens mitzuhelfen, gegenüber seinen Verbündeten eine herzlich freundschaftliche Haltung bewahren wird, entsprechend dem Dreibundvertrage, seinen aufrichtigen Gefühlen und den großen Interessen, die es wahren muß [24]."

Was mit diesen Worten umschrieben wurde, hat am gleichen Tage der österreichische Botschafter in Rom, Baron Mérey, an Außenminister Berchtold depeschiert: Im italienischen Ministerrat sei erklärt worden, man könne Italien nicht zumuten, daß es Gut und Blut opfere, nur um seinen Verbündeten zu helfen, ein Kriegsziel zu erreichen, das den italienischen Interessen unmittelbar zuwiderläuft. Das bedeutet, Italien werde sich seine Haltung im voraus gut bezahlen lassen.

DIE POLITIK DES „SACRO EGOISMO"

Diese Bezeichnung, die inzwischen in den Sprachschatz der internationalen Politik eingegangen ist, wurde am 17. Oktober 1914 von dem italienischen Ministerpräsidenten Antonio Salandra geprägt, als er erklärte: „Die höchsten Richtlinien der auswärtigen Politik werden morgen die gleichen sein wie gestern. Um sie fortzusetzen, bedarf es unerschütterlicher Festigkeit, einer klugen Erkenntnis der wahren Interessen des Landes, reifer Erwägung, die indessen nötigenfalls Aktionsbereitschaft nicht ausschließt, bedarf es des Mutes nicht an Worten, sondern in Taten, bedarf es einer Stimmung, die frei ist von jeder Voreingenommenheit, von jedem Vorurteil, von jedem Gefühl, das nicht einer ausschließlichen und grenzenlosen Hingabe an das Vaterland und des ‚Heiligen Egoismus' für Italien ist [25]."

Diese Politik ist der Ausdruck der eigenartigen geographischen Lage, in der sich Italien befindet. Durch seine nahezu inselartige Abgeschlossenheit wird Italien niemals zu raschen, voreiligen Entscheidungen gedrängt. Es kann vielmehr in Ruhe den Gang der Ereignisse abwarten und überlegen, gegen welchen seiner im Alpenbogen aufgereihten Nachbarn es sich wenden wird, beziehungsweise wie es am zweckmäßigsten den einen dieser Nachbarn gegen den anderen ausspielen kann. Es ist aber ebenso in der Lage, sich mit jenen europäischen Staaten, mit denen es keine gemeinsame Grenze hat, etwa mit England oder Rußland, zu verbinden, um, wenn es sein muß, seine Nachbarn unter Druck zu setzen. Im Falle einer kriegerischen Auseinandersetzung kommt es der italienischen Politik darauf an, sich mit dem Stärkeren zu verbinden, um gemeinsam mit ihm zu siegen. Die Schwierigkeit dieser Politik liegt daran, rechtzeitig festzustellen, wer den Krieg gewinnen wird. Aber selbst wenn die italienische Politik einmal auf die falsche Karte setzt, bleibt noch die Möglichkeit, abzuspringen und die Front zu wechseln. Die italienische Politik enthält daher für jeden Partner einen Unsicherheitsfaktor, mit dem stets gerechnet werden muß. Damit aber wird Italien ein höchst unzuverläßlicher Verbündeter.

Diese Politik ist im Grunde genommen so alt wie Italien selbst. Immer schon hat es die italienische Politik verstanden, eine bestimmte Sache und zugleich das Gegenteil davon zu vertreten. Am 2. August 1914 schrieb der italienische Außenminister, Giuliano, ein überaus fähiger Diplomat und Meister der Politik des „Sacro Egoismo", an die österreichische Regierung: „Seit dem Tage, an dem ich die Leitung der auswärtigen Politik meines Vaterlandes übernommen habe, war es eines der hauptsächlichsten Ziele meiner Tätigkeit, die Freundschaftsbande zwischen Italien und Österreich-Ungarn immer enger und enger zu knüpfen. Auf dieses Ziel hin werde ich fortfahren, alle meine Bemühungen zu richten; denn ich halte dasselbe im beiderseitigen Interesse für unbedingt notwendig. Um es zu erreichen, müssen die Interessen in Einklang gebracht werden und die des einen Befriedigung finden, ohne daß die des anderen geschädigt werden [26]." Am gleichen Tage aber schreibt Giuliano an den Ministerpräsidenten Salandra, man müsse, sobald sich das Kriegsglück gegen die Mittelmächte wende, einen Angriff auf Österreich ins Auge fassen. Gleichzeitig drängte Giuliano darauf, die Entente möge möglichst bald einen Anlaß schaffen, um Italien zu zwingen, aus seiner Reserve herauszutreten. Als einen solchen plausiblen Anlaß bezeichnete Giuliano einen drohenden britischen Flottenangriff in der Adria, durch den Italien gezwungen würde, auf die Seite der Alliierten überzutreten. Zugleich erhielt der italienische Botschafter in London, Marchese Imperiali, Instruktionen, um in geheimer Form mit britischen Staatsmännern über den Anschluß Italiens an die Alliierten zu verhandeln. Giuliano wollte Frankreich und Rußland von diesen Verhandlungen fernhalten, weil diese keine Garantie für jene Geheimhaltung boten, auf die es Giuliano vor allem ankam, um Wien und Berlin nicht mißtrauisch zu machen. Imperiali berichtete nach Rom, daß man in London den Dreibundvertrag als „tot und begraben" betrachte. Es kam also nur mehr darauf an, bei diesen Verhandlungen möglichst viel für Italien herauszuholen.

Auf österreichischer Seite hatte man für die besondere Situation, in der sich Italien befand, großes Verständnis. Außenminister Berchtold versuchte Albanien, das für die italienische Position an der Adria sehr wichtig war, oder Entschädigungen im italienisch-französischen Grenzgebiet, Savoyen oder Nizza, ins Gespräch zu bringen. Leider ließ die deutsche Politik Berchtold in diesem Punkte im Stich. In Berlin war man der Ansicht, daß Österreich, um die Neutralität Italiens zu erhalten, zu eigenen Opfern bereit sein müsse. In Rom aber gab man dem österreichischen Botschafter zu verstehen, daß Italien seine Hoffnung vor allem auf das Trentino richte. Es war der in der Geschichte der Diplomatie einzigartige Fall, daß sich ein Verbündeter unbekümmert über einen Bündnisvertrag hinwegsetzt, zugleich aber alle Rechte in Anspruch nimmt, die ihm aus diesem Vertrag erwachsen.

Am 8. August 1914 fand in Wien ein Ministerrat statt. Berchtold vertrat die Ansicht, daß Italien selbst dann, wenn man das Trentino opfern würde, nur solange neutral bleiben würde, als die Mittelmächte nicht militärisch geschwächt wären und Italien einen Vorteil darin sähe, gegen Österreich vorzugehen. Der ungarische Ministerpräsident Tisza erklärte, es wäre ein übles Zeichen der Schwäche, wenn man den italienischen Forderungen nachgäbe; denn ein Staat, der, um einen zum

Verrat neigenden „Verbündeten" abzuhalten, aus seinem eigenen Leib Gebietsteile hergäbe, degradiere sich vor der ganzen Welt. Es käme also darauf an, Zeit zu gewinnen, bis die Entscheidung in Frankreich und Rußland gefallen sei und Italien die Lust verliere, sich gegen die Donaumonarchie zu stellen. Daher würde er raten, das Gespräch mit der italienischen Regierung in unverbindlicher Weise fortzuspinnen. Falls die italienische Armee in das Trentino einfallen würde, müßte diese Aktion hingenommen werden.

Graf Berchtold berichtete darüber nach Berlin. „Wir können uns nicht die Ansicht zu eigen machen, daß durch Opfer auf Kosten österreichischen Landes Italien zu aktiver Teilnahme bewogen werden könne. Wir sind vielmehr davon überzeugt, daß die italienische Regierung nicht mehr ihre aktive Teilnahme, sondern ihre Neutralität erkaufen will und daß Italien, selbst wenn wir auf diesen Handel eingehen sollten, nicht einmal bezüglich seiner Neutralität in der Zukunft verläßlicher wäre als jetzt, sondern auch dann noch seine Haltung uns gegenüber davon abhängig machen würde, ob wir am Kriegsschauplatz Erfolg haben oder unsere Gegner das Übergewicht erlangen [27]" — eine genaue Analyse der Politik des „Sacro Egoismo"! In Österreich wußte man, was von Italien zu halten war. Leider ließ sich die Reichsregierung nicht davon überzeugen und übte weiterhin einen Druck auf Wien aus, um Italien durch Kompensationen bei der Stange zu halten.

Am 16. Oktober starb der italienische Außenminister Giuliano, der das machiavellistische Spiel des „Sowohl — als auch" eingeleitet hatte. Für ihn wurde der siebenundsechzigjährige Baron Sidney Sonnino an diese Stelle berufen, der bis zum Ende des Krieges in dieser Aufgabe verblieb und anschließend auch eine entscheidende Rolle bei den Friedensverhandlungen spielte. Sonnino, damals 67 Jahre alt, aus der Toskana stammend, ist der Mann, dessen Tätigkeit auf das engste mit dem Schicksal Südtirols verbunden ist. Obwohl Sonnino ursprünglich für die Erfüllung des Dreibundvertrages eingetreten war, hatte er sich später dafür ausgesprochen, daß Italien in diesem Kriege neutral bleiben müsse, bekannte sich aber bald darnach zu „aktiver Neutralität" — ein höchst fragwürdiger Begriff — und schwenkte schließlich völlig auf die Linie Giulianos ein. Dieses Programm verfolgte als Endziel den Anschluß Italiens an die Entente, sobald erstens der Krieg eine für die Entente günstige Wendung nahm und die Schlagkraft der Mittelmächte sichtbar geschwächt war, zweitens, die Aufrüstung der italienischen

Armee so weit fortgeschritten war, daß Italien mit Aussicht auf Erfolg in den Krieg eingreifen konnte. Beides erforderte Zeit. Deshalb sollten die kriegführenden Mächte weiterhin über die Haltung Italiens im Unklaren gelassen werden. Dies hatte außerdem den Vorteil, den Partnern die Bedeutung des Beitrittes Italiens stärker zum Bewußtsein zu bringen, so daß man den hiefür zu zahlenden Preis in die Höhe schrauben konnte. So verlief die Vorbereitung Italiens in drei Stufen: Zuerst die Zeit des Abwartens bis Mitte Dezember 1914, dann das Hervortreten mit konkreten Forderungen, schließlich die Doppelgeleisigkeit der Verhandlungen, die im März 1915 begannen. Österreich aber befand sich in harter Bedrängnis. Die Serben hatten die mangelhaft vorbereitete Offensive erfolgreich zurückgeschlagen. Die Russen hatten Galizien erobert und bedrängten von den Karpaten aus Ungarn. Man wußte in Italien nur zu gut, daß der Bündniswert Italiens von Monat zu Monat stieg.

SONNINO FORDERT DEN BRENNER

Mit dieser Forderung befand sich Sonnino genau auf jener Marschroute, die ihm sein Vorgänger Giuliano vorgezeichnet hatte. Um die Forderung nach dem Brenner entsprechend motivieren zu können, bedurfte es der Mitarbeit jenes Mannes, von dem Sonnino offen eingestand, daß es ihm allein zu danken sei, daß der Begriff „Brenner" in das politische Bewußtsein des italienischen Volkes eingedrungen wäre: Ettore Tolomei.

Tolomei seinerseits suchte eifrig nach einem Politiker, der entschlossen war, seine Idee in die Tat umzusetzen. Er fand diesen Mann in Sonnino. Gewiß, es galt noch manche Hindernisse zu beseitigen, Mißverständnisse aufzuklären. Aber der Weg, der einzuschlagen war, stand fest. „Sonnino hatte die Sammlung meines ,Archivio' immer bei der Hand", schreibt Tolomei, „es war die einzige Quelle für alles, was das Alto Adige und den Alpenhauptkamm betraf. In der ganzen Zeit wurden die dokumentarischen Unterlagen von mir und meinem ,Archivio' gegeben [28]."

Die Forderung nach dem Brenner stand fest. Aber diese Forderung schloß das Problem des deutschen Südtirol mit ein. Hier ging es nicht allein um Namen, sondern letzten Endes um Menschen. Aber Tolomei war nicht müßig gewesen, um die deutschsprachige Bevölkerung Südtirols, deren „Erbsünde darin bestand, daß ihre Vorfahren vor zwölf Jahrhunderten den Brenner überschritten hatten", zu italienisieren. Unentwegt hatte er an einem großen, alle Bereiche des Lebens umfassenden Italienisierungsprogramm gearbeitet. Als er einmal gefragt wurde, wie er sich die Lösung der Minderheitenfrage vorstelle, antwortete er, man „löse" die Minderheitenfrage nicht, sondern man stellt sie auf den Kopf, indem man das Land mit eigenen Leuten überschwemmt.

Vierundzwanzig Jahre, fast ein Vierteljahrhundert lang, hatte der österreichische Staatsbürger Ettore Tolomei auf österreichischem Boden seine gegen Österreich gerichtete Zersetzungsarbeit betrieben, ohne daß er dabei, abgesehen von der gelegentlichen Beschlagnahme seiner Schriften, daran gehindert worden wäre. Im Gegensatz zu Cesare Battisti, der während seiner politischen Tätigkeit im Trentino ständig Prozesse gegen die österreichischen Behörden zu führen hatte, fünfundfünfzigmal verurteilt und zwanzigmal bestraft wurde und dabei seine eigene Existenz ständig auf das Spiel setzen mußte — das Leben eines politischen Märtyrers —, führte Tolomei das Leben eines geschickten Literaten, der in seiner Arbeit kaum behelligt wurde. Als Österreich im Jahre 1914 in den Krieg gegen Serbien und Rußland eintrat, war es damit allerdings vorbei. Tolomei wußte, daß nun härter durchgegriffen würde und verlegte rechtzeitig und ungehindert seine Tätigkeit nach Rom. Dies war, von den äußeren Umständen ganz abgesehen, für ihn auch vom Standpunkte seiner Arbeit her der richtige Augenblick; denn, was auf dem Boden Österreichs zu tun gewesen war, hatte er in diesen vierundzwanzig Jahren bereits getan. Nun kam es darauf an, seine Ideen und sein Programm in die Tat umzusetzen. Dies konnte nur von Rom aus geschehen. Die Ausweisung aus Österreich, die erst gegen ihn ausgesprochen wurde, als er sich schon in Rom befand, bekräftigte nur, was er sich längst schon selbst vorgenommen hatte.

Nun erst erkannte man in Österreich, wie gefährlich die Tätigkeit dieses Mannes gewesen war, gefährlicher als alles, was die Irredentisten im Trentino unternommen hatten. Man beschlagnahmte sein Gut und schrieb auf seine Ergreifung eine Prämie aus — zu spät!

In Rom stand Tolomei vor einer neuen Aufgabe, alle jene Kräfte zu unterstützen, die zum Kriege gegen Österreich drängten. Man nannte sie die Interventionisten. „Nur im Kriege werden wir Tirol zerschlagen und den Brenner gewinnen!", erklärte er. Doch er fand wenig Gehör. Der Dreibund, der Italien ein volles Menschenalter lang den Frieden gesichert hatte, war immer noch eine politische Realität. Auch die überwiegende Zahl der italienischen Politiker trat für die Neutralität ein. Führer der italienischen Neutralisten war der angesehene italienische Staatsmann Giovanni Giolitti. Er vertrat die Politik des sogenannten „Parecchio", wörtlich übersetzt die „Politik des Ziemlich-viel" im Gegensatz zu der Politik der Männer um Tolomei und Mussolini, die eine „Politik des Alles" vertraten. Doch dieses „Alles" war nur durch einen Krieg zu erreichen, während die Anhänger der Politik des „Parecchio" hofften, für die Neutralität Italiens einen möglichst hohen Preis herausschlagen und ohne große Opfer einen beträchtlichen Landgewinn erzielen zu können. Mit der ihm eigenen Überzeugungskraft wandte sich Tolomei in Schrift und Rede gegen jene Politiker, die wie Giolitti vor einer Kriegserklärung an Österreich zurückschreckten. Nicht wer den Krieg erkläre, sei am Kriege schuldig, erklärte er, schuldig sei vielmehr, wer diesen Krieg notwendig mache.

In den Augusttagen des Jahres 1914 verließen Hunderte von Irredentisten das Trentino, um auf dem Boden Italiens den Kampf um die Befreiung ihrer Heimat weiterzuführen. Am 12. August verließ auch Cesare Battisti, um einer neuerlichen Verhaftung zu entgehen, das Trentino und fuhr nach Mailand. Wenige Tage später schrieb er seiner Frau, die mit den drei Kindern in Trient zurückgeblieben war, um an Stelle ihres Mannes den „Popolo" weiterzuführen, eine Postkarte. Unter der vorsichtig abgelösten Briefmarke stand: „Der Krieg gegen Österreich ist gewiß. Stelle den ‚Popolo' ein und komme mit den Kindern zu mir [29]."

Auch Battisti war davon überzeugt, daß das Trentino nur durch einen siegreich beendeten Krieg gewonnen werden konnte. Er schloß sich daher den Interventionisten an, ohne jedoch die maßlosen Forderungen Tolomeis zu teilen. Diese Männer, wie Gaetano Salvemini und Leonida Bissolati, an denen die Deutschen Südtirols später ihren mutigsten und einflußreichsten Fürsprecher fanden, forderten zwar eindeutig die Gewinnung der italienisch besiedelten Gebiete Österreichs, sprachen sich aber ebenso eindeutig gegen eine Annexion Südtirols aus. Salvemini, der diese überaus heftige Auseinandersetzung führte, wandte sich erbittert gegen Tolomei. „Die Menschen, die sich in diesem nächsten

Krieg umbringen lassen müssen, haben keine Zeit mit Literaten zu verlieren", erklärte er und warnte vor jenen Leuten, die „bereit sind, die ganze Erde in Brand zu stecken, bloß um ihr Ei zu kochen [30]."

Im Dezember 1914 schrieb Salvemini an seinen Freund Battisti: „Lieber Battisti, tu mir den Gefallen, laß die anderen Arbeiten für ein paar Minuten liegen und beantworte mir folgende Fragen: 1. Wieviele Deutsche, wieviele Italiener leben zwischen Salurn und Brenner? 2. Wenn man dieses Gebiet nach der napoleonischen Grenze in zwei Teile teilt, wieviele Italiener und Deutsche bleiben südlich, wieviele nördlich? 3. Wieviele Deutsche gibt es in Bozen-Stadt? 4. Was denkst Du von der Kampagne, die Ettore Tolomei für die Brennergrenze führt? Was für ein Mensch ist dieser Tolomei? 5. Bist Du der Ansicht, daß die natürliche Grenze, die mit der Grenze der sprachlich kompakten Gebiete zusammenfällt, vom militärischen Standpunkt aus eine schlechte Grenze wäre, die sich nicht verteidigen ließe, wenn man nicht den Brenner besäße? 6. Bist Du der Ansicht, daß die militärische Notwendigkeit, den Brenner zu besitzen, derart stark ist, daß wir die Ärgerlichkeiten und die Gefahren eines deutschen Irredentismus auf uns nehmen sollten? Tolomei erscheint mir zu fanatisch und zu sehr Literat zu sein. Außerdem möchte ich seine Zahlenangaben überprüfen [31]."

Salvemini hat die Antwort, die er von Battisti erhielt, erst nach dem Kriege veröffentlicht. Über die strittigen Grenzfragen schrieb Battisti: „Was Südtirol anlangt, bin ich der Meinung, daß man heute ohne weiters die napoleonische Grenze verteidigen könnte. Ob es klug wäre, die Grenze weiter nach Norden vorzuschieben, wage ich zu bezweifeln. Öffentlich will ich diese Zweifel nicht darlegen. Ich bin Bürger eines unerlösten Gebietes, und es ist nicht meine Aufgabe, das Maximalprogramm der Irredentisten zu entwerten. Militärisch gesehen, ist die Brennergrenze unüberwindlich, die napoleonische Grenze eher schwach, die reine Sprachgrenze bei Salurn recht gut. Falls man nach Südtirol hineingehen sollte, müßte man, die Verteidigung des Territoriums, Bozen preisgebend, an dieser inneren Grenze aufbauen [32]."

Salvemini hat diese Auffassungen Battistis auf Grund seiner persönlichen Freundschaft mit ihm in einem Zeitungsaufsatz eingehend erläutert: „Zwar hielt Battisti die Brennergrenze für militärisch unüberwindlich. Doch war er offensichtlich der Auffassung, daß militärische Erwägungen nicht die einzige Richtlinie der internationalen Politik sein sollten. Auch der nationale Wille jener Bevölkerung, die durch diese

Grenzziehung betroffen wird, muß dabei ins Gewicht fallen. Deshalb hätte Battisti die nördlich von Bozen verlaufende napoleonische Linie jedenfalls der Brennergrenze vorgezogen, obschon diese, wie er sagte ‚eher schwach' war. Doch hinter dieser Linie gibt es eine andere Linie, die sogenannte Linie von Salurn, die mit der Sprachgrenze zusammenfällt und ‚recht gut' ist; hinter dieser Linie sollte das italienische Heer das Land verteidigen ... [33]."

Salurn oder Brenner — für Salvemini und seine Anhänger war dies keine Frage; denn ihnen ging es vordringlich nicht um strategische Erwägungen, sondern darum, italienisches und deutsches Volkstum klar zu trennen. Hiefür bot die Grenze bei Salurn eine geradezu ideale Lösung.

Man hatte im Trentino gezeigt, wie gefährlich eine irredentistische Bewegung für den Bestand eines Staatswesens werden kann. Bisher hatte es auf dem Boden des italienischen Nationalstaates keine irredentistischen Bewegungen gegeben. Salvemini warnte davor, über die Grenze des eigenen Volkstums hinauszugreifen und damit innerhalb Italiens einen Irredentismus zu schaffen.

Beschwörend wandte sich Salvemini gegen die Militärs, die sich mittlerweile, von Tolomei angeregt, eingehend mit der Brennergrenze befaßt hatten: „Man soll uns beweisen, daß der Besitz der Brennergrenze ein derart großer Vorteil ist, daß es sich lohnt, dafür die Schwierigkeiten des unbesiegbaren deutschen Irredentismus zwischen Bozen und Brenner und die daraus sich ergebenden politischen Nachteile in Kauf zu nehmen. Man soll uns das beweisen und wir werden unsere altmodische Ansicht korrigieren [34]."

Tolomei hatte, um die Brennergrenze und die Annexion Südtirols zu verteidigen, in einer Serie von politischen Artikeln die Probleme des Alto Adige aus seiner persönlichen Sicht dargestellt. Salvemini griff mit großem Ernst und mit dem ihm eigenen Empfinden für das Recht jedes Volkstums auf Eigenständigkeit in diese Debatte ein:

„Die Respektierung der Nationalitäten ist für uns nicht bloß ein metaphysischer Grundsatz. Es handelt sich dabei vielmehr um eine elementare, unerläßliche Vorsichtsmaßnahme, die von der Geschichte empfohlen wird. Wer es auf sich nimmt, eine Nationalität zu unterdrücken oder in ihrem Lebensbereich zu beschneiden, stellt sich gegen eine der Geschichte innewohnende Kraft; er schafft sich unüberwindliche Schwierigkeiten, ewige und tödliche Feindschaften. Jene Deutschen des Alto Adige, die sich Italien anschließen sollen, um den Trentinern das Vergnügen zu bereiten, nun ihrerseits treten zu können, nachdem sie selbst getreten worden sind, das sind die Deutschen Andreas Hofers. Kein ernster Mensch kann sich der Illusion hingeben, es werde leicht sein, sie zu assimilieren [35]."

Mutige Worte!

Aber nicht Salvemini, sondern Tolomei gab in jener Atmosphäre einer immer stärker werdenden Kriegshysterie den Ton an. Und Tolomei hatte das Ohr Sonninos.

So unbeirrt Sonnino an der Forderung nach der Brennergrenze festhielt, so flexibel und anpassungsfähig erwies er sich in der politischen Praxis. Um einen Krieg an seiner Südgrenze zu verhindern, der die Kräfte der österreichisch-ungarischen Armee weit überfordert hätte, war man, wie Sonnino wußte, in Wien zu gewissen Zugeständnissen bereit. Niemals aber konnte die Donaumonarchie auf Südtirol und den Brenner verzichten. Nur durch eine von den Westmächten erteilte Garantie konnte im Falle eines Sieges der Alliierten die Brennergrenze für Italien gesichert werden. Darauf stellte Sonnino seine Politik ein.

ÖSTERREICH VERZICHTET AUF DAS TRENTINO

Sonnino wußte nur zu gut, daß der Bündniswert Italiens für beide kriegführenden Teile von Monat zu Monat stieg. Solange an den Fronten dieses Krieges keine eindeutige Entscheidung gefallen war, konnte man ruhig zuwarten. Seit die Russen in den Karpaten standen, befand sich die Donaumonarchie in harter Bedrängnis, ein Umstand, der Wien zwang, Italien weitere Zugeständnisse zu machen. Noch arbeitete die Zeit eindeutig für Italien. Außerdem war es mittlerweile möglich, die italienische Armee entsprechend aufzurüsten und einsatzbereit zu machen.

Sonnino war daher bemüht, die Forderungen, die man an Österreich stellte, so geschickt zu lancieren, daß die Termine, die sein Vorgänger Giuliano für den Beitritt zur Entente gestellt hatte, eingehalten werden konnten. Es kam darauf an, diese Forderungen derart aufeinander abzustimmen, daß man in dem Augenblick, da zu befürchten war, daß Österreich diesen Forderungen nachgeben würde, neue, weiterreichende

Forderungen stellte, ein Spiel, das höchstes diplomatisches Geschick erforderte. Auf Verlangen Italiens wurden diese Verhandlungen unter strengster Geheimhaltung geführt. Das ganz im Sinne einer Politik des „Sacro Egoismo" geführte Doppelspiel sollte nicht durch wechselseitige Informationen gestört werden. Der Partner in Wien sollte niemals erfahren können, was mit dem Partner in London ausgehandelt wurde und umgekehrt sollte London über die mit Wien geführten Verhandlungen im unklaren bleiben, es sei denn, daß man London absichtlich über die Angebote Wiens informierte, um dort die eigenen Forderungen in die Höhe schrauben zu können.

Schon bei der ersten diplomatischen Aussprache wurde von italienischer Seite auf die Forderungen der Irredentisten hingewiesen. Es war der erste, wohlüberlegte Angriff gegen die in nahezu anderthalb Jahrtausenden gewachsene politische Einheit Tirols. Man begann mit dem Trentino, weil Österreich auf dieses, im Grunde genommen bäuerlich besiedelte Gebiet leichter verzichten konnte als auf Triest, das als Adriahafen für die Donaumonarchie lebenswichtig war. Man hielt also Triest gewissermaßen in Reserve, Forderungen genug, um Österreich solange hinzuhalten, bis man sich mit der Entente geeinigt hatte.

Doch weder Ministerpräsident Stürgkh noch Baron Burian, der Außenminister Berchtold abgelöst hatte, waren zu diesem Zeitpunkt zu einer Abtretung des Trentino zu bewegen. Sie beriefen sich dabei auf die Haltung des greisen Monarchen. Kaiser Franz Josef erklärte, der Verlust eines Teiles von Tirol wäre für ihn schmerzlicher als etwa der Verlust Galiziens. Stürgkh bekräftigte das Urteil des Kaisers und erklärte, je mehr er darüber nachdenke, desto bestimmter dränge sich ihm die Überzeugung auf, daß der Kaiser das richtige Gefühl habe, wenn er erklärte, er könne das Trentino nicht preisgeben. Der Kaiser aber stellte fest: Der Tag, an dem er seine Minister davon überzeugt habe, daß man das Trentino nicht leichter Hand preisgeben dürfe, sei für ihn der erste gute Tag seit langer Zeit gewesen [36].

Anderer Ansicht hingegen war man in Berlin. Zwar hatte man auch dort inzwischen eingesehen, daß Italien auf keinen Fall an der Seite der Mittelmächte in den Krieg eintreten würde. Doch war man überzeugt, daß Italien durch entsprechende Zugeständnisse von seiten Österreichs aus dem Kriegsgeschehen herausgehalten werden könne. Berlin sandte seinen „besten Mann" nach Rom, Fürst Bülow, den ehemaligen Reichskanzler. Bülow war mit einer italienischen Hocharisto-

62

kratin verheiratet, besaß ausgezeichnete Verbindungen zum Vatikan und zu den konservativen und liberalen Kreisen Italiens, die gegen den Eintritt in den Krieg waren. Die Aussichten für einen Erfolg seiner Mission schienen also nicht ungünstig zu sein. Bülow hoffte mit Hilfe Giolittis, der sich nach wie vor zum Dreibund bekannte, das Kabinett Salandra-Sonnino aus dem Sattel heben zu können. Bülow drängte die österreichische Regierung, seine Aufgabe in Rom durch entsprechende Zugeständnisse zu unterstützen. „Bülow bringt das Trentino!" schrieben die Zeitungen. Um Österreich die Abtretung des Trentino leichter zu machen, machte der Zentrumsabgeordnete Matthias Erzberger, der nach Rom gekommen war, um die Mission Bülows zu unterstützen, den Vorschlag, Deutschland möge Österreich dafür seinerseits Konzessionen machen. Als Gegengabe für die Abtretung des Trentino sollte Deutschland das Kohlengebiet von Sosnowice in Oberschlesien Österreich überlassen.

Diesem Drängen seines Verbündeten mußte Österreich wohl oder übel nachgeben; denn die Situation an der russischen Front hatte sich inzwischen wesentlich verschlechtert. Am 22. März 1915 fiel Przemysl, die größte österreichische Festung in Galizien, die monatelang starke russische Kräfte gebunden hatte. Der Druck der Russen verstärkte sich von Tag zu Tag. Wenn es den Russen gelang, aus dem Karpatenbogen vorzubrechen und in Ungarn einzufallen, konnte dies zu einer Katastrophe führen. In dieser bis zum Äußersten gespannten Situation konnte die österreichische Armee keinen einzigen Soldaten entbehren. Wenn Italien die Gunst dieser Stunde nützte, um mit unverbrauchten Kräften in Tirol einzufallen oder über den Karst nach Innerösterreich vorzustoßen, konnte der italienischen Armee nichts entgegengestellt werden. Mehr als je zuvor war Österreich in diesen kritischen Tagen auf die Neutralität Italiens angewiesen. In dieser schicksalshaften Lage entschloß sich Kaiser Franz Josef schweren Herzens, auf die italienisch besiedelten Gebiete Tirols zu verzichten, wenn Italien seinerseits bereit war, eine Garantie für sein neutrales Verhalten abzugeben. Außenminister Burian verständigte am 28. März 1915 den italienischen Botschafter in Wien, daß man zu Verhandlungen über das Trentino bereit wäre.

Sonnino antwortete darauf, die Vorschläge der österreichischen Regierung seien unzulänglich und insbesondere zu vage. Es genüge nicht, nur die allgemeine Konzession eines Gebietsstreifens im südlichen Tirol zu machen. Sonnino ging es zunächst nur darum, Zeit zu gewinnen, denn

inzwischen waren bereits in London konkrete Verhandlungen ange-
laufen. Der österreichische Außenminister Burian sah sich gezwungen,
dieses Angebot im einzelnen zu präzisieren. Demnach sollten die Be-
zirke Trient, Rovereto, Borgo und Tione, doch ohne das Gebiet von
Madonna di Campiglio, an Italien abgetreten werden. Als Grenze
wurde das zwischen Trient und Salurn gelegene italienische Dorf Lavis
vorgeschlagen.

Dieses österreichische Angebot umfaßte nahezu das ganze Trentino.
Damit konnten die Forderungen der Irredentisten ohne Krieg, ohne
eigene Opfer fast zur Gänze erfüllt werden, ein einzigartiger Erfolg der
Politik des „Sacro Egoismo". Aber diese Verhandlungen wurden geheim
geführt. Wenn die Bevölkerung Italiens in jenen Tagen erfahren hätte,
zu welchen Zugeständnisse Österreich bereit war, hätten sich vielleicht
die Neutralisten durchsetzen können. Doch nichts davon drang in die
Öffentlichkeit, Sonnino war seiner Sache sicher. Er wußte, daß in London mehr zu gewinnen war als in Wien. Zunächst aber benützte er dieses
Angebot, um in London erklären zu lassen, Österreich habe Italien das
Etschgebiet und die Inseln in der Adria angeboten, und erreichte damit,
daß die Entente ihre Zugeständnisse erhöhte und Rußland, das bisher
Verhandlungen mit Italien abgelehnt hatte, seinen Widerstand aufgab.

Sonnino wußte, daß sein eigenmächtiges Vorgehen, durch das Italien
ungeheure Opfer auferlegt wurden, für ihn und die Regierung Salandra
gefährlich werden konnte, wenn es nicht gelang, Österreich die Schuld
am Scheitern dieser Verhandlungen zuzuschieben. Österreich mußte in
der Öffentlichkeit als völlig unnachgiebiger Partner bezeichnet werden
können. Man mußte also an Österreich neue Forderungen stellen, von
denen man aber überzeugt war, daß Österreich sie niemals akzeptieren
würde.

Am 11. April übergab der italienische Botschafter in Wien der
österreichischen Regierung ein Memorandum, in dem die italienischen
Forderungen in elf Artikeln zusammengefaßt wurden, eine Vorgangs-
weise, wie sie sonst nur zwischen Siegern und Besiegten üblich
ist. Auf dem Boden Tirols sollte die napoleonische Grenze als Nordgrenze des Königreiches Italien gelten. Das bedeutete, daß nicht nur das
zwischen Salurn und Bozen gelegene Unterland, sondern auch die Stadt
Bozen selbst und darüber hinaus das Etschtal bis Gargazon, das Eisacktal bis Klausen an Italien gefallen wäre. Dieser Forderung aber konnte
die österreichische Regierung niemals zustimmen. Österreich lehnte

die Napoleongrenze, die das deutsche Siedlungsgebiet Tirols zerstückelt hätte, entschieden ab. Genau dies war es, was Sonnino erreichen wollte, denn inzwischen hatte die Entente bereits Italien die Brennergrenze zugesagt.

DER LONDONER GEHEIMVERTRAG

Schon bei den ersten Gesprächen zwischen dem italienischen Botschafter in London, Imperiali, und den Vertretern des britischen Außenamtes war von den Hauptwasserscheiden der Alpen die Rede gewesen. Die Brennergrenze stand an der Spitze der italienischen Wunschliste, nicht nur, weil man damit Tirol zerschlagen und Österreich an einer überaus verwundbaren Stelle treffen konnte, sondern auch weil bei dieser Forderung kein Einspruch der Alliierten zu befürchten war; denn die Grenze auf dem Brenner berührte weder französische noch russische Interessen. Schwieriger war es für die italienische Politik, Triest, Istrien und Dalmatien zu verlangen, weil sich Rußland als Schirmherr der Südslawen in Szene gebracht hatte. Italien war daher bestrebt, Frankreich und Rußland von den laufenden Verhandlungen möglichst fernzuhalten und über London direkt zu einem Abschluß zu kommen. Am 4. März 1915 überreichte Marchese Imperiali in London eine Aufstellung über die Gebietsansprüche Italiens. Italien forderte Südtirol bis zur Brennergrenze, die Grafschaften Görz und Gradiska, ganz Istrien bis zum Quarnero mit den vorgelagerten Inseln, Dalmatien bis zur Narenta unter Ausnahme von Ragusa und Cattaro, aber mit Einschluß der vorgelagerten Inseln, die Bucht von Valona in Albanien, die Insel Rhodos, einen entsprechenden Anteil bei der Aufteilung der deutschen Kolonien und eine Vergrößerung der eigenen Kolonien in Nordafrika.

Dieser „Wunschzettel" erschien den Alliierten zu anmaßend. Franzosen und Russen fanden die Forderungen Italiens weit übertrieben. Die Russen, die den militärischen Wert Italiens nicht sehr hoch einschätzten, wollten überhaupt nichts von einem Bündnis mit Italien wissen. Sie sprachen offen aus, daß ein Beitritt Italiens zur Entente die gegenseitigen Beziehungen wesentlich erschweren würde. Entschieden wandten sie sich gegen eine territoriale Aufteilung Dalmatiens und

Albaniens. Sir Edward Grey, der britische Außenminister, hatte große Mühe, die Russen für ein Abkommen mit Italien zu gewinnen. Um ihr Einverständnis zu erhalten, mußte die britische Politik Rußland Zusagen auf dem Balkan und im Gebiet der Dardanellen machen. Außerdem steckte Sonnino selbst seine Forderungen in Dalmatien etwas zurück. Die Brennergrenze hingegen stand vom Anfang an außerhalb jeder Diskussion.

Obwohl man in den Kreisen der Entente Mühe hatte, die Forderungen Italiens mit den Kriegszielen, wie sie von den Alliierten proklamiert worden waren, in Einklang zu bringen, erhoffte man sich in London vom Beitritt Italiens die entscheidende Wende im Kampfe gegen die Mittelmächte. Wenn es den Russen gelang, aus den Karpaten in die Ungarische Tiefebene einzudringen und gegen Wien vorzustoßen und die italienische Armee gleichzeitig von Süden her in Österreich einbrach, konnte die Donaumonarchie niedergerungen und damit auch Deutschland zur Kapitulation gezwungen werden.

Aber Sonnino zögerte noch immer, verhandelte weiterhin mit Wien und benützte die Zugeständnisse, die man ihm dort gemacht hatte, um andrerseits von der Entente neue Zugeständnisse zu erpressen. Inzwischen aber waren die Alliierten mißtrauisch geworden und versuchten das Doppelspiel der italienischen Politik zu beenden. Man verlangte in London den sofortigen Kriegseintritt Italiens. Sonnino erklärte, daß die italienische Armee noch nicht vollständig gerüstet sei und schlug vor, daß Italien einen Monat nach Unterzeichnung des Geheimvertrages Österreich-Ungarn den Krieg erklären solle. Damit gab man sich schließlich in London zufrieden.

Das diplomatische Spiel war damit beendet. Nach den Prinzipien der Politik des „Sacro Egoismos" hatte sich Italien über alle eingegangenen Verpflichtungen hinweggesetzt und seine Neutralität so teuer wie nur möglich verkauft. Daß Österreich bei diesem Handel der schwächere Partner war, stand vom Anfange an fest. Der Preis, den die andere Seite für den Kriegseintritt Italiens zu zahlen bereit war, machte jede Konkurrenz unmöglich, denn die Gebiete, die Österreich Italien anbot, waren Teile des eigenen Staatsgebietes, während die Alliierten über fremde Gebiete willkürlich verfügen konnten. Sie hatten es also leicht, das jeweilige österreichische Angebot zu überbieten. Wenn Österreich Salurn sagte, konnte die Entente Brenner sagen. Daß Österreich den Frieden bot, die Entente hingegen den Krieg, hatte Sonnino ins Kalkül gesetzt. Allerdings, noch war der Krieg nicht entschieden, noch blieb völlig offen, wer als Sieger hervorgehen würde. Im übrigen wurde der italienische Botschafter, Marchese Imperiali, von den Beamten des Foreign Office mit Verachtung behandelt. Imperiali beschwerte sich darüber beim britischen Unterstaatssekretär und sagte: „Sie reden, als ob sie unsere Hilfe kaufen würden!" „Well", antwortete dieser, „das tun wir ja auch [37]."

Am 25. April überreichte der italienische Botschafter in London dem Staatssekretär im britischen Außenministerium, Sir Edward Grey, und den Botschaftern Frankreichs und Rußlands ein Memorandum, das die italienischen Gebietsforderungen in siebzehn Artikeln zusammenfaßte und die Grundlage des mit den Alliierten abzuschließenden Geheimvertrages bildete. Am nächsten Tage, dem 26. April 1915, wurde dieser Vertrag von Sir Edward Grey, dem Botschafter Frankreichs Cambon, dem russischen Botschafter Graf Benkendorff und Marchese Imperiali unterzeichnet.

Im Artikel IV dieses Vertrages heißt es:

„Bei dem kommenden Friedensschluß soll Italien erhalten: Das Gebiet des Trentino, ganz Südtirol bis zur natürlichen geographischen Grenze, als welcher der Brenner anzusehen ist." In der Anmerkung zu diesem Artikel wurde die Alpengrenze Italiens gegen Österreich mit folgenden Punkten festgelegt: „Vom Gipfel des Umbrail in nördlicher Richtung bis zum Stilfser Joch und weiter auf der Wasserscheide der Rätischen Alpen bis zu den Quellen der Flüsse Etsch und Eisack, also über Reschen-Scheideck, die Ötztaler, den Brenner, die Zillertaler-Alpen. Von der ‚Vetta d'Italia‘ soll sich die Grenzlinie nach Süden wenden, das Gebirge bei Toblach schneiden und bis zu jetzigen Grenze von Krain reichen."

Kein Zweifel, daß Tolomei dabei sein Archiv zur Verfügung gestellt und bei der Abfassung dieses Textes mitgewirkt hatte. Mit der Festlegung dieser Grenze sah er sich dem Ziel seiner Wünsche nahe.

Dieser Vertrag, in Italien „Patto di Londra" genannt, wurde von italienischer Seite so geheim gehalten, daß nicht einmal die Mitglieder der Regierung, geschweige denn das Parlament davon in Kenntnis gesetzt worden waren. Man hat diesen Mangel nachträglich festgestellt und erklärt, daß es sich bei diesem Vertrag im Grunde genommen nur um ein gesondertes, von Salandra und Sonnino initiativ eingeleitetes

Abkommen, nicht aber um einen Staatsvertrag handle. An der Tatsache selbst änderte sich damit aber nichts.

Der Vertrag selbst wurde erst bekannt, als Trotzky im November 1917 die Archive des russischen Außenministeriums öffnen ließ und die Geheimverträge der Entente bekannt gab. Die „Iswestija" brachte den vollen Wortlaut des Vertrages, der bald darnach auch vom „Manchester Guardian" veröffentlicht wurde. Die Entente stellte die unerfreuliche Enthüllung als bolschewistische Propaganda hin. Die Zensur verbot jede weitere Veröffentlichung; denn, „es gibt nichts Gefährlicheres, Peinlicheres, Lächerlicheres als einen veröffentlichten Geheimvertrag". Das Blatt der britischen Labourparty, „London Herald", erklärte in aller Form, Geheimverträge dieser Art seien für ein demokratisches Land untragbar. Am 22. Februar 1918, also noch während des Krieges, wurde der Text des Londoner Geheimvertrages, der das Doppelspiel der italienischen Politik sichtbar machte, auch von der „Neuen Freien Presse" in Wien veröffentlicht.

Wesentlich aber blieb, daß der amerikanische Präsident Wilson mit Nachdruck erklärte, von diesem Geheimvertrag keine Kenntnis gehabt zu haben. Er sei daher in keiner Weise verpflichtet, sich an diesen Vertrag zu halten. Allerdings erfüllten sich die Hoffnungen, die man auf diese Äußerung Wilsons knüpfte, nicht. Italien bestand auf der wörtlichen Erfüllung dieses Vertrages.

Heute allerdings wird der tatsächliche Wert dieses Vertrages heftig angezweifelt; denn inzwischen hat Italien alle Gebiete, die ihm im Londoner Geheimvertrag zugesagt und größtenteils auch übergeben worden waren, wieder verloren — ausgenommen Südtirol.

ITALIEN ERKLÄRT ÖSTERREICH DEN KRIEG

Noch aber hatte Sonnino seinen Kampf nicht gewonnen. Die Aufgabe, vor der er stand, schien kaum lösbar: Das Parlament und darüber hinaus das italienische Volk für die Einhaltung eines Vertrages zu gewinnen, ohne diesen Vertrag selbst nennen zu können. In Rom überstürzten sich die Ereignisse. Nachdem man in London Italien als äußerstes Zugeständnis eine Frist von einem Monat bewilligt hatte und der

Vertrag am 26. April unterzeichnet worden war, mußte bis spätestens 26. Mai die Entscheidung fallen. Mit hektischer Eile wurde die Aufrüstung der Armee vorangetrieben. Die strikte Geheimhaltung der in London getroffenen Vereinbarung erwies sich als nachteilig. Sonnino, der es bisher meisterhaft verstanden hatte, die beiden Partner gegenseitig im Ungewissen zu lassen, so daß man in London niemals sicher war, ob sich Italien nicht doch letzten Endes noch mit Österreich einigen würde, umgekehrt in Wien immer noch Hoffnung bestand, die Verhandlungen Italiens mit der Entente, über die man nur über Athen in großen Zügen unterrichtet war, durchkreuzen zu können, hielt natürlich auch die Zugeständnisse, die er Österreich erpreßt hatte, vor dem König und dem Parlament verborgen, um damit nicht Giolitti und seinen Anhängern Trümpfe in die Hand zu geben. In dieser zwielichtigen Atmosphäre mußten Salandra und Sonnino ihr ganzes diplomatisches Geschick aufbieten, um das in London festgesetzte Ziel, den Kriegseintritt Italiens, zu erreichen.

3. Mai: Erzberger ist noch einmal nach Rom gekommen. Er depeschiert dem deutschen Reichskanzler: „Ich erfahre, daß Minister Sonnino bereits mit der Entente abgeschlossen habe. Es ist höchste Zeit, daß Österreich einen erfolgreichen Gegenzug macht ... Wir müssen Österreich mit Bestimmtheit und, wenn dies nicht genügt, Rücksichtslosigkeit binnen drei Tagen zum Nachgeben zwingen. Andernfalls ist unsere Sache hier aufzugeben."

Erzberger berichtet, daß der Aufmarsch der italienischen Truppen an der Nordgrenze so gut wie beendet sei. „Da sich dort oben einige unternehmungslustige Generäle befinden, so besteht nach Äußerung von Fachleuten die Gefahr, daß bei dem geringsten Anstoß die Gewehre von selbst losgehen [38]." Die Gefahr eines vorzeitigen Losschlagens war umso größer, als diese Generäle gewiß von ihren Freunden jenseits der Grenze genaue Nachrichten darüber erhalten hatten, daß das österreichische Grenzgebiet nicht militärisch besetzt war und kampflos eingenommen werden konnte.

4. Mai: Herzog Avarna, der italienische Botschafter in Wien, überreicht auf dem Ballhausplatz ein Memorandum, mit dem Italien den Dreibundvertrag als hinfällig erklärt und sich volle Handlungsfreiheit vorbehält.

Am gleichen Tage hat Erzberger eine längere Unterredung mit Ministerpräsident Salandra. Das Mißtrauen gegenüber Wien kommt dabei deutlich zum Ausdruck. Salandra erklärt Erzberger, er zweifle an der Ehrlichkeit der Absichten Österreichs. Im übrigen würde die Regelung der Trentinogrenze keine Schwierigkeiten bieten, da er auf Bozen und Meran keinen Wert lege. Dort seien gute Deutsche, sie würden aber immer schlechte Italiener sein. Die Kernfrage für ihn sei die Adria. Triest bereite Schwierigkeiten, weil es nicht bei Österreich belassen werden könne. Er wolle es aber auch nicht. Also müsse Triest ein Freistaat werden, der weder Österreich noch Italien zustehe und Kraft genug besitze, die Slawenwelle abzuwehren ...

6. Mai: Die von Conrad von Hötzendorf in der Flanke der russischen Karpatenfront angesetzte Offensive hat zu einem vollen Erfolg geführt. Die russische Front ist durchbrochen. Die österreichischen Truppen dringen in Galizien vor. Fürst Bülow versucht auf Grund dieser Nachrichten die italienische Regierung umzustimmen. Erzberger äußert sich darüber pessimistisch: „Nur ein Kabinettswechsel kann noch eine Änderung oder Verzögerung herbeiführen. Geht die Wiener Wirtschaft so weiter, haben wir in einigen Tagen den Krieg. Übel angebrachte Wiener Empfindlichkeiten können in diesen Stunden keine Beachtung finden [39]."

10. Mai: Die deutsche Regierung schaltet sich in stärkstem Maße in die laufenden Verhandlungen ein. Aber Wien ist über die tatsächliche Lage besser informiert als Berlin. Man kennt dort zwar nicht den genauen Wortlaut des Vertrages, den Italien mit der Entente abgeschlossen hat, ist aber über die darin festgelegten italienischen Gebietsansprüche im klaren und weiß auch, daß es der italienischen Regierung nicht mehr um Verhandlungen mit Österreich zu tun ist. Trotzdem will man kein Mittel unversucht lassen, um nicht doch noch eine günstige Wendung herbeizuführen. Bülow und Erzberger sind eifrig bemüht, die Neutralisten, die den heftigen Demonstrationen der Interventionisten hilflos gegenüber stehen, zu unterstützen. An sich verfügt die Partei Giolittis, die führende Partei der Kriegsgegner, noch über eine ansehnliche Mehrheit im Parlament. Der Plan Bülows geht dahin, das Kabinett Salandra zu stürzen und mit Giolitti eine neutralistisch gesinnte Regierung an das Ruder zu bringen, obwohl die Stimmung im Volke, von der durch die Entente beeinflußten Propaganda geschickt gelenkt, eindeutig für den Krieg ist.

11. Mai: Auf Drängen Bülows wird ein neuerlicher verzweifelter Versuch unternommen, um mit Sonnino ins Gespräch zu kommen. Ge-

meinsam mit Bülow legt der österreichische Botschafter in Rom, Freiherr von Macchio, Sonnino ein Schriftstück vor, das ein Höchstmaß an Konzessionen enthält, das Österreich vertreten kann, ohne sich selbst aufzugeben.

1. Tirol, so weit es italienisch besiedelt ist.
2. Das ganze Westufer des Isonzo mit Gradiska.
3. Triest wird eine freie Stadt, erhält volle Autonomie, eine Universität und einen italienischen Freihafen. Bülow legt Sonnino eine Serie von Artikeln vor, die der italienischen Regierung alle Sicherheit gibt, damit die vorgeschlagenen Bedingungen von seiten Österreich-Ungarns erfüllt werden. An der Ernsthaftigkeit dieses Angebotes ist also nicht zu zweifeln.

12. Mai: Die Ereignisse spitzen sich immer mehr zu. Sonnino hat nur mehr zwölf Tage Zeit, um den gestellten Termin zu erfüllen und will den Kriegseintritt Italiens erzwingen. In den Straßen Roms kommt es zu wütenden Demonstrationen. Der Sozialist Filippo Turati erklärt: „Der Krieg ist wie eine Krankheit. Er kann töten, er kann schwächen — sonst nichts. Er wird uns nicht reicher machen, nicht klüger, nicht leistungsfähiger, nicht freier, nicht ehrlicher, nicht glücklicher, als wir heute sind." Doch die Sozialisten werden niedergeschrien. In Rom herrschen chaotische Zustände. Aber die Kriegsgegner werden immer mehr eingeschüchtert und verlieren rasch an Einfluß, während die extremen Nationalisten mit anfeuernden Parolen die Massen emporreißen.

Die Hoffnungen der Neutralisten konzentrieren sich auf Giolitti. Wenn es Giolitti, der noch immer die Mehrheit des Parlaments hinter sich hat, gelingt, eine Abstimmung gegen die Regierung zu erreichen und damit das Kabinett Salandra aktionsunfähig zu machen oder zu stürzen, kann der Krieg verhindert werden. Aber der dreiundsiebzigjährige Giolitti ist selbst seines Lebens nicht mehr sicher. Die konservativen und liberalen Abgeordneten, die noch für Giolitti eintraten, stehen unter dem Druck der Masse und fürchten, daß die zu Gewalttaten neigenden radikalen Nationalisten Italien in eine Anarchie stürzen könnten.

Sehr viel hängt in diesen kritischen Tagen von der Haltung des Königs ab, der bisher keine klare Stellung bezogen hat. Salandra erscheint beim König und macht ihm klar, welcher Gefahr sich das Herrscherhaus aussetzt, wenn es dem Drängen seiner Parteigänger, der nationalradikalen und republikanischen Gruppen, die den Krieg gegen

Österreich auf ihre Fahnen geschrieben haben, nicht nachgeben würden. Es gelingt, den an sich schwankenden, innerlich haltlosen König umzustimmen. Der König ist für den Krieg, nicht zuletzt aus Sorge um die Sicherheit der Dynastie.

13. Mai: Weniger erfolgreich ist Salandra im Ministerrat, dort kommt es zu heftigen Auseinandersetzungen. Während Salandra und Sonnino zum Kriege drängen, stellen sich ihnen mehrere Minister entgegen und verlangen, daß über das letzte österreichische Angebot verhandelt werde. Salandra kann sich innerhalb seiner Regierung nicht durchsetzen und demissioniert.

14. Mai: Mit der Demission Salandras erreicht die Krise ihren Höhepunkt. Die Dinge stehen auf des Messers Schneide. Es bleibt unklar, ob es Salandra mit seinem Rücktritt ernst ist, oder ob seine Demission, was wahrscheinlicher erscheint, nur als ein geschickter politischer Schachzug zu werten sei. Möglich, daß Salandra seinen Rücktritt sogar vorher mit dem König abgesprochen und mit ihm die nach seinem Rücktritt notwendigen Maßnahmen besprochen hat. Wie erwartet reagiert die Masse, als die Demission Salandras bekannt wird, mit wütenden Demonstrationen für ihn. Ein Bürgerkrieg droht auszubrechen.

Der Rücktritt Salandras aber gibt Österreich eine letzte Chance. Bülow setzt nun alles auf eine Karte. Ein Entwurf wird ausgearbeitet, der sogleich der neuen Regierung als Verhandlungsgrundlage vorgelegt werden soll.

Der König betraut einen Salandra nahestehenden Deputierten mit der Bildung einer Regierung. Dieser lehnt jedoch, vielleicht auf einen Wink Salandras hin, die Übernahme der Regierung ab. Da betraut der König überraschenderweise Giolitti mit der Regierungsbildung. Damit scheint das Eis gebrochen und der Weg für eine Verständigung mit Österreich frei zu sein. Doch zur Bestürzung Bülows lehnt auch Giolitti die Übernahme der Regierung ab, vielleicht weil zu dieser Stunde sein Anhang im Parlament unter dem Druck der Massen und dem Kriegsgeschrei der Straße zerbröckelt ist. Nunmehr betraut der König neuerdings Salandra mit der Regierungsbildung. So erscheint das ganze Spiel um die Demission Salandras lediglich als ein letztes, äußerstes Kampfmittel, um die fanatischen Anhänger des Kriegseintrittes voranzutreiben und sich endgültig die Unterstützung des Königs zu sichern. Die neuerliche Betrauung Salandras löst in Italien ungeheuren Jubel aus. Die

Schlacht ist gewonnen. Der Sieg der Interventionisten steht fest. Den ganzen Tag über finden Demonstrationen für den Krieg statt.

16. Mai: „Noch keine Entscheidung im Parlament", vermerkt Erzberger. Bülow will gemeinsam mit dem österreichischen Botschafter einen letzten, endgültigen Vertragsentwurf ausarbeiten.

17. Mai: Erzberger meldet, daß nach seinen Informationen Italien in den nächsten Tagen, jedenfalls noch vor dem 26. Mai, Österreich den Krieg erklären werde. Der Ministerrat stünde nun geschlossen hinter Salandra. Im übrigen sei er, Erzberger, von der italienischen Regierung gebeten worden, unverzüglich abzureisen.

18. Mai: Der letzte Vertragsentwurf Bülows wird Salandra und Sonnino vorgelegt, von diesen aber ohne Kommentar zur Kenntnis genommen. Man verhandelt nicht mehr, man handelt. Es ist möglich, daß durch die Tätigkeit Bülows der Kriegseintritt Italiens verzögert worden ist. Verhindert konnte der Krieg mit Italien nicht werden. Das hatte man in Wien, wo man besser informiert und mit der italienischen Mentalität gut vertraut war, rechtzeitig eingesehen.

19. Mai: Der König nimmt eine Parade der Garnison ab und empfängt den Dichter d'Annunzio, den Sprecher eines „größeren Italien".

20. Mai: Die Sitzung der Abgeordnetenkammer wird eröffnet. Sie soll über die außerordentlichen Vollmachten entscheiden, die der Regierung im Kriegsfalle zu übertragen sind. Ein dichtes Truppenspalier sichert den Montecittorio ab. Die Tribünen sind überfüllt. Salandra spricht. Er beschuldigt Österreich, den europäischen Krieg entfesselt zu haben. Damit aber seien auch die nationalen Fragen Italiens aufgerollt worden. Monatelang habe sich Italien bemüht, mit Österreich zu einem Ausgleich zu kommen. Aber diese Verhandlungen hätten ihre Grenze gefunden, als die Würde Italiens auf dem Spiele stand. Daher seien die Verhandlungen abgebrochen, der Dreibundvertrag gekündigt worden.

Der Gesetzentwurf über die der Regierung zu erteilenden Vollmachten wird ohne Diskussion mit 367 gegen 54 Stimmen, die Regierungsvorlage mit 407 gegen 74 Stimmen angenommen.

21. Mai: Der Senat verabschiedet einstimmig beide von der Kammer beschlossenen Gesetze. Damit hat die Regierung freie Hand. Der von der Entente gestellte Termin kann gerade noch rechtzeitig eingehalten werden.

22. Mai: Italien ordnet die allgemeine Mobilmachung an.

23. Mai: Im Auftrage der österreichischen Regierung spricht Botschafter Macchio nochmals bei Sonnino vor, um die Beschuldigungen Salandras zurückzuweisen und das österreichische Angebot ins rechte Lot zu rücken. Sonnino gibt ihm nur die stereotype Antwort: „Es ist zu spät — es ist zu spät."

Noch am selben Tage werden dem österreichischen Botschafter die Pässe zugestellt.

An diesem Tage, dem 23. Mai um 15 Uhr 15, erscheint der italienische Botschafter in Wien, Herzog Avarna, auf dem Ballhausplatz und überreicht dem österreichischen Minister des Äußeren, Baron Burian, die offizielle Kriegserklärung Italiens an Österreich. Darin heißt es: „Am 4. Mai wurden der k.u.k. Regierung die schwerwiegenden Gründe bekannt gegeben, weshalb Italien im Vertrauen auf sein gutes Recht seinen Bündnisvertrag mit Österreich-Ungarn, der von der k.u.k. Regierung verletzt worden war, für nichtig und von nun an wirkungslos erklärt und seine volle Handlungsfreiheit wiedererlangt hat. Fest entschlossen, mit allen Mitteln, über die sie verfügt, für die Wahrung der italienischen Rechte und Interessen Sorge zu tragen, kann die königliche Regierung sich nicht ihrer Pflicht entziehen, gegen jede gegenwärtige und zukünftige Bedrohung zum Zwecke der Erfüllung der nationalen Aspirationen jene Maßnahmen zu ergreifen, die ihr die Ereignisse auferlegen. Seine Majestät, der König erklärt, daß er sich von morgen ab als im Kriegszustande mit Österreich-Ungarn betrachte."

Italien hat das Ziel, das sich die Regierung Salandra-Sonnino gestellt hatte, erreicht.

Nun mußten die Waffen sprechen.

Wie ein Lauffeuer eilte die Nachricht von der Kriegserklärung Italiens durch unser Land.

Unvergeßlich wird mir jener 23. Mai, der Pfingstsonntag des Jahres 1915, bleiben. Es war ein strahlend heller Tag. Achtzehn Jahre war ich damals alt. Vor einigen Wochen hatten wir uns, um ja nichts von dem großen Abenteuer des Krieges zu versäumen, freiwillig zu den Jungschützen gemeldet. Vormittags saßen wir in den Schulbänken des Seminars, um zu studieren, nachmittags wurde auf dem Exerzierplatz und dem Schießstand geübt. Noch erschien uns der Krieg als ein Ereignis, das uns nicht unmittelbar betraf, das sich weit draußen an den Grenzen unseres Reiches vollzog, als etwas Fernes, beinahe Unwirkliches. Mit diesem Tage aber war alles mit einem Schlage anders. Nun stand der

Krieg plötzlich mitten unter uns. Wir spürten, jetzt steht unsere Heimat auf dem Spiele, jetzt geht es um Tirol.

Ergriffen lasen wir das Manifest des Kaisers. Satz für Satz prägten wir uns die denkwürdigen Worte ein:

„Der König von Italien hat mir den Krieg erklärt. Ein Treuebruch, dessengleichen die Geschichte nicht kennt, ist von dem Königreich Italien an seinen beiden Verbündeten begangen worden. Nach einem Bündnis von mehr als dreißigjähriger Dauer, während dessen es seinen Territorialbesitz mehren und sich zu ungeahnter Blüte entfalten konnte, hat Uns Italien in der Stunde der Not verlassen und ist mit fliegenden Fahnen in das Lager Unserer Feinde übergegangen. Wir haben Italien nicht bedroht, sein Ansehen nicht geschmälert, seine Ehre und seine Interessen nicht angetastet. Wir haben Unseren Bündnispflichten stets entsprochen und ihm Unseren Schirm gewährt, als es ins Feld zog. Wir haben mehr getan: Als Italien seine begehrlichen Blicke über unsere Grenzen sandte, waren Wir, um das Bündnisverhältnis und den Frieden zu erhalten, zu großen und schmerzlichen Opfern entschlossen. Aber Italiens Begehrlichkeit, das den Moment nützen zu sollen glaubte, war nicht zu stillen . . .“

TIROL VERTEIDIGT SEINE EINHEIT

CADORNA VERPASST DIE ERSTE CHANCE

Der Generalstabchef der italienischen Armee, General Luigi Cadorna, hatte schon frühzeitig mit dem Generalstab der Entente Fühlung genommen. Während noch die Geheimverhandlungen in London liefen und die Frage, ob Italien an der Seite der Alliierten in den Krieg eintreten würde, noch durchaus offen war, bestand bereits zwischen dem Generalstab der italienischen Armee und dem alliierten Kriegsrat völliges Einvernehmen darüber, wie die wohlgerüstete, von großer Begeisterung getragene italienische Armee in das Kriegsgeschehen eingreifen sollte. Durch den Kriegseintritt Italiens wurde die österreichisch-ungarische Armee, die alle Kraft gegen Rußland einsetzen mußte, gezwungen, im Süden des österreichischen Staatsgebietes eine neue Front zu errichten, die von der Schweizer Grenze bis zur Isonzomündung reichte. 450 km Grenze wurden damit zur Front. Von der äußerst kritischen militärischen Lage, die sich aus diesem Dreifrontenkrieg ergab, abgesehen, lief diese Front mit Ausnahme des Grenzverlaufes auf dem Karnischen Kamm durch Gebiete, die italienisch besiedelt waren, durch „unerlöstes" Land. Jahrzehntelang hatten sich die Irredentisten in Trient und teilweise auch in Triest bemüht, die Bevölkerung zur Auflehnung gegen den Habsburgerstaat zu bewegen. Nun war die Stunde der Entscheidung gekommen. Alle diese Umstände waren vom Kriegsrat der Alliierten ins Kalkül gesetzt worden. Seit die Front im Westen im Stellungskrieg erstarrte, war man in den militärischen Kreisen der Entente überzeugt, daß Deutschland nicht frontal niederzuringen sei. Nur durch einen Sieg über das hart bedrängte Österreich-Ungarn konnte auch Deutschland zur Kapitulation gezwungen werden. Von diesem Standpunkt aus gesehen, fiel Italien eine entscheidende Rolle zu, die weit über den tatsächlichen militärischen Wert dieses Bündnisses hinaus reichte. Mit vollem Recht hofften die Alliierten durch den Beitritt Italiens die entscheidende Wendung im Kriege herbeiführen zu können.

Nach dem Angriffsplan, den General Cadorna mit dem Obersten Alliierten Kriegsrat vereinbart hatte, sollte die Hauptmasse des italienischen Heeres den Isonzo überschreiten, Triest einnehmen und nach Innerösterreich vorstoßen, während die 1. und 4. italienische Armee die Aufgabe erhielten, in Tirol einzufallen, das Trentino und Südtirol zu erobern und über den Brenner nach Norden vorzustoßen, um

Deutschland von Süden her zu bedrohen. Dieser Plan war auch den Mittelmächten bekannt. Wie ernst man auf deutscher Seite diesen Plan nahm, zeigt ein Befehl des deutschen Armeeoberkommandos, der in diesen Tagen dem Führer des Deutschen Alpenkorps, Generalleutnant Krafft von Delmensingen, erteilt wurde. Darin hieß es, das Alpenkorps möge dafür Sorge tragen, daß im Falle eines Vorstoßes der italienischen Armee durch Tirol zumindest „die Höhen links des Inn" in deutscher Hand blieben.

Die äußeren Bedingungen für einen Erfolg dieser großangelegten Offensive waren überaus günstig. 180.000 Mann aktiver italienischer Truppen waren zum Einfall in Tirol bereitgestellt worden. Was stand in jenen Tagen auf österreichischer Seite? In Tirol befanden sich einige in Ausbildung begriffene Marschbataillone, acht Landsturmbataillone, die zur Eisenbahnsicherung eingesetzt waren, sieben serbische und ungarische Militärabteilungen, sowie Gendarmerie- und Finanzwachabteilungen, insgesamt kaum 15.000 Mann. Aus den Arbeiterabteilungen wurden in Eile Reservebataillone geschaffen. Die nicht voll felddiensttauglichen Soldaten der Eisenbahnsicherungskompagnien wurden zu zehn Landsturmbataillonen zusammengefaßt. Natürlich fehlte es außerdem an Ausrüstung und Bewaffnung. Von der artilleristischen Bestückung einzelner Sperrforts abgesehen, bestand die mobile Artillerie nur aus 24 veralteten Uchatiusgeschützen.

Diese Umstände waren auch Cadorna bekannt. Ohne Zweifel war die italienische Heeresleitung, das „Comando Supremo", über diese Einzelheiten genau informiert. Dafür sorgte nicht zuletzt ein dichtes Netz von Agenten, das man in den „unerlösten" Gebieten aufgebaut hatte. Cadorna wußte also, daß er mit seinen Truppen praktisch in einen leeren Raum vorstoßen konnte. Die Frage war lediglich, wo er zuerst angreifen sollte — ohne Zweifel im Trentino, denn dort waren die Voraussetzungen für einen überraschenden Vorstoß über die Grenze, wie ihn die Irredentisten des Trentino erwarteten, besonders günstig. Selbst ein mit geringen Kräften angesetztes Unternehmen, ähnlich vorbereitet und durchgeführt wie die Aktionen italienischer Freischärler in der Zeit des Risorgimento, hätte ohne ernsthaften Widerstand Trient erreichen können.

Tolomei hatte mit einer wahren Flut von Schriften und Broschüren von Rom aus alles versucht, um die italienische Regierung zu einem raschen Kriegseintritt zu bewegen. Nun war es endlich so weit. Er

Bild 6: Der Paternkofel, 2746 m, war im ersten Weltkrieg schwer umkämpft. Über die leichter zu ersteigenden Südhänge hatten italienische Alpini den Gipfel besetzt. Ein Patrouille von Sextner Standschützen versuchte über die vereiste Nordwand den Gipfel zu erobern. Dabei fand der bekannte Sextner Bergführer Sepp Innerkofler den Tod.

Bild 5 (umseitig): Bauernhof im Pflerschertal. Bergbauer in Südtirol, das bedeutet: harte Arbeit, einfaches, entsagungsvolles Leben. Dieses kinderreiche, bodenverwurzelte Bergbauerntum gibt dem Lande hervorragende Menschen.

kannte Tirol besser als jeder andere und sah sogleich, welche einzig-artige Chance sich für das „Comando Supremo" ergab, in einem ra-schen Vorstoß in Tirol, das offen da lag, einzudringen, den äußerst schwachen Widerstand, der sich ergeben würde, zu überrennen und bis zum Brenner vorzudringen. In glühenden Worten beschwor er die Mili-tärs, sogleich loszuschlagen. „Jetzt und hier", lautete das Gebot der Stunde. Aber man nahm seine Beschwörungen nicht ernst. Da fuhr er selbst nach Udine, um Cadorna zum Losschlagen zu bewegen. Aber der General empfing ihn nicht. Gewiß gab es in den Reihen der italieni-schen Armee einzelne Generäle, die einen Vorstoß über die Grenze planten. Aber Cadorna verstand es, ihren Eifer zu zügeln und schob seine Truppen so behutsam und vorsichtig an die Grenze heran, als stünde ihm dort die gesamte österreichisch-ungarische Armee gegenüber.

Tolomei war verzweifelt. Überall, wo er vorzusprechen versuchte, wurde er abgewiesen. Er stellte fest, daß das „Comando Supremo", diese einzigartige Gelegenheit, mit geringen militärischen Mitteln in kühnem Vorstoß Tirol zu zerschlagen und den Brenner zu erobern, überhaupt nicht ins Kalkül zog. In seiner Verzweiflung entschloß er sich, selbst in den Krieg zu ziehen, obwohl er alles eher als Soldat war und alles Mili-tärische ängstlich vermied. In der Gegend südlich von Rovereto, wo die österreichischen Stellungen weit zurückgenommen worden waren, trat er unter die italienischen Soldaten. Schließlich war er in dieser Gegend zu Hause und kannte sich dort besser aus als alle übrigen. Er selbst hat in seinem „Archivio" über diese kriegerische Aktion später eine sehr dramatische Schilderung gegeben. Er berichtet, wie er mit einigen Alpini gegen die österreichischen Feldwachen vorgegangen sei und bereits von den Österreichern umzingelt gewesen wäre. Nur durch seinen persönli-chen Mut und seine Vertrautheit mit der Gegend sei er dem sicheren Tode entronnen.

Von Tag zu Tag erwartete man den Angriff der Italiener — es war die Schicksalsstunde Tirols.

Aber Cadorna griff nicht an.

Er wartete ab, wartete solange, bis es für einen überraschenden An-griff zu spät war.

Diese einzigartige Chance, das von Truppen nahezu entblößte Tirol in geschlossenem Ansturm zu überrennen, war verpaßt. Eine Gelegenheit, wie sie die Geschichte nicht ein zweitesmal einem Angreifer bietet, war ungenützt geblieben.

Man hat von italienischer Seite später nach den Ursachen dieses eigentümlichen Verhaltens geforscht und Cadorna vorgeworfen, er habe durch sein zögerndes, allzu systematisches Vorgehen einen militärischen Erfolg verhindert, der dem Kriege gegen Österreich eine entscheidende Wende hätte geben können und Italien immense Blutopfer erspart hätte. Cadorna rechtfertigte sich damit, daß die italienische Armee zum Zeitpunkt der Kriegserklärung noch keineswegs vollständig gerüstet gewesen wäre, um einen Vorstoß gegen die Alpenfestung Tirol zu unternehmen. In Wirklichkeit spiegelt sich in der Art, wie sich die italienische Armee erst mühsam an ihre Aufgabe herantasten mußte, jene Atmosphäre der Unsicherheit und des Zwiespaltes wider, die auch die italienische Politik in jenen Tagen vor Ausbruch des Krieges kennzeichnete. Damit hatte die italienische Armee schon in dieser ersten Stunde den Kampf um Tirol verloren.

DIE STANDSCHÜTZEN RETTEN TIROL

Der erwartete Vorstoß der italienischen Armee über die Grenzen Tirols kurz nach Kriegsausbruch war ausgeblieben. Doch damit war die Gefahr für das Land noch keineswegs gebannt. Was nunmehr zu erwarten war, stand eindeutig fest: Der systematisch vorbereitete massierte Angriff der italienischen Armeen, bei dem es für die Italiener im wesentlichen nur darauf ankam, ihre Überlegenheit an Mann und Material richtig auszuspielen; denn Tirol stand noch immer allein. Die Front in Galizien hatte sich noch nicht stabilisiert, so daß von dort noch keine Truppen abgezogen werden konnten, um dem bedrängten Lande beizustehen. Es konnte Wochen und Monate dauern, bis man die in Galizien kämpfenden Tiroler Regimenter an den Grenzen ihrer Heimat einsetzen konnte. Allein mußte Tirol dem zu erwartenden Angriff der italienischen Armeen entgegentreten.

Ein Wunder mußte geschehen, um Tirol vor dieser tödlichen Gefahr zu retten. Und dieses Wunder geschah wirklich: Tirol half sich selbst.

Auf Grund jenes Tiroler Landlibells, das Kaiser Maximilian im Jahre 1511 für das Land Tirol erlassen hatte — die erste Wehrverfassung auf deutschem Boden! — wurde in dieser Stunde höchster Not die gesamte wehrfähige Mannschaft des Landes aufgeboten. In diesem Wehrgesetz wurde festgelegt, daß die Tiroler zwar niemals gezwungen werden konnten, außerhalb ihrer Landesgrenzen Kriegsdienst zu versehen, daß sie aber andererseits verpflichtet wären, im Falle eines Krieges selbst die Grenzen ihres Landes zu verteidigen, eine Aufforderung, die zwar für jeden waffenfähigen Mann ohne Rücksicht auf das Alter galt, aber durchaus freiwillig blieb. Dieses Gesetz hatte sich im Laufe der Jahrhunderte hervorragend bewährt. Tirol war ein freies, unabhängiges Land geblieben und hatte seine Freiheit in den Wirren der Geschichte immer aus eigener Kraft verteidigt. Zwar wurde dieses Gesetz im vergangenen Jahrhundert insoweit durchbrochen, als Tiroler Regimenter in den Kriegen der Jahre 1848, 1859 und 1866 auch außerhalb des Landes zum Einsatz kamen. Dies geschah unglücklicherweise auch im Jahre 1914. Furchtbar waren die Verluste der Tiroler Kaiserjäger und Landesschützen in den erbitterten Abwehrkämpfen in Galizien. Ein tragisches Geschick: Während die beste Mannschaft des Landes auf fernen Schlachtfeldern verblutete, war die Heimat selbst tödlich bedroht.

In der Schießstandordnung, die sich Tirol gegeben hatte, wurde festgelegt, daß in jedem Orte, an dem sich zwanzig Schützen zusammenfinden und sich freiwillig „einrollieren", d. h. in die Schützenrolle eintragen lassen, eine eigene Schützenkompagnie zu bilden sei. Altem Brauche gemäß, wählten die Standschützen ihre Offiziere selbst. Meist wurde von den Schützen ein gedienter Kaiserjäger oder Landesschütze gewählt, der allgemeines Ansehen genoß. Militärisch gesehen blieb vieles unzulänglich. Aber diese offensichtlichen Mängel wurden durch eine Haltung wettgemacht, in der sich die beste soldatische Tradition eines Bergvolkes offenbarte. Unzulänglich blieb auch die Ausrüstung der Standschützen: Ein Gewehr, meist noch das alte, einschüssige Mausergewehr, Patronentasche, ein Seitengewehr, das war alles, dazu ein einfacher, grauer Rock mit dem Tiroler Adler am grünen Aufschlag.

Am 19. Mai, wenige Tage vor der italienischen Kriegserklärung, hatte der Kaiser den Befehl zur Alarmierung der Standschützen gegeben. General Viktor Dankl, der Sieger von Krasnik, wurde zum Militärkommandanten von Tirol ernannt. Er rief sogleich das Volk Tirols zum Widerstand auf: „Der Feind steht vor unserer Tür. Er will Tirol erobern und niederzwingen. So wie im Jahre 1809 müssen wir alle zusammenstehen und kämpfen für unsere heimatliche Erde."

Die Standschützen wurden eingekleidet, ausgerüstet, bewaffnet und rückten sogleich in die ihnen zugewiesenen Abschnitte an der Südgrenze des Landes ein. Die Meldung war freiwillig. Wer nicht wollte, konnte daheim bleiben. Doch kaum einer blieb daheim. Noch in der ersten Kriegswoche meldeten sich 12.000 Freiwillige, eine erstaunlich hohe Zahl. Die Männer, die hier antraten, waren zumeist schon über fünfzig Jahre alt, ein Teil, 1500 Mann, schon über fünfundsechzig. Der älteste Standschütze, Michael Senn vom Meraner Standschützenbataillon I — fünfundsiebzig Jahre alt — hatte schon an den Feldzügen der Jahre 1859 und 1866 teilgenommen. Neben den alten Standschützen standen Knaben, oftmals kaum sechzehn Jahre alt. Es war das „letzte Aufgebot" eines in seiner Existenz bedrohten Volkes. Der Einsatz der Tiroler Standschützen ist die letzte, echte Volkserhebung in der Geschichte unseres Volkes.

Insgesamt verfügte General Dankl nunmehr über 35.000 Mann. Ihnen standen 180.000 hervorragend ausgerüstete, im normalen Wehralter stehende italienische Soldaten gegenüber. Der Befehl, den die einzelnen Standschützenkompagnien erhielten, war wie alles in dieser Stunde höchster Gefahr, von lapidarer Einfachheit: „Die Grenze halten!" Das hieß: Die Standschützen mußten dort kämpfen, dort bleiben, wo sie standen.

Vorsichtig tasteten sich die italienischen Vorhuten an die Stellungen der Tiroler heran. Von ihren einsamen Feldwachen, ihren geschickt angelegten Felsennestern aus, hielten die Standschützen Spähtrupps und Sturmpatrouillen der Italiener auf. Gewohnt mit allen Tücken des Hochgebirges fertig zu werden, verstanden sie es hervorragend, das Gelände für ihren Kampf auszunützen. Vor allem kam es darauf an, den Gegner über die eigenen, völlig unzulänglichen Kräfte im unklaren zu lassen und den Italienern eine kriegsmäßig besetzte Frontlinie vorzutäuschen. Dafür gaben die Männer des Dolomitendorfes Sexten ein hervorragendes Beispiel. Sexten war das einzige deutsche Dorf in Tirol, das unmittelbar zur Front wurde. Die Staatsgrenze, die in diesem Gebiete zugleich auch die Sprachgrenze ist, lief vom Kreuzbergpaß über die Gipfel der Sextner „Sonnenuhrberge" — Zehnerkofel, Elfer, Zwölfer, Einser — zu den Drei Zinnen. Damit lag die Kampffront unmittelbar vor den Äckern und Feldern der Bauern. Die Gefahr, daß die Italiener über den Kreuzbergpaß nach Sexten vorstoßen würden, wuchs von Tag zu Tag. Um die Italiener über die tatsächlich äußerst dürftige Verteidigung hinweg zu täuschen, stellte der Sextner Bergführer Sepp Innerkofler aus besonders bergtüchtigen Männern ein Patrouille auf, mit der er abwechselnd die einzelnen im Frontverlauf liegenden Berge bestieg, um vom Gipfel aus das Feuer auf die italienischen Feldwachen zu eröffnen. Sepp Innerkofler war damals, als er diesen Auftrag, den er sich selbst gestellt hatte, mit seiner „fliegenden Patrouille" verwirklichte, bereits über fünfzig Jahre alt, Vater von sechs Kindern, Hüttenwart auf der Dreizinnenhütte, ein weitum bekannter, angesehener Mann, einer der besten Bergführer in den Dolomiten. Und das Besondere an diesem Manne, dessen Geist und Opfermut für die Haltung der Tiroler Standschützen bezeichnend ist: Sepp Innerkofler war niemals Soldat gewesen, weil er erst mit dreißig Jahren in das vorgeschriebene Militärmaß hineingewachsen war. Aber er kannte die heimatlichen Berge wie kein anderer, ein hervorragender Kletterer, ein verwegener Führer seiner Patrouille, ein zielsicherer Schütze, der mit seinen Männern, ehe er das Feuer auf die eingedrungenen italienischen Feldwachen eröffnete, für jene, die er töten mußte, zu beten pflegte. Auf diese Weise gelang es Sepp Innerkofler, der wenige Wochen später beim Angriff auf den Paternkofel fiel, die Italiener zu täuschen, sodaß sie ihre Alpinitruppen über das ganze Berggelände verteilen mußten und keinen Angriff auf die Grenze bei Sexten wagen konnten.

Tatsächlich gelang es den Standschützen, den Ansturm der italienischen Armeen aufzuhalten, freilich mit höchstem Einsatz, mit größten Opfern. Aber es war nicht schwer vorauszusehen, wann es den Italienern mit ihren wohlversorgten, mit modernsten Kampfmitteln ausgerüsteten Truppen gelingen würde, den dünnen Postenschleier der Standschützen zu durchbrechen. Es wurde Sommer, bis endlich Verstärkung kam. Doch es waren nicht Kaiserjäger und Landesschützen, die man in Tirol so sehnlich erwartet hatte, sondern die Männer des Deutschen Alpenkorps, die nun die schütter gewordenen Reihen der Standschützen verstärkten. Diese Waffenhilfe in letzter Stunde hat Tirol den Bayern niemals vergessen. Damit wurde vor der Geschichte jene bittere Erinnerung an die Schlachten auf dem Berg Isel, bei denen die Tiroler gegen die Bayern kämpfen mußten, ausgelöscht und es entstand eine Waffenkameradschaft, die alle Zeiten überdauert hat.

„SIAMO TIROLESI!"

Das Besondere dieser Tiroler Front aber lag darin: Von den Stellungen in den Dolomiten abgesehen, die im ladinischen Siedlungsgebiete lagen und im Abschnitt Sexten deutsches Gebiet erreichten, verlief die ganze Front im italienisch besiedelten Teil des Landes. Die Frage, wie wird sich die italienisch sprechende Bevölkerung verhalten, war eine entscheidende Frage für Tirol. Wird sich das Trentino, wie es die Irredentisten verkündet hatten, in dem Augenblick, da Italien Österreich den Krieg erklärt, wie ein Mann erheben, um „das verhaßte Joch der Habsburger" abzuschütteln? Jahrzehntelang war dieser Haß geschürt und ein Aufstand vorbereitet worden. Im Trentino, dieser „Schule der italienischen Nationalisten", sollte durch diese offene Rebellion ein Lehrbeispiel, ein Modellfall geschaffen werden. „Krieg gegen Österreich" — damit war das Stichwort zum Losschlagen gegeben.

Die Gelegenheit war günstig. Was Österreich im Trentino an Truppen stehen hatte, reichte in keiner Weise aus, um einem Volksaufstand begegnen zu können. Über der nahen Grenze wartete, wohl gerüstet, die italienische Armee, um den „unerlösten Brüdern" in ihrem Kampfe um die Freiheit beizustehen. Das geheime Spiel über die Grenze, seit Generationen geübt, lief in diesen Tagen auf vollen Touren. Es bedurfte nur einer einzelnen kühnen Aktion, so dachte man, um die Lawine ins Rollen zu bringen und der italienischen Armee die Türe von innen zu öffnen.

Doch nichts dergleichen geschah. In dieser Stunde höchster Gefahr, da die Existenz Tirols auf dem Spiele stand, zeigte sich deutlich, daß es den Irredentisten nicht gelungen war, das Volk, insbesondere die ländlichen Bewohner des Trentino, zu erfassen. Die Antwort, die in jenen schicksalsschweren Tagen auf alle offenen Fragen zu hören war, lautete kurz: „Siamo Tirolesi!"

„Wir sind Tiroler!" — darin fand der jahrtausendealte innere Zusammenhang des welschen mit dem deutschen Tirol in dieser entscheidenden Stunde überzeugenden Ausdruck. Wie die wehrfähigen Männer des Landes ein Jahr vorher, als der Weltkrieg ausgebrochen war, zu den Tiroler Kaiserjägern und den Landesschützen eingerückt waren, traten nun die Männer, die noch wehrfähig waren, altem Tiroler Brauch gemäß, zu den Standschützen an. In wenigen Tagen hatten die Gemeinden des Trentino ein Kontingent von 2300 Mann aufgestellt, das nun an der bedrohten Grenze eingesetzt werden konnte.

Mit wenig Ausnahmen haben sich die Welschtiroler, die in den Verbänden der k.u.k. Armee standen, hervorragend bewährt. Die ruhmreiche Geschichte der Tiroler Kaiserjäger und Landesschützen umfaßt das deutsche wie das welsche Tirol. Dieses gemeinsame Soldatentum war das stärkste Band und das letzte, das noch alle Teile des Landes zusammenschloß. Unzählige Beispiele ließen sich dafür anführen. Hier nur eines: Augusto De Gasperi, ein Bruder des Trientiner Reichsratsabgeordneten Alcide De Gasperi, des Gegenspielers Battistis, war Kadett im 3. Regiment der Tiroler Kaiserjäger und brach an der Spitze seines Zuges in Galizien in eine russische Stellung ein, die bisher mehrmals vergeblich angegriffen worden war, und besetzte sie, wofür ihm die „Goldene Tapferkeitsmedaille", die höchste österreichische Kriegsauszeichnung, verliehen wurde. Wie er so haben Hunderte und Tausende von Welschtirolern bewiesen, daß ihr „Siamo Tirolesi" kein bloßes Lippenbekenntnis war.

Das Trentino war Front geworden und stand unter dem harten Gesetz des Krieges. Für Österreich ergaben sich daraus neue Schwierigkeiten. Um eine möglichst günstige, leichter zu verteidigende Frontlinie zu schaffen, mußten einige weit vorspringende Grenzgebiete geräumt und den Italienern überlassen werden. In Judikarien, dem Gebiete westlich von Trient, wo die österreichische Grenze nahezu den Idrosee erreichte, wurde die Front um mehr als 20 km bis Condino zurückgenommen. Mehrere Dörfer wechselten den Besitzer. Während am Gardasee Riva und Torbole in die Front einbezogen worden waren, wurden im Etschtal der vorgeschobene Grenzort Ala ebenso wie Serravalle aufgegeben. Bei Mori, etwas südlich von Rovereto, wurde in aller Eile quer über das Etschtal eine neue Verteidigungslinie geschaffen. Im Val Sugana lag die österreichische Grenze in der Brentaschlucht bei Primolano, an sich eine gut zu verteidigende Stellung. Doch um Primolano zu halten, hätte man die Frontlinie weit nach Osten ausbuchten müssen. Man hatte sich daher entschlossen, den östlichen Teil des Val Sugana zu räumen, Strigno und Grigno den Italienern zu überlassen und erst bei Borgo das Tal abzuriegeln. Ebenso mußte das südlich des Rollepasses gelegene Primör, eine der schönsten Landschaften Tirols, mit dem Hauptort San Martino di Castrozza, aufgegeben werden. Außerdem war es notwendig, in den östlichen Dolomiten die Front auf die Gipfel der Tofana und des Cristallo zu verlegen. Damit konnte das weite Becken von Cortina kampflos von den Italienern besetzt werden. Für die Bevölkerung des Trentino bedeuteten diese Maßnahmen eine schwere Belastung, abgesehen davon, daß auch die auf österreichischer Seite im Frontbereich liegenden Siedlungen evakuiert werden mußten. Daß Österreich eine ganze Reihe von Dörfern den Italienern überließ, brachte sehr viel Unruhe in das Land und bedeutete für die Welschtiroler eine nicht geringe moralische Belastung. Um so mehr muß man die Opfer, die diese Bevölkerung während des Krieges für die Einheit Tirols erbracht hat, anerkennen. Gerade dort, wo man, der Lage der Dinge nach, mit einem Aufstand, zumindest aber mit Rebellion rechnen mußte, hat sich das Bekenntnis zu Tirol in bewundernswerten Leistungen manifestiert. Andererseits muß man aber, wenn man heute die Haltung und Einstellung der Menschen des Trentino gerecht beurteilen will, verstehen, daß die Erinnerung an die österreichische Tradition durch das Bild jener bitteren Jahre des ersten Weltkrieges entstellt wird. Jeder Blick in die Vergangenheit, das heißt, jeder Blick in das, was einmal hier Tirol hieß, führt in das Dunkel jener Jahre des Opfers und des Leides zurück.

Trient selbst blieb ein heißer Boden. Zwar hatten die führenden Irredentisten schon im Vorjahre das Trentino verlassen, um auf Seiten Italiens für eine „ganze" Lösung zu kämpfen. Doch blieb diese Bewegung nach wie vor in den Kreisen des Bürgertums und der Intelligenz lebendig. Andererseits aber waren die konservativen Kreise der Stadt zu einer loyalen Zusammenarbeit mit den österreichischen Behörden bereit. Schon im Jahre zuvor hatten die Abgeordneten Faidutti, Spadoro und Bugatto unter der Führung von Alcide De Gasperi im Wiener Reichstag in aller Form erklärt, es sei der Wille der Bevölkerung, deren Mehrheit durch sie vertreten werde, daß das Trentino bei Österreich bleibe.

Schwierig gestaltete sich das Vorgehen gegen den Fürstbischof von Trient, Celestino Endrici, der offen für die Ziele der Irredentisten eintrat. Als er sich weigerte, einen Hirtenbrief zu verlesen, der Angriffe gegen Italien enthielt, wurde er nach Wien versetzt. Doch muß es gerade diesem angesehenen Kirchenfürsten hoch angerechnet werden, daß er sich nach dem Kriege ebenso mannhaft und unerschrocken, wie er für ein italienisches Trentino eingetreten war, gegen die Annexion Südtirols aussprach.

Wo es notwendig war, griffen die österreichischen Militärbehörden hart durch. Trient war eine österreichische Festung. Von dieser Stadt aus, die genau im Zentrum eines ausgedehnten, im Halbkreise angeordneten Verkehrsnetzes lag, mußte nahezu die ganze Front, die in weitem Bogen vom Ortler über den Gardasee und das Etschtal zur Marmolata lief, versorgt werden. Trient war ein neuralgischer Punkt. In Trient mußte Österreich daher seine Stärke zeigen.

Die Irredentisten wußten das, sie wußten auch, daß mit einem Volksaufstand im Trentino nicht zu rechnen war und knüpften ihre Hoffnungen nunmehr ausschließlich an die siegreichen Fahnen der italienischen Armee. Alle diese Männer, die dem schlichten „Siamo Tirolesi!" ihr fanatisches „Siamo Italiani!" entgegengesetzt hatten, wußten, daß nur ein Sieg über Österreich für das Trentino eine „ganze" Lösung bringen konnte. Einer, der diesen Weg konsequent zu Ende ging, war Cesare Battisti. Obwohl er an sich den Krieg haßte, trat er nun, da es keinen anderen Weg gab, leidenschaftlich für den Krieg gegen Österreich ein. „Alle an die Front — mit den Schwertern, mit den Herzen!", rief er wenige Tage bevor Italien Österreich den Krieg erklärte. „Wenn es einen gibt, der, um seine Worte nicht verleugnen zu müssen, zur Aktion, zum Frontdienst, verpflichtet ist, dann bin ich es [40]." Freiwillig meldete er sich zur Alpinitruppe und stand als einfacher Soldat in der 50. Kompanie des Alpinibataillons Edolo und erlebte die Kämpfe am Tonalepaß. Auch sein Freund Salvemini war Soldat geworden, im Gegensatz zu Tolomei, der zwar am heftigsten diesen „heiligen Krieg" beschworen hatte, für seine Person aber nichts damit zu tun haben wollte und sich lediglich, wie Salvemini spottete, „in den Schützengräben von Rom und Paris herumschlug".

Im Winter des Jahres 1915 führte Battisti eine Skiabteilung im Adamellogebiet, wurde zum Leutnant befördert und zum Alpinibataillon Vicenza versetzt, das die Stellungen auf dem zwischen dem Etschtal und dem Gardasee gelegenen Monte Baldo verteidigte. Obwohl Battisti ohne Zweifel ein tüchtiger Soldat war, blieb er doch seinem ganzen Wesen nach Antimilitarist. „Auch wenn dieser Krieg beendet wird", schrieb er an seine Frau, „und es ist sicher, daß er glücklich beendet wird, werden wir nie vergessen können, daß er ungeheure Opfer gefordert hat. Wenn ich daran denke, daß er für mein Land geführt wird, möchte ich bei jedem Gefecht, bei jedem Vorstoß dabei sein [41]."

In den ersten Junitagen des Jahres 1916 übernahm Battisti den Befehl über die zweite Marschkompanie des Vicenza-Bataillones und ging damit im südöstlich von Rovereto gelegenen Vallarsa in Stellung. „Ich denke und hoffe, daß wir durch unsere Leiden hier oben immerhin verhindern können, daß der Sturm eines Krieges auch das Leben unserer Kinder verdunkle." Diesem Brief, den Battisti am 7. Juli an seine Frau schrieb, folgte zwei Tage später ein Brief an seinen Sohn Gigino. Darin hieß es: „. . . Der Krieg verwandelt unser Trentino in eine Wüste und in einen Friedhof. Ihr Jungen müßt euch darauf vorbereiten, es wieder aufzubauen, es in einen des neuen Italien würdigen Landstrich umzuwandeln [42]." Noch am gleichen Tage kam der Befehl, den Monte Corno, der von den Österreichern verteidigt wurde, anzugreifen. Der Angriff mißlang. Eine Anzahl Alpini, darunter Battisti, konnte von den Tirolern gefangen genommen werden. Man erkannte Battisti, und meldete dies. Battisti wurde nach Trient gebracht, verhört, als österreichischer Staatsbürger des Hochverrates angeklagt und vom Feldgericht zum Tode durch den Strang verurteilt. Gefaßt nahm Battisti das Urteil auf. „Ich gehe meinem Schicksal ruhig und heiteren Mutes entgegen. Ich habe lang genug gelebt und genug erreicht, um sagen zu können, daß ich mein Leben nicht vergeudet habe. Mit meinen zweiundvierzig Jahren habe ich mehr erreicht, als andere in einem langen Leben erreichen können."

Am Abend des 12. Juli 1916 wurde Cesare Battisti im Hofe des Castello Buonconsiglio in Trient hingerichtet.

Als die Faschisten an der Talferbrücke in Bozen, an der Stelle, an der ursprünglich das Kaiserjägerdenkmal errichtet werden sollte, das große Siegesmonument errichteten, wurde in der Krypta dieses Denkmales die Marmorbüste Battistis aufgestellt, als gälte es, mit Cesare Battisti einen Märtyrer zu feiern, der für Südtirol sein Leben geopfert hat. Genau das Gegenteil ist richtig: Battisti ist für eine klare Abgrenzung Südtirols vom Trentino eingetreten. Für das Trentino hat er gekämpft, für das Trentino sein Leben gelassen.

Vor einigen Jahren haben unbekannte Südtiroler vor der Marmorbüste Battistis einen Kranz niedergelegt. Auf der Schleife dieses Kranzes konnte man lesen: „Dem mutigen Kämpfer für die Salurnergrenze."

DIE FRONT IN FELS UND EIS

In Toblach wurde unser Marschbataillon, das vom Ersatzkommando des 3. Landesschützenregimentes aufgestellt worden war, auswaggoniert. Auf dem großen, östlich des Dorfes gelegenen Felde sammelten sich die Kompanien. Neunzehn Jahre war ich damals alt, ich war Landesschütze, genauer gesagt, Einjährig-Freiwilliger Titular Patrouillenführer, wie das in der Sprache der k.u.k. Armee hieß, also mit dem ersten Stern am Kragenspiegel. Es war Nacht. Nur in Umrissen konnten wir die wuchtigen Felsklötze der Dolomiten erkennen. Da drinnen blitzte es heftig auf. Der Donner des Krieges rollte in den Bergen. Schon wurden einige Namen genannt: Zinnenplateau, Monte Piano, Rauchkofel, Berge, die zu Brennpunkten des Kampfes geworden waren. Die Kompanie, der ich angehörte, wurde auf die Stellungen im Gebiete des Monte Cristallo aufgeteilt. Forame hieß diese Stellung. Sie lag in 2500 m Höhe inmitten einer bizarren Felslandschaft. Die Stellungen der Italiener lagen hoch über unseren Feldwachen auf der 2900 m hoch gelegenen Forcella di Stannies. Ein Zeichen der Zeit: Man kann diese Felsscharte, die unmittelbar unter dem Gipfel des Monte Cristallo liegt, heute bequem mit dem Sessellift vom Tre Croci-Paß aus erreichen. Dort oben standen Alpini, harte, berggewohnte Soldaten, für uns Tiroler Landesschützen absolut ebenbürtige Gegner. Dies war meine erste Begegnung mit dem Kriege.

Inzwischen hatten die aus Galizien abgezogenen Tiroler Regimenter die schütter gewordenen Linien der Standschützen und des Deutschen Alpenkorps verstärkt. Die Front lag noch immer dort, wo die Standschützen unmittelbar nach der Kriegserklärung die Stellungen bezogen hatten. Nirgends war den Italienern ein entscheidender Durchbruch gelungen, ja, sie hatten nicht einmal ernsthaft versucht, die Postenlinien der Standschützen zu durchstoßen. Die Berge waren zu natürlichen Festungen geworden. Am Stilfser Joch, unweit der Dreisprachenspitze, lagen sich österreichische und italienische Soldaten unmittelbar gegenüber, ohne daß ein einziger Schuß gefallen wäre, weil die beiderseitigen Stellungen durch einen weit vorspringenden Zwickel des Schweizer Geländes getrennt wurden und beide Teile ängstlich bedacht waren, die Neutralität der Schweiz nicht zu verletzen. Die Front verlief, der alten Reichsgrenze folgend, über den Grenzgletscher zur Naglerspitze empor und schwang sich dann über die ausgedehnten Gletscherfelder der Hohen Schneid, der Trafoier Eiswand, und der Thurwieserspitze zu dem 3902 m hohen Ortler auf, auf dem man sogar unter größten Mühen einen Geschützstand eingerichtet hatte, — die höchstgelegene Artilleriestellung des ersten Weltkrieges. Über die Königsspitze setzte sich die Front — immer noch in der Region ewigen Eises — zur Zufallspitze und der heiß umkämpften Punta San Matteo fort und senkte sich zum Tonalepaß herab, der den Zugang zu der weiten Hochlandschaft des Sulzberges und Nonsberges sperrt. Die Front lief sodann quer über die einsame, unzugängliche Presanellagruppe und stieg über den berühmten Carè Alto zum Adamello auf. Während es in Judikarien und in den Stellungen am Gardasee relativ ruhig blieb, entwickelte sich in dem Abschnitt zwischen Etsch und Val Sugana ein Brennpunkt der Kämpfe. Auf der Hochfläche der Sieben Gemeinden, mit den alten, leider stark bedrängten deutschen Sprachinseln von Vielgereuth (Folgaria) und Lafraun (Lavarone) standen sieben stark befestigte österreichische Sperrforts. Hier entbrannten erbitterte Kämpfe. Die Italiener versuchten hier mit allen Mitteln, den Durchbruch auf Trient zu erzwingen. Aber General Verdroß, der Kaiserjägervater, wies mit seinen Tirolern alle feindlichen Angriffe ab. Schwere Kämpfe spielten sich auch jenseits des Val Sugana in den Fleimstaler- und Fassanerbergen ab. Das reich vergletscherte Massiv der Marmolata mit seinem tief in das Gletschereis verlegten Stollennetz war ein technisches Wunderwerk. Zum Angelpunkt der Dolomitenfront aber wurde der Col di Lana, der, völlig isoliert stehend, den Zugang zum Gadertal und nach Bruneck sperrt. Dies war der Grund, weshalb sich die Italiener mit unglaublicher Zähigkeit in diesen Berg verbissen. Als es ihnen nicht gelang, den Col di Lana zu erobern, sprengten sie am 17. August 1916 knapp vor Mitternacht den Gipfel in die Luft. Zehntausende Tonnen Gestein stürzten auf die österreichischen Verteidiger herab. Doch lief der italienische Angriff am Sperriegel des Monte Sief fest. 20.000 Menschen hatte Italien für diesen Berg, den „Col di Sangue", den Blutberg, wie er bei den Italienern hieß, vergeblich geopfert. Den Vorstoß auf Toblach sperrte der Monte Piano, der ähnlich wie der Col di Lana von den Italienern mit größtem Einsatz angegriffen wurde. Vom Zinnenplateau verlief die Front quer über das Fischleintal zur Sextner Rotwand, die als gewaltige Felsbastion allen Anstürmen der italienischen Alpini standhielt und einen Durchbruch in das Tal von Sexten verhinderte. Auch hier, wie am benachbarten

Kreuzbergpaß gelang es den Italienern nicht, Boden zu gewinnen, obwohl die Entfernung bis nach Innichen im Pustertal kaum 10 km betrug. Sexten wurde allerdings von der italienischen Artillerie in Schutt und Asche gelegt.

Dieser Krieg in den Bergen bedeutete nicht nur ein ständiges Ringen mit dem Gegner, sondern auch einen ununterbrochenen Kampf mit den Gewalten der Natur, denn das Hochgebirge war Angreifern wie Verteidigern gleich feindlich. Felsstürze, Schneestürme, Lawinen machten Freund und Feind in gleicher Weise zu schaffen. So verschüttete eine im Marmolatagebiet auf das Lager Gran Poz abgehende Lawine dreihundert österreichische Soldaten und nahezu zur gleichen Stunde eine andere Lawine im Val Pettorina zweihundert italienische Alpini. An sich hatte man es für unmöglich gehalten, auf Bergen, die über 3000 m hoch lagen, also in der Zone ewigen Eises, Krieg zu führen. Aber Tiroler Kaiserjäger und Alpini, Landesschützen und Bersaglieri steigerten sich gegenseitig in immer kühnere alpine Aktionen hinein. Was man auf Seiten der Tiroler für unmöglich hielt, führten die Italiener tatsächlich durch und umgekehrt, woran sich kein Italiener wagte, versuchten die Tiroler. Was in jenen Jahren von beiden Seiten, einerseits von den alpinen Detachements und den Hochgebirgskompanien auf österreichischer Seite, andererseits von den Eliteeinheiten der Alpini in den Bergen Tirols geleistet wurde, war etwas völlig Neues. Der Kampf und insbesondere die Verteidigung im Hochgebirge wurde nun völlig anders gesehen. Außerdem eine wichtige Erkenntnis für jene, die in den Alpen nach „natürlichen" Grenzen suchten: Der Alpenhauptkamm, den italienische Geographen und Militärs als die strategisch günstigste Verteidigungslinie betrachteten, spielte während des ganzen Krieges überhaupt keine Rolle. Der Brenner war militärisch völlig uninteressant und wurde nicht einmal befestigt. Nicht auf dem Hauptkamm der Alpen, sondern auf den weit gegen die Ebene vorgeschobenen Bergketten und Hochflächen wurde das Land verteidigt, Talengen und Felsschluchten wurden als natürliche Sperrgebiete in die Verteidigung einbezogen.

In Fels und Eis war die Front erstarrt. Alle italienischen Angriffe, auch wenn sie noch so tapfer und entschlossen vorgetragen wurden, fuhren sich schließlich an den Stellungen der Tiroler fest. Seit der geplante Vorstoß aus den Sieben Gemeinden gegen Trient und aus den Dolomiten gegen das Pustertal von den Italienern aufgegeben werden mußte, gab es für sie an der Tiroler Front keine großen Ziele, keine weitreichenden Unternehmungen mehr. Der Kampf ging nur mehr um beherrschende Punkte, um einzelne Gipfel und Grate; Aktionen, die aber die tatsächliche Situation an dieser Front nicht mehr ändern konnten. Tirol, das alte Land im Gebirge, war angesichts der drohenden Gefahr zu einer uneinnehmbaren Festung geworden. Der Krieg wurde von den Italienern, die seit jeher Meister im Stein waren, regelrecht einzementiert. Um unnötige Verluste zu vermeiden, gingen die italienischen Truppen „in den Berg". Mit einer wahren Manie wurden Tunnels, Kavernen, Stollen, Galerien in den Fels gesprengt. Wo immer sich eine Gelegenheit bot, versuchte man auf diese Weise, „unterirdisch" an den Feind heranzukommen. Da und dort, wie etwa am Lagazuoi, wo König Viktor Emanuel III. persönlich die Sprengung auslöste, am Colbricon und auf anderen Gipfeln versuchte man durch Felssprengungen zu gewinnen, was man in offenem Kampfe nicht erreichen konnte. Diese sonderbare Kriegsführung wurde von italienischer Seite selbst lebhaft kritisiert. Man sprach von „Bucomanie", der Sucht, überall Löcher zu machen. Tatsächlich stand das aufgewendete Material zumeist in keinem Verhältnis zu dem taktischen Erfolg. In Wahrheit äußerte sich in dieser „Flucht in den Berg" die Ausweglosigkeit der Situation, in der sich die Italiener an der Tiroler Front befanden. Die Aussicht, Trient zu erreichen und darüber hinaus Südtirol bis zum Brenner besetzen zu können, wie Tolomei es unablässig forderte, schien angesichts dieser Tatsachen vergeblich. Immer stärker setzte sich in italienischen Kreisen die Ansicht durch, daß die österreichisch-ungarische Armee überhaupt nicht militärisch niedergerungen werden könne, daß man vielmehr nach politischen Wegen suchen mußte, um Österreich besiegen zu können.

CONRAD VON HÖTZENDORF GREIFT AN

Die drohende Gefahr für den Bestand und die Einheit Tirols war abgewendet. An sich bestand keine Nötigung, zum Angriff überzugehen. Die Einheit des Landes, deutsch und welsch, hatte sich in den Stürmen des Krieges bewährt, ja, der innere Zusammenschluß der einzelnen Landschaften Tirols im Norden wie im Süden war angesichts der gemeinsamen Bedrohung noch enger geworden. Allerdings, eine kriegsentscheidende Wende war an dieser Front nicht zu erwarten. Man lebte in einer belagerten Festung.

Völlig andere strategische Möglichkeiten ergaben sich, wenn man den gesamten Frontverlauf ins Auge faßte. In einer weit ausgreifenden Einbuchtung sprang die Front, die Landschaften Venetien und Friaul umschließend, nach Osten bis zum Isonzo vor. Ausgerechnet an dieser am weitesten abgelegenen Stelle hatte Cadorna seine Truppen massiert, um über den Karst auf Triest vorzustoßen. Hier aber stand General Boroevic, eine der glänzendsten Gestalten der alten österreichischen Armee, ein Kroate, aufgewachsen im Geiste des von Prinz Eugen geschaffenen Grenzertums, der mit seiner Armee bisher alle großangelegten Angriffe der Italiener abgewiesen hatte. Es war allerdings eine Frage der Zeit, wie lange die erschöpften, zahlenmäßig weit unterlegenen österreichischen Truppen den Angriffen der Italiener noch standhalten konnten. Eine Entscheidung war notwendig.

Und diese Entscheidung fiel. Der kritische Punkt dieses Frontverlaufes lag an jener Stelle, wo sich die Tiroler Front auf knapp 80 km Venedig nähert. Hier bestand die Möglichkeit, von der Hochfläche der Sieben Gemeinden aus in die Venetianische Tiefebene vorzustoßen und die 200 km weiter ostwärts am Isonzo stehenden italienischen Armeen abzuschnüren. Dieser strategische Gedanke, ein Plan, mit dem sich Conrad von Hötzendorf seit vielen Jahren beschäftigt hatte, war so leicht faßbar, daß ihn auch der einfachste Soldat begreifen konnte. „Den Venetianischen Sack ausleeren", hieß dies in der Sprache der Front.

Im Mai des Jahres 1916 wurde diese Offensive, die in der italienischen Kriegsliteratur die merkwürdige Bezeichnung „Strafexpedition" führt, vorbereitet. Die elfte Armee, von Generaloberst Dankl geführt, sollte den Angriff durchführen, während die dritte Armee des Generaloberst Köveß im Etschtal in Reserve blieb, um, sobald der Durchbruch in die Ebene gelungen war, den Stoß in Richtung Venedig fortzusetzen. Die schwierigste Aufgabe, den sperrenden Bergriegel aufzubrechen, hatte das „Edelweißkorps" auszuführen, das die besten Truppen des österreichischen Alpenlandes umfaßte.

Am 15. Mai um sechs Uhr früh eröffneten unzählige Geschütze das Feuer auf die italienischen Stellungen in den Sieben Gemeinden. Dann traten die Truppen der Armee Dankl zum Angriff an. Fast überall wurden die vordersten italienischen Linien im ersten Anlauf überrannt.

Kaiserjäger und Landesschützen erstürmten die Berge des Valarsatales bei Rovereto. Die „Hesser" vom Linzer Hausregiment nahmen den Monte Coston, das Grazer Korps brach die Front bei Arsiero auf und nahm drei italienische Panzerwerke. Die „Rainer", Soldaten des Salzburger Hausregimentes, erstürmten den Monte Cimone, unmittelbar vor Arsiero. Der Sappeurleutnant Albin Mlaker nahm das Panzerwerk Casa Ratti in kühnem Handstreich und hielt es mit seinen Siebenbürgern gegen alle feindlichen Angriffe. Inzwischen war auch die Priafora genommen worden, ein Felsgipfel, der weitum das Gelände beherrschte. Die Truppen des „Edelweißkorps" rückten in Arsiero und Asiago ein. Bosnische und steirische Truppen stürmten an dem südlich des Val Sugana liegenden Bergland die Riegelstellung des Monte Melatta und öffneten auch hier den Weg zur Ebene. Von den Gipfeln jener Berge, die sie erstürmt hatten, konnten die Soldaten des „Edelweißkorps" bereits in die Venetianische Tiefebene hinabsehen. Ein Vorstoß von Arsiero auf Schio, das bereits am Rande der Tiefebene liegt, mußte die Entscheidung bringen. Der Augenblick, in dem die dritte Armee in den Kampf eingreifen sollte, war gekommen.

Aber das Glück, das Conrad von Hötzendorf noch in der glänzenden Durchbruchsschlacht von Gorlice zur Seite gestanden war, schien ihn nun zu verlassen. Fortune, hatte Prinz Eugen erklärt, sei für einen Feldherrn ebenso wichtig wie Tapferkeit. Conrad von Hötzendorf hätte in den Junitagen des Jahres 1916 nur etwas „Fortune" gebraucht, um seinen genialen Angriffsplan zu Ende führen zu können.

Doch eben in jenem entscheidenden Augenblick traf von der galizischen Front eine Hiobsbotschaft ein. Der russische General Brussilow war, um die westlichen Alliierten, die Franzosen bei Verdun, die Italiener bei Arsiero-Asiago, zu entlasten, zu einer Großoffensive angetreten, hatte die Front in Wolhynien durchbrochen und rückte gegen Lemberg und die Bukowina vor. Die Armee Köveß, die den Stoß in die Tiefebene führen sollte, wurde in Eile abgezogen und in Galizien eingesetzt, um ein weiteres Vordringen der Russen zu verhindern. Lemberg konnte gehalten werden, die Bukowina ging verloren.

Aus dieser aussichtsreichen Position mußte Conrad von Hötzendorf die von ihm geleitete Offensive abbrechen. Die Soldaten des „Edelweißkorps", die schon den sicheren Erfolg und damit das Ende des Krieges mit Italien vor Augen sahen, wurden wieder in feste Stellungen zurückgenommen. Wieder hatte der harte, unerbittliche Zwang, an meh-

Bild 7: Die Marmolata, 3342 m, heute ein Modeberg der Skifahrer, war im ersten Weltkrieg Front. Durch das Eis des Gletschers trieben die österreichischen Truppen kilometerlange Stollen gegen die von den Italienern besetzten Gipfel vor — ein Kampf im Eis, der legendär geworden ist.

Bild 8: Salurn. Das südlichste deutsche Dorf Tirols. Von beiden Seiten rücken die Felsmassen hart an die Etsch heran und bilden eine geradezu ideale Grenze, die zugleich eine eindeutige Grenze deutschen und italienischen Volkstums ist. Nicht nur von deutscher Seite aus, auch namhafte italienische Politiker haben die Salurner Klause als politische Grenze Italiens gefordert.

reren weit auseinander liegenden Fronten Krieg führen zu müssen, das Schicksal Österreichs bestimmt.

DER ALTE KAISER STIRBT

Am 21. November 1916 starb Kaiser Franz Josef I. Für die Völker seines Reiches war der Kaiser schon zu Lebzeiten eine legendäre Gestalt geworden. Vor allem aber ging den Menschen das persönliche Schicksal des Kaisers nahe: Der einzige Sohn, Kronprinz Rudolf, hatte durch Selbstmord geendet, die Gattin, Kaiserin Elisabeth, wurde von einem italienischen Anarchisten erdolcht, der Thronfolger, Franz Ferdinand, und dessen Gattin waren von serbischen Nationalisten erschossen worden. So wenig der Kaiser selbst unmittelbar in den Gang der Dinge eingriff, war er doch für seine Völker eine Art Institution geworden, die für den Bestand Österreich-Ungarns notwendig war, eine Klammer, die alle auseinanderstrebenden Kräfte zusammenhielt. Tirol ging der Tod des Kaisers besonders nahe. Es war nicht nur die Anhänglichkeit an das Kaiserhaus, die dem Tiroler Volk seit Maximilian, der in Tirol das Kernland seines Reiches gesehen hatte, eigen war, sondern auch das Gefühl, daß der Bestand und die Einheit des Landes aufs engste mit dem Schicksal des Habsburgerreiches verknüpft war. Mit dem alten Kaiser, so sagte man in Tirol, sei auch die Monarchie gestorben. Im Trentino dachte man nicht anders. „Se na volta, el Franzele more", sagten dort die Bauern, „alles wird sich ändern, wenn Franz Josef stirbt."

Dem greisen Kaiser folgte sein Großneffe, der dreißigjährige Erzherzog Karl. Mitten im schwersten Existenzkampf des Donaureiches zur Regentschaft berufen, hatte er eine ungeheuer schwierige, nahezu unlösbare Aufgabe zu bewältigen, auf die er keineswegs vorbereitet war. „Er war ein Mann des Friedens und zugleich ein tapferer Soldat, war oberster Kriegsherr, aber haßte den Krieg, war Verbündeter der Deutschen und zugleich ihr Rivale, war der Gegner der westlichen Demokratien und dennoch ihr natürlicher Freund. Er war ein bürgerlicher Kaiser, der eine feudale Krone trug. Er war nicht so sehr ein Mann, der nicht von dieser Welt war, als vielmehr ein Mann zwischen zwei Welten, der alten und der neuen, die er miteinander zu versöhnen suchte. Die größte Tragödie aber war, daß er dazu bestimmt gewesen wäre, im Frieden zu herrschen, aber verurteilt war, im Kriege zu regieren ... [43]"

An der italienischen Front vermerkte man mit Unbehagen, daß er mit einer italienischen Prinzessin, Zita aus dem Hause Bourbon-Parma, verheiratet war, ein Umstand, der zu mancherlei Gerüchten führte und später in der peinlichen Affäre der sogenannten Sixtusbriefe seinen Ausdruck fand. Sixtus, ein Bruder der Kaiserin, stand als Leutnant in der belgischen Armee, kämpfte also auf Seiten der Alliierten. Mit seiner Hilfe versuchte Kaiser Karl in einer streng geheim geführten Mission, die französische Regierung zu Friedensverhandlungen zu bewegen, wobei der Kaiser versprach, sich für die Rückgabe Elsaß-Lothringens an Frankreich einzusetzen. In einer Art „Gipfeltreffen" sollten die Angelegenheiten der am Kriege beteiligten Völker von ihren zuständigen Repräsentanten vertreten und eine friedliche Lösung gesucht werden. Sixtus verhandelte mit Poincaré und Lloyd George. Ohne auf diesen Versuch näher einzugehen, der nicht zuletzt an den maßlosen Gebietsforderungen Italiens, das nicht bereit war, vom Londoner Geheimvertrag abzugehen, scheiterte, gab der französische Ministerpräsident Clemenceau jenen Brief, der den Kaiser schwer belastete, der Öffentlichkeit preis, ein Umstand, der auch auf Seiten der deutschen Bevölkerung Österreichs das Mißtrauen gegenüber dem Kaiserhaus verstärkte. Es steht jedoch fest, daß Kaiser Karl bei dieser Aktion keineswegs Gebietsabtretungen in Tirol ins Auge gefaßt hatte. Nur im Zuge einer allgemeinen Friedensregelung sollte das Trentino gegen entsprechende Zugeständnisse auf anderen Gebieten an Italien abgetreten werden. Aber Italien wollte sich nicht mit der Abtretung des Trentino begnügen, denn es hoffte, von den Alliierten den Brenner zu bekommen.

Die Front vermerkte mit Bitterkeit, daß sich der junge Kaiser von dem überaus populären General Conrad von Hötzendorf trennte. Chef des Generalstabes wurde der aus Hermannstadt in Siebenbürgen stammende General Arz von Straußenburg. Ihm zur Seite stand der energische General Waldstätten, der weitgehend die Vorgänge im Armeeoberkommando bestimmte. Conrad von Hötzendorf wurde mit dem Oberbefehl über die Tiroler Front abgefunden. Mit neuen Männern versuchte Kaiser Karl neue Wege zu gehen, um den Krieg, sei es wie immer, zu

Ende zu bringen. Dabei erlebte er, was er als „Kaiser des Friedens" am wenigsten erwartet hatte, einen totalen Sieg über Italien.

DER DURCHBRUCH VON KARFREIT

In Tirol ging der zermürbende Stellungskampf mit unverminderter Heftigkeit weiter. In einzelnen italienischen Stellungen gingen Tag und Nacht die Bohrmaschinen. Die größte Minensprengung fand auf dem Pasubio, dem „Kaiserjägerberg" statt. Die Italiener trieben einen Stollen unter die österreichische Gipfelstellung, um die Besatzung mit 13.000 kg Sprengstoff in die Luft zu jagen. Doch die Kaiserjäger hatten den Plan der Italiener rechtzeitig erkannt und einen Gegenstollen angelegt. Am 13. März 8 Uhr früh wollten die Italiener den Gipfel sprengen. Doch drei Stunden vorher jagten die Österreicher mit ihrer Gegenmine 55.000 kg Sprengstoff in die Luft und verwandelten die italienische Stellung in ein ödes Trümmerfeld. Unheimlich ging der Kampf im Eis des Ortler, des Adamello und der Marmolata weiter, ohne daß an irgendeiner Stelle dieser Front noch eine wirkliche Entscheidung gefallen wäre. Hingegen gestaltete sich die Lage der Armee des Generals Boroevic, die den Anstürmen der Italiener standzuhalten hatte, immer schwieriger. Schon waren den Italienern auf dem Karst tiefe Einbrüche in die Front der Verteidiger gelungen. Vom 17. August bis zum 12. September des Jahres 1917 tobte die elfte Isonzoschlacht. Allein schon in der stereotypen Aufzählung dieser Schlachten zeigt sich, wie einseitig Cadorna seine Strategie auf die Eroberung von Triest ausgerichtet hatte. Nur mehr 20 km trennten die italienischen Angriffssspitzen von Triest. Mit Bangen sah man beim Armeeoberkommando der zwölften Isonzoschlacht entgegen.

Doch diese zwölfte Isonzoschlacht wurde nicht von Italien, sondern von Österreich geschlagen. Auch die Deutsche Heeresleitung war zu der Überzeugung gekommen, daß auf dem Kriegsschauplatz in Italien eine außerordentliche Kraftanstrengung notwendig geworden sei. Es kam alles darauf an, für diese Offensive eine geeignete Ansatzstelle zu finden. Der österreichische General Alfred Krauß schlug vor, diesen Offensivstoß nicht von Tirol, sondern vom Quellgebiet des Isonzo aus gegen die italienische Front zu führen. Das war ein völlig neuer Gedanke. Im Raume von Villach sollten die Angriffstruppen gesammelt werden, um in raschem Angriff die Bergstellung der Italiener zu nehmen, über das Becken von Flitsch-Tolmein vorzubrechen und das am Oberlauf des Isonzo liegende Karfreit, italienisch Caporetto, zu besetzen. Von Karfreit aus sollte der Vorstoß unmittelbar in den Rücken der italienischen Isonzoarmee geführt und in Richtung auf Udine vorgetragen werden. Völlig neu war auch der Gedanke, den General Krauß hartnäckig verfocht, sich nicht durch die dem Angriff im Wege stehenden Bergstellungen der Italiener aufhalten zu lassen und sich daran, wie es auf den Sieben Gemeinden geschehen war, festzubeißen, sondern an diesen Bergen vorbei im Tale vorzustoßen, und diese isolierten Stellungen erst später „mitzunehmen". Die besten deutschen Regimenter der k.u.k. Armee, darunter das „Edelweißkorps", traten zum Kampfe an. Die Deutsche Heeresleitung stellte sieben Divisionen bei, darunter auch das so vielfach bewährte „Deutsche Alpenkorps". Natürlich blieb dieser gewaltige Aufmarsch den Italienern nicht verborgen. Noch am 24. Oktober 1917, dem Tage, an dem bei strömendem Regen die Offensive losbrach, erklärte der italienische Kriegsminister Giardini vor dem römischen Parlament: „Wir fürchten uns nicht. Der Feind möge es sich gesagt sein lassen: wir sind vorbereitet."

Aber auf diesen Feuerorkan waren die Italiener doch nicht vorbereitet. Um zwei Uhr nachts hatte der Einsatz der massiven Artillerie begonnen. In den Morgenstunden trat die Infanterie zum Angriff an. Noch am gleichen Tage, um drei Uhr nachmittags, wurde Karfreit genommen. Damit geriet die italienische Nordfront in Bewegung. Der Durchbruch war geglückt. Während die österreichischen und deutschen Truppen in den Talstraßen unaufhaltsam vorstießen, wurden in den folgenden Tagen die inzwischen völlig abgeschnittenen Bergstellungen angegriffen. Das Edelweißkorps nahm den Rombon und den Kolowrat. Kaiserschützen griffen die zäh verteidigte Cuclastellung an. Die Kaiserjäger nahmen den Canin und erstürmten den Monte Maggiore, von dem Cadorna in seinen Erinnerungen sagt, das entscheidende Ereignis für den Rückzug sei der Verlust des Monte Maggiore gewesen.

Auch die Truppen des General Boroevic griffen nun massiv in das Geschehen ein, um zu verhindern, daß die Italiener Truppen in den bedrohten Raum verschoben, um die Einbruchstelle abzuschnüren. Was

General Cadorna in elf blutigen, opferreichen Isonzoschlachten an Gelände gewonnen hatte, ging in zwei Tagen verloren. Um nicht durch die deutschen und österreichischen Truppen im Rücken erfaßt und eingeschlossen zu werden, flutete die italienische Isonzoarmee in voller Auflösung zurück. Am 28. Oktober zogen kroatische Truppen in Görz ein. Die Kaiserschützen erreichten am 30. Oktober bereits die am Alpenrande liegende Stadt Tarcento, während deutsche Jäger zu gleicher Zeit Cividale besetzten. Damit war auch das Schicksal der Armeen des Herzogs von Aosta besiegelt. Auch längs der Adriatischen Küste setzte der Vormarsch der österreichischen Truppen ein. In den Lagunen von Grado wurde noch tagelang erbittert gekämpft, während General Krauß mit seinen Truppen bereits in Udine einzog. Vergeblich versuchte Cadorna entlang des Tagliamento eine Widerstandslinie aufzubauen. Doch die Angriffsspitzen der ungestüm vordringenden deutschen und österreichischen Verbände ließen ihm keine Zeit; denn inzwischen hatte General Krauß mit seinen Truppen bereits den Tagliamento bei Osoppo überschritten und die Italiener gezwungen, das Gegenufer zu räumen. Ein letzter Widerstand der Italiener an der Livenza wurde rasch gebrochen. Einzelne deutsche Jägerabteilungen prellten, die völlige Verwirrung der Italiener nützend, im Gebirge vor, so der Oberleutnant und Kompagnieführer Ferdinand Schörner, im zweiten Weltkrieg Generalfeldmarschall, mit seinen Bayern und der im Afrikafeldzug legendär gewordene General Erwin Rommel, der mit seinen württembergischen Jägern bis zum Piavetal vorstieß.

Der amerikanische Schriftsteller Ernest Hemingway, der die Kämpfe an der italienischen Front miterlebt hat und dem der Tagliamento durch eine schwere Verletzung zum Schicksal wurde, hat in seinem Roman „In einem anderen Land" eine großartige Schilderung dieses Rückzuges gegeben und damit die Durchbruchsschlacht von Karfreit zu einem Gegenstand der Weltliteratur gemacht. In aller Eile mußten die Italiener die Front auf dem Karnischen Kamm und in den Dolomiten räumen. Denn inzwischen hatten österreichische Truppen die Stadt Vittorio Veneto erreicht. Wenn der Name dieser Stadt ein Jahr später mit einer großen militärischen Operation der italienischen Armee in Verbindung gebracht worden ist und von einem „Sieg bei Vittorio Veneto" gesprochen wurde, muß man feststellen, daß bei dieser Stadt eigentlich nur ein einziges Mal wirklich gesiegt worden ist, nämlich an jenem 8. November 1917, als österreichische Truppen, nachdem sie in fünfzehn Tagen kämpfend eine Entfernung von 150 km zurückgelegt hatten, den Zugang zu dieser am Rande des Venetianischen Berglandes gelegenen Stadt erkämpften. Drei Tage später besetzten die Marburger Schützen Belluno. Damit war das Schicksal der aus den Karnischen Bergen und den Dolomiten zurückflutenden italienischen Truppen besiegelt. Zehntausende gerieten in Gefangenschaft.

An der Dolomitenfront spielten sich in diesen Tagen groteske Szenen ab. Auf unseren einsamen, weltabgeschiedenen Gipfelstellungen, die schon tief im Winter lagen, waren wir nur mangelhaft über den Verlauf dieser Offensive unterrichtet worden. Niemand von uns ahnte damals, daß schon fast alle Ausgänge, die vom Gebirge in die Ebene führten, in österreichischer Hand waren. Die Italiener aber, die darüber besser informiert waren als wir, wußten, was für sie auf dem Spiele stand. Während einzelne ihrer Nachhuten in den Stellungen zurückblieben, hatte sich die Masse ihrer Truppen in aller Eile in die Bergtäler zurückgezogen, um vielleicht doch noch entschlüpfen zu können. Ich war inzwischen vom 3. Kaiserschützenregiment, das in den Fassanerbergen lag, zur Hochgebirgskompanie 24 versetzt worden, einem vorwiegend aus Bergführern und erfahrenen Alpinisten zusammengesetzten Detachement, das zumeist dort eingesetzt wurde, wo in schwierigem alpinen Gelände eine besondere militärische Aufgabe gelöst werden mußte. Seit Monaten hatten wir die Costabella besetzt, einen 2716 m hohen, südlich der Marmolata gelegenen Gipfel. Die Italiener hatten sich nahe an den Gipfel herangearbeitet. Das war nicht das Schlimmste. Schlimmer war, daß sie von einer Stellung aus den Gipfel anbohrten. Solange drüben die Bohrmaschinen gingen, bestand für uns keine Gefahr. Kritisch wurde es erst, wenn die Bohrmaschinen schwiegen; denn dann wurde die Sprengkammer geladen. Eben in jenen Novembertagen, als der Schneesturm um den Gipfel brauste, trat drüben plötzlich Ruhe ein. Wir machten uns bereit, die Reservestellung zu besetzen, von der aus wir nach der Sprengung den Gipfel wieder zurückgewinnen wollten. Doch unsere Schützen hatten mit sicherem Instinkt herausgebracht, daß die eigentümliche Ruhe, die beim Gegner eingetreten war, andere Gründe haben mußte. Ein Mann des Doppelpostens kommt in die Kaverne gestürzt: „Herr Leutnant, sie sind nicht mehr da!" Es war das Sonderbarste, was ich jemals als Soldat erlebt hatte: Frei und offen schreiten wir über das Gelände, in dem wir uns monatelang in schärfstem Kampf gegenüber gelegen sind. Von Eis und Schnee unserer Berg-

stellung steigen wir in das herbstlich schöne Pellegrinotal hinab. Von
den Italienern war nichts mehr zu sehen. Was uns am meisten staunen
ließ: der Aufwand, mit dem die Italiener diesen Krieg geführt hatten.
Es war einfach alles, was man als Soldat braucht, in unvorstellbaren
Mengen vorhanden. Jetzt erst wurde uns bewußt, was uns selbst an
Kriegsmaterial, Ausrüstung und Verpflegung fehlte, in welch äußerst
beschränkter, ja primitiver Form wir diesen Krieg bestehen mußten.
Nach Wochen und Monaten des Hungerns und Darbens gab es für unsere Hochgebirgskompagnie schlaraffische Tage.

Am 9. November erreichten die Truppen der Heeresgruppe Boroevic
den Unterlauf der Piave. Die italienische Armeeführung versuchte an
diesem hochgehenden Fluß die in regelloser Flucht zurückströmenden
Truppenmassen aufzufangen und eine Abwehrfront zu errichten. Damit
hatte man auf österreichischer Seite gerechnet. Nun sollte als letzte große
Aktion dieser Offensive die Armee des General Conrad von Hötzendorf
aus den Sieben Gemeinden vorbrechen, die Piavefront von der Nordflanke aus aufrollen und damit die endgültige und vollständige Niederlage der italienischen Armee besiegeln. Strategisch gesehen war die
Ausgangssituation wesentlich günstiger als bei der Maioffensive im Vorjahre, denn die österreichischen Truppen standen bereits im Raume
von Belluno. Ungünstig wirkte sich der Zeitpunkt des Angriffes aus,
weil die Berge schon tief im Schnee lagen. Noch verhängnisvoller aber
war der Umstand, daß man, um alle verfügbaren Kräfte für die Durchbruchsschlacht bereitzustellen, der Tiroler Front nicht nur die besten
Truppen, sondern auch einen großen Teil der Artillerie entzogen hatte.
Die italienische Heeresleitung aber erkannte die Gefahr, die ihr von der
Flanke drohte. In aller Eile wurden der vordringenden Armee Conrads
von Hötzendorf die letzten Reserven, über die die italienische Heeresleitung noch verfügte, entgegengeworfen. Der Vormarsch durch das
enge Tal der Brenta wurde bei Primolano aufgehalten. Der Flanken-
stoß aus den Sieben Gemeinden kam nicht mehr zur Wirkung. Das
Schwergewicht der Kämpfe verlagerte sich in das zwischen Brenta und
Piave gelegene Bergland, das vom Monte Grappa beherrscht wird. An
der Piave kam die Front zum Stillstand. Die Durchbruchsschlacht von
Karfreit war die letzte, raumgewinnende Offensive des ersten Weltkrieges, das Vorbild einer gründlich vorbereiteten, nach völlig neuen
strategischen und taktischen Auffassungen geführten Operation, das
Beispiel eines wirklichen, mit rein militärischen Mitteln erreichten Sieges.

Für die Verteidigung Tirols brachte diese erfolgreiche Schlacht große Vorteile. Nahezu die Hälfte des bisherigen Frontverlaufes, nämlich der vom Val Sugana bis zum Sextner Kreuzberg führende Abschnitt, konnte aufgelöst werden. Die Front vom Ortler über den Gardasee und das Etschtal auf die Hochfläche der Sieben Gemeinden blieb unverändert und schloß an die über die Brenta und das Grappamassiv zur Piave führende Front an.

Die Niederlage von Karfreit, von den Italienern „disfatta di Caporetto" genannt, hatte Italien in ein beispielloses Chaos gestürzt und die Kriegsführung der Alliierten vor neue, völlig unerwartete Probleme gestellt. Italien war den Alliierten nicht nur die Hilfe, die man von seinem Kriegsbeitritt erwartet hatte, schuldig geblieben, es war nun selbst auf die Hilfe der Alliierten angewiesen. Am 8. November 1917 fand in Peschiera eine Besprechung des Alliierten Oberkommando mit Vertretern des italienischen „Comando Supremo" statt. Cadorna war bereits abgelöst und durch General Armando Diaz ersetzt worden. Die Franzosen fürchteten, daß nach einem völligen Zusammenbruch Italiens, mit dem in diesen Tagen gerechnet werden mußte, Frankreich über die vollständig ungeschützte Ostgrenze angegriffen und zu einem Zweifrontenkrieg gezwungen werden könnte. Energische Maßnahmen der italienischen Truppenführung wurden gefordert. Um das Ärgste zu verhindern, erklärten sich die Alliierten zu einer raschen Waffenhilfe bereit. In aller Eile wurden französische und britische Truppen von der Westfront abgezogen und an der Piave eingesetzt. Mit Hilfe dieses alliierten Truppenkontingentes, das mehrere Divisionen umfaßte und später noch durch amerikanische Truppen verstärkt wurde, gelang es General Diaz die Front an der Piave zu stabilisieren, nicht zuletzt auch mit dem Einsatz junger, unverbrauchter Soldaten, die eben einberufen worden waren.

Die Niederlage von Karfreit hat im italienischen Volkscharakter tiefe Spuren hinterlassen. Das Selbstvertrauen der Nation war auf das schwerste getroffen. Um die erschütterte Moral des Volkes wieder herzustellen, genügte es nicht, die Schuldigen zur Rechenschaft zu ziehen. Es genügte auch nicht, Mängel abzustellen und gewisse Reformen durchzuführen. Was das italienische Volk brauchte, um sein Selbstvertrauen zurückzugewinnen, war ein klarer, eindeutiger Erfolg, genauer gesagt, ein Sieg über den Sieger von Karfreit. Nur wenn man weiß, wie tief das Nationalgefühl des italienischen Volkes durch die Niederlage von Karfreit getroffen worden ist, versteht man die Übersteigerung, die den Begriff jenes späteren italienischen „Sieges von Vittorio Veneto" im Denken des italienischen Volkes erfahren hat.

So tief Italien durch diese Katastrophe getroffen worden war, so maßlos übersteigert wurden seine politischen Forderungen, als das Pendel nach der anderen Seite auszuschlagen begann, ein psychologisch durchaus verständlicher Vorgang. Der Minister Barzilai erklärte, Italien müsse die Alpenpässe haben, um aus dem Leben der Angst, der Gefahren und des Elends herauszukommen. Hierin liegen die Triebkräfte, die im italienischen Volk zu der Forderung nach der Brennergrenze führten. Überaus aufschlußreich ist, was einer der weitblickendsten Publizisten jener Zeit, Giovanni Prezzolini, der Herausgeber der führenden Zeitschrift „La Voce", an der auch Salvemini und Battisti mitgearbeitet haben, über jene Wandlungen schreibt, die der italienische Volkscharakter durch die Niederlage von Karfreit erfahren hat: „Caporetto hat wesentlich dazu beigetragen, den Geist des Landes zu ändern. Man kann sagen, daß bis Caporetto ein Großteil Italiens nicht wußte, was der Krieg war, in dem Sinne, in dem ihn Frankreich und die Mittelmächte verspürten. Nach Caporetto aber spürten sogar die Städte, die, wie Rom, weit vom Kriege entfernt waren, seinen schweren Atem vorüberziehen. Der Anblick der Flüchtlinge aus Venetien bewegte sogar den skeptischen und kritischen Geist Toscanas. Mit ihren verängstigten Gesichtern, mit dem Häuflein der Kinder, mit ihren Bündeln brachten sie ganz Italien den Hinweis auf jene Wirklichkeit, die sich da oben abspielte, eine Wirklichkeit, die man in den rhetorischen Worten der Zeitungen nie wirklich zu Gesicht bekam. Das Land besserte sich, ebenso wie die Front. Nein, alle Anklagen, die man dem Lande macht, wirken nicht, wenn man daran denkt, daß es die Bataillone des Jahrganges 1899, also die Achtzehn- und Neunzehnjährigen waren, die an der Piave Italien nach Caporetto gerettet haben. Diese Bataillone waren aus jungen Leuten zusammengesetzt, die noch vor vier oder fünf Monaten bei ihren Eltern gelebt, ihre Gespräche gehört und ihr Beispiel gesehen hatten. Wenn das Land wirklich defaitistisch gewesen wäre, hätten sie nicht widerstanden. Im Lande war die Fähigkeit, Entbehrungen erdulden zu können und Widerstand zu leisten nicht weniger groß als an der Front. Italien war nach Caporetto einig, groß im Erdulden und groß im Widerstand [44]."

Der einzigartige Sieg der Mittelmächte bei Karfreit hatte auf österreichischer Seite zu einer gefährlichen Unterschätzung des Gegners geführt. Italien, daran zweifelte man nicht, stand am Rande des Abgrundes. Man glaubte, mit dieser militärisch untauglichen, moralisch zermürbten Armee leicht fertig werden zu können. Gewiß, den ersten und wichtigsten Halt ergaben die in aller Eile an die Piave geworfenen französischen und britischen Verbände. Sie blieben im kommenden Jahr die soldatische Elite, die überall dort eingesetzt wurde, wo es um wichtige Entscheidungen ging. Offensichtlich war aber inzwischen auch innerhalb der italienischen Armee ein tiefgreifender Wandel vor sich gegangen. Seit Karfreit war ein großer Teil des Landes, Friaul und Venetien, in den Händen des Feindes. Italien selbst war zum erstenmal in seiner Geschichte wirklich bedroht. Das waren Tatsachen, die jeden, auch den einfachsten Mann berührten. Eine aufflammende nationale Bewegung versuchte mit allen Mitteln die „Schande von Caporetto" wettzumachen. Damit wurden auf Seiten Italiens Kräfte geweckt, mit denen man auf österreichischer Seite nicht gerechnet hatte. Man glaubte, was in Karfreit gelungen war, einfach wiederholen zu können, um Italien endlich als Kriegsgegner vollkommen auszuschalten. Aber die Italiener hatten aus ihrer Niederlage gelernt. Sie wußten, der am meisten gefährdete Abschnitt des gesamten Frontverlaufes lag dort, wo die Front, von den Sieben Gemeinden ausgehend, die Brenta überschritt und zur Piave führte. Hier drohte Italien ein zweites Caporetto. Damit wurde der diesen Raum sperrende Monte Grappa zur Schlüsselstellung der gesamten Front. In erstaunlich kurzer Zeit hatten die Italiener diesen Berg zu einer uneinnehmbaren Festung ausgebaut. Der felsige Rücken des Monte Grappa wurde von einem weitverzweigten Stollensystem durchzogen, das siebzig Maschinengewehren und einhundert Geschützen gedeckte Ausschußmöglichkeiten bot. Auch ein in den Tälern vorbrechender Feind wäre an dieser Bergfestung nicht vorbeigekommen. Für das in Karfreit geschlagene Italien wurde der Monte Grappa zu einem Symbol. Damals entstand jenes italienische Soldatenlied, in dem der Monte Grappa zum Vaterland der Soldaten erklärt wird: „Monte Grappa, tu sei la mia patria . . ."

Die österreichische Armeeführung drängte auf eine rasche und endgültige Entscheidung an der italienischen Front. Von Monat zu Monat wirkte sich die von der Entente gegen die Mittelmächte verhängte, unerbittlich durchgeführte Hungerblockade stärker aus. Streiks, Unruhen, Hungerkrawalle erschütterten das Land. An der Front verschlechterte sich die Versorgungslage immer mehr. Hungernd und frierend hatten die österreichischen Soldaten einem wohlgerüsteten, mit Material und Verpflegung reichlich versehenen Gegner standzuhalten. Eine Parole lief durch die Front: Sich drüben holen, was herüben fehlt. Wenn es gelang, Italien durch einen raschen Sieg aus dem Kriegsgeschehen auszuschalten, konnte auch die Versorgungslage gebessert werden.

Zwei durchaus verschiedene Angriffspläne lagen vor. General Conrad von Hötzendorf wollte seinen alten Plan, aus den Sieben Gemeinden nach Venedig durchzubrechen, ein Plan, der in den Jahren 1916 und 1917 an widrigen Umständen gescheitert war, dessen Grundgedanke aber gerade jetzt, da die italienische Front an der Piave stand, umso überzeugender schien, durchführen. General Boroevic aber hielt den Plan, über die Piave und den Montello in die italienische Verteidigung einzubrechen, für aussichtsreicher. Der Streit um die richtige Ansatzstelle konnte nur vom Armeeoberkommando in Baden entschieden werden. General Arz, der neue Generalstabschef des Heeres, konnte sich aber nicht durchsetzen. So gab es bei der geplanten Offensive keinen Schwerpunkt. Es kam zu einer gefährlichen „Sowohl-als-auch"-Lösung, durch welche die vorhandenen Kräfte so unheilvoll verzettelt wurden, daß es weder Conrad von Hötzendorf, noch Boroevic möglich wurde, den Angriff in der von ihnen geplanten Form durchzuführen.

Am 15. Juni setzte an der ganzen Front vom Pasubio bis zur Adriatischen Küste die österreichische Offensive ein. Die Italiener hatten in dem Raum zwischen Brenta und Piave ihre besten Truppen eingesetzt, verstärkt durch das 12. englische und das 14. französische Corps. Es gelang den österreichischen Truppen nicht, diesen Sperriegel aufzubrechen. Der Monte Grappa, für beide angreifende Heeresgruppen weit am Flügel, somit im vernachlässigten Grenzbereich liegend, hielt stand. Damit blieb vom Anfang an die Karfreit-Lösung zum Scheitern verurteilt. Die italienischen Truppen, gestützt auf die alliierten Verbände, schlugen sich viel besser als man es erwartet hatte. Man versuchte auch diesmal in den Tälern vorzustoßen und die so zäh verteidigten Bergstellungen zu umgehen. Salzburger und Linzer Truppen, „Rainer" und „Hesser", stießen entlang der Brenta vor. Doch man übersah, daß die Brenta kein breites Tal bildete, sondern eine kilometerlange, enge Schlucht. In diesem Engpaß, der Frenzelaschlucht, gerieten diese Elitetruppen in flankierendes Maschinengewehrfeuer und wurden nahezu zur Gänze aufgerieben. In den Sieben Gemeinden stießen die österreichischen Truppen schon in der Waldzone auf massierten italienischen Widerstand, der es unmöglich machte, in diesem unübersichtlichen Gelände vorwärtszukommen. Conrad von Hötzendorf mußte zum drittenmal erleben, daß der von ihm vorbereitete Durchbruch aus den Sieben Gemeinden in die Ebene auf den äußersten Riegelstellungen aufgehalten wurde, ohne daß die beabsichtigte Bedrohung der Nordflanke der italienischen Piavestellung wirksam geworden wäre, ein Umstand, der Zweifel über die Richtigkeit dieses Konzeptes aufkommen ließ. Für die Verteidigung der Alpengrenze von Seiten der Italiener ist diese Erfahrung aus drei Kriegsjahren von großer Bedeutung; denn es hat sich gezeigt, daß nicht auf dem Alpenhauptkamm, sondern gerade auf diesen weit gegen die Ebene vorgeschobenen natürlichen Riegelstellungen eine erfolgreiche Verteidigung durchaus möglich ist.

Erfolgreicher als die aus den Bergen hervorbrechende Heeresgruppe Conrads von Hötzendorf war die Heeresgruppe Boroevic, der es an mehreren Stellen gelang, über die Piave zu kommen und Brückenköpfe zu bilden, von denen aus der weitere Vormarsch angesetzt werden konnte. Insbesonders den Truppen des Erzherzogs Josef war es gelungen, den jenseits der Piave liegenden Höhenzug des Montello zu erstürmen. Schon lag Treviso im Feuer der österreichischen Artillerie. Da setzten schwere Regenfälle ein. Die Piave führte Hochwasser, trat aus den Ufern und riß die behelfsmäßig errichteten Brücken fort. Der Nachschub stockte. Die Offensive fuhr am feindlichen Widerstand fest.

Der Oberkommandierende der italienischen Armee, General Diaz, wußte die Hilfe, die ihm durch dieses Hochwasser zu teil wurde, geschickt zu nützen. Zwar konnte der Montello gehalten werden, aber im Unterlauf der Piave war es notwendig geworden, die Brückenköpfe zu räumen und über den Fluß zurückzugehen. Große Verluste an Mann und Material waren unvermeidlich. General Diaz wurde als Retter Italiens gepriesen.

In einem Brief, den Erzherzog Josef an den mit ihm befreundeten deutschen General Seeckt schrieb, wurden die Ursachen dieser fehlgeschlagenen Offensive deutlich erkannt und ausgesprochen: „Wir haben einen Angriff auf 157 km breiter Front gemacht, wo dann an keiner

Stelle eine ausschlaggebende Kraft zum Einsatz blieb. Wir hatten sieben Millionen Artillerieschüsse, die in 30 km Breite angewendet durchschlagend gewirkt hätten, doch auf 157 km zu wenig waren. Ich meldete, daß es ein ‚Abenteuer' ist, eine Offensive, unfertig und nur auf die Möglichkeit aufbauend, daß wir zwischen Brenta und Etsch alles finden werden, was uns fehlte, zu beginnen. Ich hatte gerade ein Ultimatum an das AOK, unterstützt von Boroevic gerichtet, als Seine Majestät zu mir nach Vittorio Veneto kam. Über unsere Unterredung schweige ich lieber. Ich bezeichne das Ganze als ein ‚Verbrechen' [45]."

Die österreichische Presse bezeichnete diese Offensive als „Hasardspiel". Im österreichischen Parlament wurde drei Tage hindurch eine geheime Debatte über diese Katastrophe durchgeführt. In Budapest weigerte man sich, die Truppen weiterhin „gewissenlosen österreichischen Generälen" auszuliefern und verlangte eine eigene ungarische Armee. Eine österreichische Zeitung schrieb: „Diese durchaus und auch für den Laien erkennbar verfehlt angelegte Offensive war wohl der schwerste Fehler, den unsere Heeresleitung während des Krieges gemacht hat. Man hat einfach in Baden geglaubt, oder, persönlich ausgedrückt, Generalmajor von Waldstätten, der dort der wirkliche Macher ist, hat geglaubt, daß die Italiener bereits eine ‚quantité negligeable' sind und daß man sich ihnen gegenüber alles erlauben kann, weil sie ohnedies nicht standhalten werden. An der Front selbst dachte man anders und insbesondere Boroevic protestierte heftig gegen den Plan einer Generaloffensive vom Pasubio bis zum Meer, die er, wie mir versichert wird, ein ‚verrücktes Abenteuer' nannte. Es soll auch während der Aktion einen heftigen Auftritt mit dem Kaiser gehabt haben und ihm laut, daß man es durch die geschlossene Türe hören konnte, zugerufen haben: ‚Wie komme ich dazu, mich vor der Weltgeschichte für etwas kompromittieren zu lassen, auf das ich nicht den geringsten Einfluß habe' [46]."

Was der glänzende Sieg von Karfreit noch verdeckt hatte, das Übergreifen der nationalen Gegensätze, welche die Donaumonarchie erschütterten, auf die k. u. k. Armee, den letzten Hort, den dieses Reich noch besaß, kam nach dieser mißglückten Offensive immer stärker zum Ausdruck. Österreich hatte in diesem Kampfe die Grenzen seiner militärischen Macht und damit auch seine inneren Schwächen gezeigt.

Davon wurde auch Tirol in Mitleidenschaft gezogen. Tirol hatte sich in allen Wechselfällen dieses Krieges als uneinnehmbare Festung bewährt. Es hat allen Angriffen eines zahlen- und materialmäßig weit überlegenen Gegners standgehalten und seine Einheit erfolgreich verteidigt. Bis zur letzten Stunde dieses Krieges hatte kein italienischer Soldat die Grenzen Tirols überschritten. So wenig sich Italien, wenn die Frage Südtirol aufgeworfen wird, auf das Opfer seiner Söhne berufen kann, so sehr haben andererseits die Tiroler das Recht, nachzuweisen, daß sie für die Freiheit ihres Heimatlandes das denkbar größte Opfer gebracht haben. Kein anderes, am ersten Weltkrieg beteiligtes Land hat einen so hohen Blutzoll entrichtet wie Tirol. 40.000 Namen sind in dem Gedenkbuch auf dem Berg Isel verzeichnet. Diesen Männern ist es zu verdanken, daß Tirol bis zur letzten Stunde seine Grenzen und seine Einheit bewahrt hat, wenngleich dieses Opfer letzten Endes vergeblich war.

DAS „WUNDER“ VON VITTORIO VENETO

WESHALB „VITTORIO VENETO"

Man fragt sich, weshalb Italien die große, von General Armando Diaz geleitete Offensive, durch die der erste Weltkrieg an der italienisch-österreichischen Front beendet wurde, ausgerechnet nach dem kleinen, am Alpenrand gelegenen Städtchen Vittorio Veneto benannt hat. Die Diskussion über diese militärische Operation, die in der Kriegsgeschichte eine so verschiedenartige Beurteilung erfahren hat, beginnt schon bei dem Namen, den man ihr gegeben hat. Dabei besteht diese Stadt, die heute etwa 30.000 Einwohner zählt, erst seit etwa einhundert Jahren. Zu Ehren des italienischen Königs Vittorio Emanuele II. erhielt die Stadt den Namen Vittorio, ergänzt durch die Landschaftsbezeichnung Veneto. An sich besitzt die Stadt nichts Bemerkenswertes. Auch die Lage unmittelbar vor den letzten Ausläufern der Alpen, von der Piave weit entfernt, gibt der Stadt keine besondere strategische Bedeutung. Jedenfalls rechtfertigen die tatsächlichen Vorgänge während der italienischen Offensive kaum diese Bezeichnung; denn wesentlicher als der von Franzosen und Briten unterstützte Angriff, durch den am sechsten Angriffstag Vittorio Veneto von italienischen Kavallerieeinheiten erreicht wurde, waren die Kämpfe im Gebiet des Monte Grappa. Viel eher ließe sich also verstehen, wenn man diese viel umstrittene Unternehmung als „Schlacht vom Monte Grappa" bezeichnet hätte, dies um so mehr, als dieser Berg den italienischen Frontkämpfern „heilig" wurde und nach dem Kriege zu einem großartigen und eindrucksvollen Monument ausgebaut worden ist. Auch eine Benennung dieser Schlacht nach der Piave ließe sich rechtfertigen, denn die Übersetzung der Piave stellt neben den Kämpfen im Grappamassiv das entscheidende Ereignis der Herbstoffensive des Jahres 1918 dar. Vor allem wollte man schon mit dem Namen, den man dieser Schlacht gab, den Eindruck erwecken, daß es sich dabei um die Eroberung weiter Gebiete gehandelt habe, da dieses Städtchen immerhin über 30 km hinter den österreichischen Linien lag. In der Bezeichnung Vittorio Veneto klingen zudem auch nationale Assoziationen an. Der Name „Vittorio" erinnert an Vittorio Emanuele II., während die Bezeichnung „Veneto" auf „Venetia Tridentine" und „Venetia Giula" und damit auf das Kriegsziel „Trento e Trieste" hinweist. Letzten Endes war für die Wahl dieses Namens vielleicht auch die Ähnlichkeit des Wortes „Vittorio", mit dem

Worte „Vittoria", Sieg bestimmend, um schon im Namen diese Offensive als „Sieg" deklarieren zu können.

Diese Schlacht sollte die Antwort auf die „disfatta di Caporetto" sein. Vor allem kam es General Diaz darauf an, durch möglichst großen Raumgewinn das stark angeschlagene Prestige der italienischen Armee in den Augen der Alliierten wieder herzustellen und der eigenen Nation das Bewußtsein zu geben, diesen unheilvollen Krieg, in dem Italien bisher nicht einen einzigen überzeugenden Sieg hatte erringen können, tatsächlich durch einen Sieg beendet zu haben. Politisch gesehen war es wichtig, für die Friedensverhandlungen eine möglichst starke Ausgangsposition zu gewinnen, um die im Londoner Geheimvertrag festgelegten territorialen Zugeständnisse erreichen zu können. Außerdem war es wichtig, für die kommenden Verhandlungen Faustpfänder in die Hand zu bekommen.

Man hat auf italienischer Seite, wie zu erwarten war, die Durchbruchsschlacht von Vittorio Veneto vielfach mit der Durchbruchsschlacht von Karfreit verglichen und dabei geflissentlich übersehen, daß schon die Ausgangsposition in beiden Fällen völlig verschieden war. Bei Karfreit stand den Truppen der Mittelmächte ein völlig intaktes feindliches Heer, eine geschlossene, wohl organisierte und ausgezeichnet gerüstete und verpflegte Truppe gegenüber. Der Durchbruch wurde mit rein militärischen Mitteln erzwungen. Politische Motive spielten dabei keine Rolle. Karfreit war ein Sieg des deutschen und österreichischen Soldatentums über einen durchaus soldatischen Gegner. In Vittorio Veneto aber stand den angreifenden Italienern ein in Auflösung begriffenes Heer gegenüber. Bei dieser Offensive spielten daher politische Motive eine ausschlaggebende Rolle. Wenn man die „Schlacht von Vittorio Veneto" als Sieg bezeichnen will, so handelt es sich dabei in erster Linie nicht um einen militärischen, sondern um einen politischen Sieg.

„HABEN WIR EINEN TOTEN MANN ERSCHLAGEN"

Diese Frage wurde in Italien wenige Monate nach der Schlacht von Vittorio Veneto in aller Öffentlichkeit gestellt. Dies beweist, daß man

114

auch in Italien an der militärischen Bedeutung dieses Sieges zweifelte. Der Staat, gegen den General Diaz an jenem 24. Oktober 1918 seine Truppen antreten ließ, die österreichisch-ungarische Monarchie, befand sich zu diesem Zeitpunkt in Wirklichkeit bereits im Zustand der Auflösung.

Die Alliierten hatten ursprünglich nicht daran gedacht, die österreichisch-ungarische Monarchie zu zerschlagen. Dies sei keineswegs eines seiner Kriegsziele, hatte der amerikanische Präsident Wilson erklärt. Ihm gegenüber gab der britische Premierminister Lloyd George am 5. Jänner 1918 eine Erklärung ab, worin es hieß: „Obwohl wir mit Präsident Wilson übereinstimmen, daß die Zerschlagung Österreich-Ungarns nicht zu unseren Kriegszielen gehört, glauben wir, daß man eine Beseitigung der Unruheherde in diesem Teil Europas erst dann erhoffen kann, wenn den österreichisch-ungarischen Nationalitäten die wahre Selbstbestimmung nach echt demokratischen Grundsätzen gewährt wird, die sie seit langem erstreben [47]." Im Laufe der folgenden Monate schwenkte auch Wilson, nicht zuletzt unter dem Einfluß von Thomas Masaryk, der die tschechische Emigration führte, auf die von Lloyd George und Clemenseau vertretene politische Linie ein. In Italien hingegen bestand seit jeher eine starke politische Bewegung, die auf eine Zerschlagung der Donaumonarchie abzielte. Dies ist aus der Geschichte der italienischen Einigungsbewegung zu verstehen; denn das Risorgimento hatte sich in erster Linie gegen die Habsburgermonarchie gewendet. Giuseppe Mazzini, der geistige Führer des Risorgimento, hatte schon im Mai 1866 feierlich verkündet: „Der Krieg darf nicht im Namen irgendeines Interesses, sondern nur für ein Prinzip unternommen werden, es darf kein lokaler Krieg sein, sondern ein Expansionskrieg. Als Objekt muß er Wien wählen. Unser Krieg, der Völkerkrieg, die Vorbedingung des ewigen Friedens, der unser würdige große Krieg, der uns an die Spitze eines Völkerbündnisses und eines neuen Zeitalters der Gesittung stellen würde, dieser Krieg wird ausgekämpft auf der Straße nach Udine und Laibach, er muß auf Wien zielen." Für Mazzini durfte es kein Österreich geben. „Laßt uns unsere Einheit vollenden," rief er den Deutschen zu, „und gründet ihr die Eure. Die deutsche Idee und die italienische Idee werden sich auf den freien Alpen verbinden [48]."

Ettore Tolomei, auch in diesem Punkte ein eifriger Schüler Mazzinis, proklamierte zwar auch die Vernichtung der Habsburgermonarchie.

Allerdings erkannte er als einer der wenigen, daß das Ende der Donaumonarchie Italien auch Nachteile bringen würde. So schreibt er in seinem Archiv: „Was ist von Österreich-Ungarn zu gewinnen? Deutschland gewinnt zehn Millionen Menschen. Aus einer Zerstückelung der Habsburgermonarchie wird Deutschland also den größten Gewinn erzielen. Was bedeutet eine Million italienischer Untertanen, die wir mit den mageren Gebieten in den Trientiner Bergen und dem verkarsteten Kalkgebiet um Triest erhalten könnten, im Vergleich zu den fetten Provinzen und den zehn Millionen neuer deutscher Untertanen, die Deutschland erhalten würde? [49]."

Tolomei war also über die geplante Auflösung der Donaumonarchie, wofür er seit 1890 mit aller Energie eingetreten war, durchaus nicht restlos befriedigt. Jedenfalls versuchte er künftigen Gefahren vorzubeugen, besser gesagt, er suchte Schutz vor einer Gefahr, die er selbst heraufbeschworen hatte.

„Italien wird sich gegen den künftigen Stoß der Deutschen rüsten müssen. Es darf sich daher nicht mit der Forderung nach der Volkstumsgrenze begnügen, sondern muß die ‚geographische' Grenze verlangen. Die Annexion des Alto Adige wird daher vom Anfang an als unbedingte Notwendigkeit ins Auge zu fassen sein. Nur dadurch kann sich Italien gegenüber einem Deutschland behaupten, das bei der Liquidation des Habsburgerstaates neue Gebiete gewonnen und seine Grenzen bis auf den Brenner vorgeschoben hat. Keine Erwägung nationaler Sentimentalität für die zisalpinen Deutschen, die Italien einverleibt würden, kann zu einem Zögern gegenüber der Gefahr führen, daß sich auf dem zisalpinen Hang das Deutsche Reich ausbreite [50]." Sich aus einem mehr als siebenhundert Jahre bestehenden Zusammenhang zu lösen, bedeutete für alle am Donaustaat Beteiligten einen überaus schwierigen Vorgang, der außerdem durch weitere Ereignisse, den Tod des alten Kaisers, die zunehmende Hungersnot, durch Unruhen, Streiks und Meutereien verstärkt wurde. Am schmerzlichsten wurde dieser Vorgang von den zehn Millionen Deutschen des Habsburgerreiches empfunden. Sie hatten diesen Staat geschaffen und geführt, sie hielten in Regierung und Armee die entscheidenden Stellen besetzt und hatten es im Laufe vieler Generationen verstanden, den einzelnen Nationen dieses Vielvölkerstaates jenes Maß an Freiheit und Selbständigkeit zu geben, das ihrer politischen Stellung entsprach. Was man vielfach als „Völkerkerker" bezeichnet hatte, war in Wahrheit das erfolgreiche Bemühen, die einzelnen Nationen in diesem Raume zu einer politischen Gemeinschaft zusammenzuschließen, ohne ihnen ihre Eigenständigkeit zu nehmen, eine großzügig orientierte, geschichtliche Mission, deren politische Bedeutung erst zu einer Zeit richtig eingeschätzt wurde, in der das nationale Prinzip nicht mehr allein das Leben der Völker bestimmte. Das besondere Verhängnis der Deutschen in diesem Staate war, daß ihre Siedlungsgebiete, abgesehen von dem zwischen Alpen und Donau gelegenen geschlossenen Siedlungsraum aus einzelnen, meist völlig isoliert liegenden Teilen bestand, die rein geographisch gesehen nicht zu einem einheitlichen staatlichen Gebilde zusammengeschlossen werden konnten.

Daß die randlichen Volksgebiete des Donaureiches abbröckeln würden, war ein Vorgang, mit dem man gerechnet hatte. Was sich in den polnisch und rumänisch besiedelten Gebieten vollzog, war im Grunde genommen das gleiche Bestreben, wie es sich in dramatischer Form im Trentino vollzog. Am leichtesten wurde es den Tschechen gemacht, zu staatlicher Selbständigkeit zu kommen. Sie besaßen in Masaryk einen Staatsmann von überragender Bedeutung, in Benesch einen geschickten, politischen Makler. Im Vertrage von Pittsburg hatten sie sich mit den Slowaken geeinigt und damit die politische und wirtschaftliche Basis ihres Staates wesentlich erweitert. Tschechische Legionen kämpften an allen Fronten im Rahmen der alliierten Truppen, wobei ihnen ihre in der k.u.k. Armee gewonnene Ausbildung und Erfahrung sehr zunutze kam. Sie forderten das Recht der Selbstbestimmung in einem tschechoslowakischen Staate unter voller Souveränität mit eigener Verwaltung. Die Tschechen waren, etwa im Gegensatz zu den Kroaten, vom Anfang an erbitterte Gegner Habsburgs. Schon am 13. Juli 1918 hatte sich in Prag ein tschechischer Nationalausschuß konstituiert. Als einzigem dieser Nachfolgestaaten gelang es den Tschechen im Sommer 1918, von den Alliierten als kriegführender Staat anerkannt zu werden, obwohl dieser Staat an sich noch gar nicht bestand, ein Zeichen dafür, daß die von den Tschechen und Slowaken gestellten Gebietsforderungen nirgends alliierte Ansprüche berührten. Wesentlich schwieriger gestaltete sich die Bildung des jugoslawischen Staates, vor allem weil es notwendig war, die Feindschaft zwischen Serben und Kroaten zu überbrücken, eine Feindschaft, die sich auch im konfessionellen Bereich auswirkte. Abgesehen davon waren Slowenen und Kroaten betont kaisertreu. Ihre

Abgeordneten im Wiener Parlament versuchten einen südslawischen Staat unter der Führung Habsburgs zu schaffen. Einen anderen Weg schlug der kroatische Politiker Trumbic ein, der sich am 20. Juli 1917 gemeinsam mit dem serbischen Staatsmann Pašić dem großserbischen Programm verpflichtete. Am 6. Oktober 1918 trat in Agram der südslawische Nationalrat zusammen.

Die Ungarn, die sich bereits im Jahre 1867 ein hohes Maß an Selbständigkeit erkämpft hatten und als gleichberechtigter Partner Österreichs galten, erwiesen sich in jenen kritischen Monaten, da die Donaumonarchie ihrer Auflösung entgegenging, in keiner Weise der Situation gewachsen. Statt mitzuhelfen, in letzter Stunde eine Umgestaltung der Donaumonarchie durchzuführen, durch die im Sinne des kaiserlichen Manifestes vom 16. Oktober 1918 immerhin noch ein gemeinsamer Rahmen der einzelnen Donaustaaten erhalten geblieben wäre, versuchten die Ungarn die schwierige Situation für sich auszunützen und weitere Zugeständnisse zu erpressen. Noch „fünf Minuten vor zwölf" forderten sie die Bildung einer eigenen ungarischen Nationalarmee und riefen ihre Truppen auf, die Front zu verlassen, ein Befehl, der den Verlauf der Schlacht von Vittorio Veneto entscheidend beeinflußt hat.

Die Forderungen, die von den einzelnen Nationen gestellt wurden, überschnitten sich. Noch ehe die neuen Staaten, die sich anschickten, das Erbe des Habsburgerreiches anzutreten, klare Grenzen gewonnen hatten, gerieten die einzelnen Nationalitäten bereits untereinander in Streit. Es zeigte sich, daß bei den ineinander verzahnten Siedlungsgebieten überhaupt keine klare, eindeutige Abgrenzung möglich war. Nirgends gelang es, eine völlige Übereinstimmung von Staat und Nation herzustellen. Man wollte das Habsburgerreich zerschlagen, um damit den gegenseitigen Streit der Nationen in diesem Staate zu beenden. Tatsächlich wurde dieser Streit nur in kleinräumige Staaten verlegt und damit potenziert. Viel zu spät hat man dies auch auf alliierter Seite eingesehen. Churchill sagte einmal: „Es gibt keine einzige Völkerschaft oder Provinz des Habsburgerreiches, der das Erlangen der Unabhängigkeit nicht die Qualen gebracht hätte, wie sie von den alten Dichtern und Theologen für die Verdammten der Hölle vorgesehen sind [51]."

War also zu dem Zeitpunkt, als die Schlacht von Vittorio Veneto losbrach, die Donaumonarchie bereits ein „toter Mann?" Zwar bestand die Monarchie in diesen Tagen ihrer Form nach noch weiter. Praktisch aber lag die tatsächliche Führung bereits bei den einzelnen National-komitees, die in zunehmendem Maße auch den Truppen an der Front Befehle erteilten. In diesen Tagen des Umbruches fehlte eine energische, zielbewußte Führung, die imstande gewesen wäre, eine geeignete Form des Überganges zu finden und die Katastrophe zu verhindern. Weder war der Chef des Generalstabes Arz dieser schwierigen Aufgabe, für die es kein Beispiel, kein Vorbild gab, gewachsen, noch konnte General Waldstätten, an sich ein äußerst fähiger und energischer Mann, das Chaos verhindern. So kam es zu heftigen Gegensätzen und Wider-sprüchen. Befehle wurden durch Gegenbefehle aufgehoben, Gegenbe-fehle wiederum für ungültig erklärt. Der Kaiser selbst, gewiß vom be-sten Willen beseelt und entschlossen, unter allen Umständen Frieden zu machen, konnte die allgemeine Verwirrung nicht meistern. Noch ehe die Waffen sprachen, war das Urteil über diesen Staat schon gesprochen.

ROM: KONGRESS DER „UNTERDRÜCKTEN VÖLKER"

Italien, das auf dem Gebiete des Irredentismus reiche Erfahrungen gesammelt hatte, erkannte viel früher als die Alliierten, daß jene sub-versiven Kräfte, richtig eingesetzt und geführt, den Zerfall der öster-reichisch-ungarischen Monarchie beschleunigen konnten, denn dieser Staat bestand, seit auch die Deutschen in Österreich und die Ungarn ihre Eigenständigkeit erstrebten, sozusagen nur mehr aus verschiedenen, sich gegenseitig befehdenden Irredentisten. Es gab auf dem Boden des Habsburgerstaates im Grunde genommen nur mehr „unerlöste Gebiete". Von Galizien bis zur Küste der Adria war die Parole „Los von Habs-burg", gleichbedeutend mit „Los von Österreich", zur Leitlinie des politischen Handelns der Völker des Donauraumes geworden. Mit Hilfe der sprengenden Wirkung, die dieser Politik eigen war, konnte, noch ehe es auf militärischem Gebiete zu einer Entscheidung kam, in Öster-reich ein politischer Zustand geschaffen werden, durch den die geplante Offensive nur den Charakter einer allgemeinen Liquidation bekam.

Auf diese Überlegungen aufbauend, ergriffen italienische Politiker die Initiative und beriefen vom 8.—11. April 1918 die Vertreter aller an einem Zusammenbruch Österreich-Ungarns interessierten Nationen, Tschechen, Slowaken, Kroaten, Slowenen, Serben, Polen und Rumänen, zu einem Kongreß der „unterdrückten Völker" nach Rom. Von Seiten der Alliierten nahmen daran Weckham Steed und R. M. Seton Watson teil, beide Förderer und Gönner Masaryks und der übrigen Emigrantengruppen. Inzwischen waren auch die Alliierten in Sorge, daß Deutschland durch die Auflösung der Front gegen Rußland nun mit starken Kräften eine Entscheidung im Westen suchen würde. Wieder tauchte im Obersten Kriegsrat der Gedanke auf, Deutschland über österreichisches Gebiet anzugreifen. Um diese Möglichkeit voll ins Kalkül setzen zu können, wurden die letzten Bedenken, die man auf alliierter Seite noch da und dort gegen eine Auflösung der Donaumonarchie hegte, über Bord geworfen. Der römische Kongreß, bei dem der tschechische Politiker Beneš federführend war, konnte also mit der vollen Unterstützung der Alliierten rechnen. Eine Deklaration sollte beschlossen werden, eine große Propagandaaktion an der italienischen Front wurde geplant. Man wollte versuchen, möglichst viele Angehörige der kaiserlichen Armee zur Desertion zu bewegen. Welche entscheidende Rolle dabei oftmals einem einzelnen Mann zukam, hatte der tschechische Oberleutnant Dr. Pivko im September 1917 an der Front im Val Sugana bewiesen. Pivko, der ein bosnisches Bataillon kommandierte, war heimlich mit den Italienern in Verbindung getreten und hatte die italienischen Truppen bei Carzano hinter die österreichischen Stellungen geführt. In letzter Stunde gelang es den Standschützen von Außerfern, die dieser Einbruchsstelle am nächsten standen, unter schweren Verlusten den Gegner zu stellen und gemeinsam mit rasch herangeführten Reserven die alte Frontlinie wieder herzustellen. Der Kongreß stellte Richtlinien für die politische Zersetzungsarbeit an der Front auf. Orlando, der italienische Ministerpräsident, der im Oktober 1917 Salandra abgelöst hatte, setzte alle Mittel ein, um die nichtdeutschen und nichtungarischen Volksgruppen innerhalb der österreichisch-ungarischen Monarchie zum Aufstand zu bewegen und in Österreich, dessen militärische Widerstandskraft den Italienern immer noch Achtung abrang, Unruhen und Revolten auszulösen. Zu gleicher Zeit sollten aus Deserteuren und Kriegsgefangenen Legionen aufgestellt und sobald wie möglich an der Front eingesetzt werden. Sonnino aber trat überraschend gegen diese Politik auf. Schon am 25. Oktober 1917 hatte Sonnino vor dem italienischen Parlament erklärt, er rechne die Zerschlagung der österreichisch-ungarischen Monarchie nicht zu den Kriegszielen Italiens. Diese ungewöhnliche Äußerung schlug wie eine Bombe ein. Es gab heftige Proteste. Man forderte die Entlassung Sonninos. Ministerpräsident Orlando teilte keineswegs die Ansicht seines Außenministers. Im Gegenteil! Orlando ergriff jede Gelegenheit, um den einzelnen nationalen Komitees, die sich inzwischen gebildet hatten, politische Geltung zu verschaffen.

Sonnino aber sah in den Bestrebungen der Jugoslawen eine Gefahr für sein eigenstes Werk, den Londoner Geheimvertrag. Der Staat, den die Jugoslawen planten, war nach Ansicht Sonninos ein viel gefährlicherer Partner für Italien als Österreich-Ungarn, das durch die Abmachungen von London seine beherrschende Stellung in der Adria eingebüßt hätte. Dieses Jugoslawien, das vorerst nur aus einzelnen, überaus aktiven Gruppen von Emigranten bestand, erfreute sich der besonderen Gunst Wilsons. Zugleich aber wurde klar, daß insbesonders Rußland an der Errichtung eines südslawischen Staates interessiert war — ein völlig neues Kräftespiel an der Adria. Die Vertreter Südslawiens kümmerten sich in keiner Weise um Abmachungen, die von den Alliierten mit Italien getroffen worden waren. Im Gegenteil! Sie beriefen sich auf das von Präsident Wilson proklamierte Selbstbestimmungsrecht und forderten ganz Istrien und Dalmatien. Es war für die italienische Politik viel schwieriger, sich gegenüber diesen Forderungen durchzusetzen, als diese Gebiete einfach von Österreich-Ungarn zu annektieren. Sonnino wandte sich daher gegen die Aufstellung und den Einsatz jugoslawischer Legionen. Zwar bestanden zu jenem Zeitpunkt bereits tschechoslowakische Legionen, die sich in Frankreich und an der italienischen Front hervorragend schlugen. Doch mit Tschechen und Slowaken war leicht auszukommen, weil ihre Forderungen nicht italienische Interessen berührten. Anders bei den Serben, Kroaten und Slowenen. Insbesonders in den Kroaten sah man in Italien Todfeinde. Diese Kroaten, von General Boroevic, einem Kroaten, geführt, hatten sich in zwölf Isonzoschlachten hervorragend geschlagen. Die Kroaten und mit ihnen der geplante südslawische Staat waren ein Faktor, mit dem man in Zukunft mehr als bisher rechnen mußte.

Das Für und Wider in dieser Frage griff auf die politischen Parteien, auf die Presse und die Öffentlichkeit über. Zwei Lager formierten sich: Die Anhänger Orlandos, denen die Zersetzung des Habsburgerstaates das geeignetste Mittel erschien, um mit denkbar geringen Verlusten einen möglichst hohen politischen und militärischen Gewinn zu erzielen und Sonnino, der sich seit dem Rücktritt Salandras als Wahrer des Londoner Geheimvertrages betrachtete und nur ein einziges Ziel kannte, nämlich die territorialen Zusagen, die man Italien in diesem Vertrage gemacht hatte, unter allen Umständen durchzusetzen. In diesem offenen Streit Orlando-Sonnino gab schließlich das italienische Comando Supremo den Ausschlag, dem jede Hilfe von politischer Seite willkommen war, um die Widerstandskraft der österreichischen Armee zu zersetzen. Damit kam die Führung der gesamten Propaganda in die Hand Italiens. Zugleich erhielt dadurch die italienische Politik die Möglichkeit, die Vorgänge innerhalb der einzelnen nationalen Komitees zu überwachen und damit, noch ehe der Krieg gewonnen war, als entscheidender Faktor, gewissermaßen als Schirmherr und Protektor dieser Nationen, in das politische Geschehen und in die geplante staatliche Neuordnung im Donaureich einzugreifen. Mit Beneš und den übrigen tschechischen Politikern wurden wenige Wochen nach Abschluß des römischen Kongresses Einzelheiten der geplanten politischen Zersetzungsarbeit an der österreichischen Front besprochen. An der Piave stand bereits eine aus Überläufern und Kriegsgefangenen gebildete tschechoslowakische Legion. Der Todesmut dieser Legionäre war verständlich, denn es war ihnen allen klar: Fielen sie in österreichische Hände, war ihnen als Deserteuren der Tod durch den Strang sicher. Überall, wo man auf österreichischer Seite Soldaten tschechischer oder slowakischer Nationalität vermutete, wurden Propagandatrupps eingesetzt.

Selbst unsere Hochgebirgskompanie, obwohl es bei uns nur wenige Tschechen gab, wurde von „drüben" bearbeitet. Nach der Auflösung der Dolomitenfront durch den Durchbruch von Karfreit war unsere Kompanie an den Gardasee versetzt worden. In den steilen Felswänden, die bei Riva unmittelbar über dem See aufragen, gingen wir in Stellung. Es war eine hochalpine Angelegenheit. Wir mußten uns mit Hilfe von Felsleitern mehr in der Vertikalen als in der Horizontalen bewegen. Die Italiener hatten die Berge des Ledrotales besetzt. Jeden Abend, genau zur festgelegten Stunde, setzte drüben der tschechische Propagandamann den großen Trichter an den Mund und brüllte zu uns herüber. Unsere Tschechen nannten ihn den Pospischil. Anscheinend wußte dieser Pospischil da drüben, daß auch der Krieg wie die Liebe durch den Magen

geht, denn er begann jede seiner Reden mit einer detaillierten Aufzählung dessen, was er heute gespeist hatte. Während wir beim Trocken-
gemüse saßen, das seit Wochen Hauptbestandteil unserer Verpflegung
war — unsere Schützen nannten es „Drahtverhau", andere sagten im
Anklang an das „Karl Truppenkreuz", das allen Kämpfern an der Front
vom Kaiser verliehen wurde, „Karl Truppenkraut" — wurde uns von
drüben, erst tschechisch, dann deutsch, der ganze üppige Speisezettel der
Italiener vorgetragen. Da war nicht bloß von Risotto und Spaghetti die
Rede, von Pasta asciutta und Maccaroni, sondern auch von Kalbsbraten
und Wiener Schnitzeln, dazu wurden die Vor- und Nachspeisen bis ins
einzelne beschrieben, daß unseren Schützen das Wasser im Munde zu-
sammenlief. Dann aber steuerte der Pospischil ins Politische und dekla-
mierte eine der tschechischen Propagandareden. Unser Leutnant Vaverka kletterte über die Eisenleiter herab und kam zu uns in die Kaverne
herein, Vaverka, ein Tscheche aus der Hannakei. „Paßt auf", erklärte er,
„ich übersetze euch, was der Pospischil heute gesagt hat! Sehr geschickt
aufgebaut das Ganze, dazu einige interessante Neuigkeiten. Möglich,
daß sogar einiges davon wahr ist!" Aber Vaverka lachte bloß darüber
und wir lachten mit ihm, obwohl wir wußten, daß dies im Grunde
genommen eine todernste Angelegenheit war, ernster jedenfalls, als wir
uns anmerken ließen. Und Vaverka? Der Gedanke, daß er eines Tages
von einer Patrouille ins Ledrotal nicht mehr zu uns zurückkehren, sondern sich in Richtung „Pospischil" verabschieden würde, kam überhaupt
nicht auf. Er spürte das und wußte, daß wir ihm restlos vertrauten.
Möglich, daß ihn gerade dieses Vertrauen gegenüber allen Versuchungen
durch seine Landsleute immun gemacht hatte. Doch vielleicht war dies
gar nicht nötig. „Weißt du", sagte er einmal zu mir, „wir Tschechen
sind eine kleine Nation. Daß wir die Slowaken eingemeindet haben, hat
uns weder größer noch stärker gemacht. Nur komplizierter ist alles
geworden. Wir sind zu klein, zu schwach, um in dem Gedränge rings
um uns wirklich unabhängig bleiben zu können. Immer wird der, der im
Augenblick der Stärkere ist, versuchen, uns einzustecken. Aber weder
die deutsche noch die russische Lösung kann uns das bieten, was uns
Österreich bisher geboten hat. Das, was wir Tschechen nun bekommen
werden, ist auf jeden Fall schlechter als das, was wir damit aufgeben
müssen." So sagte Frantischek Vaverka, ein einfacher tschechischer
Dorfschullehrer. Bis zur letzten Stunde des Krieges blieb er unbeirrt und
tapfer an unserer Seite und teilte getreulich unser Schicksal.

DAS OKTOBERMANIFEST DES KAISERS

Die Lage der kämpfenden Truppe verschlechterte sich von Woche zu Woche. Am 21. August 1918 berief das Armeeoberkommando alle höheren Kommandanten der österreichisch-ungarischen Truppen zu einer Aussprache nach Belluno. General Waldstätten wollte sich persönlich über den Zustand der Front unterrichten. Die Situation war viel schlechter, als er angenommen hatte, ja, die Lage war geradezu verzweifelt. Der größte Teil der Soldaten war unterernährt. Die Armeeführer klagten über völlig unzureichende Versorgung. Dazu kam die bedrohliche Haltung der Etappe und des Hinterlandes, angeführt von einer staatszersetzenden Presse und schließlich, als gefährlichste Erscheinung, die Wühlarbeit der einzelnen nationalen Gruppen innerhalb des gesamten Staates.

Am 3. Oktober hatte die österreichische Regierung ein Friedensangebot an Präsident Wilson gerichtet, das zunächst unbeantwortet blieb. Um dem drohenden Zerfall der österreischisch-ungarischen Monarchie vorzubeugen, entschloß sich der Kaiser zu einem kühnen Schritt. Die Donaumonarchie sollte zu einem Bunde an sich unabhängiger Nationalstaaten umgestaltet werden. Fünf Tage hindurch hatte der Kaiser verschiedene Politiker zu Rate gezogen, ehe der endgültige Wortlaut dieses Manifestes dem Kronrat vorgelegt wurde. In diesem am 16. Oktober 1918 veröffentlichten „Völkermanifest" hieß es:

„Österreich soll dem Willen seiner Völker gemäß zu einem Bundesstaate werden, in dem jeder Volksstamm auf seinem Siedlungsgebiet ein eigenes staatliches Gemeinwesen bildet. Diese Neugestaltung, durch welche die Integrität der ‚Länder der heiligen ungarischen Krone' in keiner Weise berührt wird, soll jedem nationalen Einzelstaate seine Selbständigkeit gewähren. Bis diese Umgestaltung auf gesetzlichem Wege vollendet ist, bleiben die bestehenden Einrichtungen zur Wahrung der allgemeinen Interessen unverändert aufrecht . . ."

Allein schon die Tatsache, daß in diesem Manifest Ungarn von dem geplanten föderalistischen Umbau des Staates ausgeklammert blieb, machte es selbst den wenigen, noch verhandlungsbereiten Politikern unmöglich, die Vorschläge des Kaisers anzunehmen, denn dieses Groß-Ungarn, das im Jahre 1866 geschaffen worden war, hielt Gebiete fest, die eindeutig von Slowaken, Rumänen, Kroaten und Serben bewohnt waren, Gebiete, auf welche diese Nationen einen berechtigten Anspruch erhoben. Verständlich, daß dieses Manifest schon deshalb von den einzelnen nationalen Komitées abgelehnt wurde. Man nahm sich nicht einmal die Mühe, dazu Stellung zu nehmen. Das Manifest, auf das der Kaiser und die Regierung so große Hoffnungen gesetzt hatten, kam zu spät. Selbst der Versuch, durch dieses Manifest Präsident Wilson zu direkten Verhandlungen mit der österreichischen Regierung zu bewegen, scheiterte. Am 20. Oktober traf die Antwort Wilsons ein: „Der Präsident hält es für seine Pflicht, der österreichisch-ungarischen Regierung mitzuteilen, daß er sich mit dem vorliegenden Vorschlag dieser Regierung nicht befassen kann, weil seit seiner Botschaft vom 8. Jänner 1918 gewisse Ereignisse von größter Bedeutung eingetreten sind, die notwendigerweise die Haltung und die Verantwortung der Vereinigten Staaten von Amerika geändert haben."

So negativ die Wirkung dieses Manifestes nach außen hin war, so gewaltig war seine Wirkung im Innern des Landes, allerdings den Absichten des Kaisers entgegengesetzt. Eine Ironie des Schicksales, daß dieses Manifest, mit dem der Kaiser in letzter Stunde die verschiedenen Nationen seiner Monarchie ansprechen wollte, die letzten dynastischen Bindungen zu Habsburg zerschnitt, denn damit wurden die Bestrebungen der Nationalkomitees gewissermaßen vom Kaiser selbst gut geheißen. So trug das Oktobermanifest des Kaisers nur dazu bei, die Auflösung der Donaumonarchie zu beschleunigen. Am verhängnisvollsten aber war die Wirkung dieses Manifestes an der Front, denn damit wurde den kämpfenden Truppen von allerhöchster Stelle bestätigt, daß sie nicht mehr für den Staat und den Kaiser, dem sie ihren Eid geschworen hatten, kämpfen sollten, sondern für die Ziele und Bestrebungen der Nation, der sie angehörten. Dadurch wurde gewissermaßen die Desertion durch ein kaiserliches Handschreiben legalisiert. Die dadurch entstehende allgemeine Verwirrung führte da und dort bereits zu Disziplinlosigkeit und Meuterei. Die ganze Last des Krieges lag nunmehr auf den deutschen Truppen Österreichs; denn diese waren die einzigen, die noch unbeirrt an ihrem Soldateneid festhielten, während ungarische und tschechische Truppenverbände stellenweise einfach die Front verließen. General Boroevic warf dem Armeeoberkommando eine zweideutige und widerspruchsvolle Haltung vor. „Ist es nun Aufgabe der Armee, gegen Italien zu kämpfen", fragte er, „oder ist es dringender, Assistenzen zu schicken und die Truppen ihrer Heimat zuzuführen! [52]." General Sündermann, Chef des Generalstabes der 11. Armee, sprach es noch deutlicher aus, als er aus Baden den Befehl erhielt, gegen Truppen, die ihre Stellungen verlassen hatten, vorzugehen. „Was?" schrie er in das Telefon, „ihr habt den Leuten das Vaterland genommen und nun sollen wir sie deshalb erschießen."

Soldaten ohne Vaterland — so war es in der Tat. Das kaiserliche Manifest hatte nicht nur das Vertrauen zum Kaiser erschüttert, man mißtraute auch dem Armeeoberkommando. „AOK" hieß es an der Front, „das heißt in Wahrheit: Alles ohne Kopf!" Unvorstellbar, welchen physischen und moralischen Belastungen diese Armee seit der fehlgeschlagenen Junioffensive ausgesetzt war! Einerseits die nachhaltige Beeinflussung der Truppe durch die nationalen Komitees, die nur das einzige Ziel kannten, die Soldaten zum Verlassen der Front zu bewegen, andererseits die revolutionären Kräfte, die von Rußland ausgingen und sich bereit machten, in dem zu erwartenden Chaos die Bolschewisierung Europas voranzutreiben, Kräfte, die bereits einzelne Bereiche des Hinterlandes erfaßt hatten und von dort auf die Front einzuwirken versuchten, dazu die katastrophale Versorgungslage und die Unschlüssigkeit der höchsten Stellen, die sich einem „Frieden um jeden Preis" verschrieben hatten. Der amerikanische Historiker Gordon Brook-Shepherd erklärte, der Zusammenbruch Österreich-Ungarns wäre an sich nicht erstaunlich. Das Erstaunliche daran wäre lediglich, daß er so spät eingetreten sei. Dies war allein darauf zurückzuführen, daß diese Armee, obwohl alle Brücken hinter ihr abgebrochen waren und sie etwas verteidigen sollte, das nicht mehr bestand, ihrer großen Tradition gemäß, versuchte, den Auftrag, der ihr gestellt worden war, trotz allem zu erfüllen — eine sterbende, aber niemals eine geschlagene Armee.

GENERAL DIAZ WARTET AB

Die Zeit arbeitete eindeutig für Italien. Von Woche zu Woche wirkte sich die Zersetzungsarbeit an der österreichischen Front stärker aus. Der Erfolg der politischen Maßnahmen kam der geplanten militärischen Aktion zugute. General Diaz konnte warten. Er wollte den Sieg, jedoch einen Sieg, der absolut sicher war und ihm nicht mehr genommen werden konnte, zugleich aber einen Sieg mit möglichst geringem Risiko. Darüber schreibt er selbst in seinen Kriegserinnerungen: „Man mußte zunächst die Lage wachsam verfolgen und beim ersten Anzeichen einer günstigen Wendung ohne Verzug handeln[53]." Was General Diaz unter solchen Anzeichen verstand, war klar. Er wurde über die politischen Vorgänge innerhalb Österreichs rasch und zuverläßlich informiert und richtete danach sein Vorgehen ein.

Am 25. September trug Diaz seinen Angriffsplan dem Obersten Kriegsrat vor. Er hatte die italienische Front, die ungefähr 300 km lang war, und vom Stilfser Joch bis zur Adria reichte, in drei Sektoren geteilt. Der westliche Sektor, der sich bis zur Brenta erstreckte, schloß die Sieben Gemeinden mit ein. Der mittlere Sektor, der zwar der kürzeste, strategisch gesehen aber der wichtigste war, reichte von der Brenta mit dem Monte Grappa, dem Asolone, dem Pertica bis zur Piave. Den dritten Sektor bildete die Piavelinie. Der Plan, den General Diaz ausgearbeitet hatte, sah vor, ausgehend von der Naturfestung des Monte Grappa über die anschließenden, von den österreichischen Truppen gehaltenen Gipfel in das weite Becken von Feltre und Belluno vorzustoßen und damit die österreichischen Armeen, die im Trentino standen, von den Armeen der Heeresgruppe Boroevic, welche die Piavelinie hielten, zu trennen und dann in einer großen Umfassungsschlacht beide einzeln anzugreifen und zu vernichten. Alles kam darauf an, durch diesen Stoß aus der Mitte heraus die österreichische Front aufzurollen. Auf dem Monte Grappa mußte die Entscheidung fallen.

An sich war die strategische Situation, vor der das Comando Supremo stand, wesentlich schwieriger als jene, vor der die österreichischen und deutschen Truppen bei Karfreit standen, denn der Durchbruch, den Diaz plante, führte nicht wie der Durchbruch von Karfreit aus dem Gebirge in die Ebene, sondern umgekehrt von der Ebene in das Gebirge. Vielleicht hatte Diaz deshalb den Vorstoß aus dem Grappamassiv in das Talbecken von Feltre und Belluno angesetzt, um zumindest in diesem Abschnitt die Vorteile zu gewinnen, welche die Truppen der Mittelmächte bei Karfreit vorgefunden hatten. Wie weit der strategische Gedanke, den Diaz vor dem Obersten Kriegsrat der Alliierten vorgetragen hatte, richtig war, läßt sich nachträglich nicht beurteilen, weil die Schlacht von Vittorio Veneto einen völlig anderen Verlauf nahm, als Diaz vorgesehen hatte. Die Auflösungserscheinungen an der österreichischen Front nahmen einen so rapiden Verlauf, daß

Diaz lediglich dort vorzustoßen brauchte, wo durch den Abzug österreichischer Verbände in der Front Lücken entstanden waren. So wurde diese groß angelegte Offensive im allgemeinen nur mehr nach dem Prinzip des geringsten Widerstandes geführt. „Über die Vor- und Nachteile dieses strategischen Gedankens zu sprechen, ist kaum nötig", schreibt Glaise-Horstenau, „da die Schlacht nicht durch die strategische Konzeption des Angreifers entschieden worden ist, sondern lediglich dadurch, daß ein großer Teil der Verteidiger von Anbeginn entschlossen war, keinen Widerstand zu leisten. Gegenüber einem solchen Gegner war es schließlich gleichgültig, wo man den Stoß ansetzte und aufbaute. Hätte das österreichisch-ungarische Heer nur annähernd über die Kampfkraft früherer Zeiten verfügt, die Strategie des General Diaz hätte kaum einen besseren Erfolg erzielt als die seines Vorgängers Cadorna [54]." Insgesamt verfügte General Diaz über 42 kriegsstarke Divisionen, darunter 3 britische, 2 französische, eine tschechoslowakische Division und ein nordamerikanisches Regiment. Das bedeutete eine Angriffstruppe von 700.000 Mann. 7700 Geschütze mit über 6 Millionen Geschoßen standen bereit. Träger des Abwehrkampfes auf österreichischer Seite waren 31 Divisionen, von denen 18 Divisionen die vorderste Linie bildeten. Wie weit diese Truppen noch kampffähig und einsatzbereit waren, blieb in jedem einzelnen Falle fraglich [55].

Vergeblich drängte Ministerpräsident Orlando, von Außenminister Sonnino tatkräftig unterstützt, auf eine rasche Entscheidung. Es kam in dieser Stunde alles darauf an, einen spektakulären Sieg herbeizuführen, einen Sieg, der nicht nur einen bedeutsamen Raumgewinn eintrug, sondern auch eine möglichst hohe Zahl von Gefangenen einbrachte, einen Sieg, an dem sich auf Grund dieser Tatsachen nicht zweifeln ließ. Sonnino bangte um die im Geheimvertrag von London festgelegten Zugeständnisse; denn inzwischen hatten sich auch die Südslawen im Lager der Alliierten stärker durchgesetzt und vertraten nachdrücklich ihre Ansprüche auf Istrien und die dalmatinische Küste. Sonnino hat richtig vorhergesehen, daß die Südslawen für Italien unbequemere Nachbarn an der Adria würden, als es Österreich war. Doch Sonnino verstand es, mit den gegebenen Tatsachen zu rechnen. In dieser überaus heiklen politischen Situation war jedes Mittel recht. Nur ein eindrucksvoller Sieg der italienischen Waffen, ein Sieg, dessen Auswirkungen auf die gesamte Kriegführung der Alliierten nicht zu übersehen waren, konnte die Lage retten. Wenn es, wie Sonnino hoffte, ge-

Bild 10: Klausen. Ein typisches Bild, das schon Albrecht Dürer auf seiner Italienreise gezeichnet hat: Eng um die Kirche gedrängt, das alte Bürgerstädtchen, darüber Schloß Branzoll mit seinem wehrhaften Turm und auf der Höhe das alte Stift Säben, einstmals Bischofssitz, nunmehr ein Frauenkloster.

Bild 9 (umseitig): Die Drei Zinnen. Traumziel aller Bergsteiger und Felskletterer! Jahrhundertelang trugen diese Gipfel die Grenze, die auch die Wasserscheide zwischen Adria und Schwarzem Meer bildet. Auf der Pariser Konferenz wurde diese Grenze jedoch über die Wasserscheide hinausgeschoben und das zur Drau entwässernde Sextnertal Italien einverleibt.

lang, die österreichische Armee zu besiegen und damit den Alliierten das Tor nach Deutschland zu öffnen, konnte auf diese Weise der Weltkrieg durch einen italienischen Sieg entschieden werden.

Obwohl das deutsche Armeeoberkommando am 5. Oktober um einen Waffenstillstand gebeten hatte, der von den Alliierten abgelehnt worden war, rechnete man auf alliierter Seite mit einem langen, hartnäckigen Widerstand der noch intakten deutschen Armeen. Umso wichtiger erschien es dem Obersten Kriegsrat durch einen großangelegten Vorstoß von Süden her, Deutschland niederzuringen. General Diaz hielt damit tatsächlich die Schlüssel zum Endsieg der Alliierten in seiner Hand.

Sonnino drängte, die Alliierten drängten. Diaz aber wartete noch immer auf die „ersten Anzeichen einer günstigen Wendung". Er wußte, daß jeder Tag, den er zuwartete, seine Aufgabe erleichtern würde.

Auch auf österreichischer Seite rechnete man stündlich, daß Diaz, nachdem alle Vorbereitungen für diese Offensive, wie man wußte, längst abgeschlossen waren, losschlagen würde. Als am Morgen des 11. Oktober in den Sieben Gemeinden ein überaus heftiger Feuerüberfall auf die österreichischen Stellungen einsetzte, glaubte man, nun wäre es so weit. Tatsächlich griffen italienische Verbände, von französischen Einheiten unterstützt, an mehreren Stellen die österreichische Front an. Es gelang ihnen, den weit vorspringenden Monte Sisemol zu nehmen. Aber sogleich traten österreichische Truppen zum Gegenstoß an. Seite an Seite mit ungarischen und slowenischen Soldaten, die standgehalten hatten, wurde die verlorene Gipfelstellung zurückerobert. Doch der erwartete Großangriff blieb aus. Für Diaz handelte es sich bei dieser Aktion lediglich um ein Täuschungsmöver, um die österreichische Armeeführung in der Annahme zu bestärken, die italienische Offensive würde durch einen Vorstoß aus den Sieben Gemeinden eingeleitet werden, während Diaz in Wahrheit den entscheidenden Durchbruch am Monte Grappa ansetzen wollte. Andererseits wollte er mit diesem Angriff feststellen, wie stark der Widerstand der österreichischen Truppen noch war. Diaz nahm die Lehre, die ihm am Monte Sisemol erteilt worden war, sehr ernst: Wo die österreichischen Truppen gut geführt wurden, war ihre Widerstandskraft noch keineswegs gebrochen, für Diaz ein Grund mehr, die Entscheidung abermals hinauszuschieben. Dabei kam ihm das herrschende Unwetter zu Hilfe. Am 16. Oktober gingen schwere Regengüsse nieder. Die Piave führte Hochwasser. Nicht nur Sonnino, auch der Oberste Kriegsrat, der immer energischer ein baldiges Losschlagen forderte, mußte einsehen, daß es unmöglich war, an einen Vorstoß über den hochgehenden Strom zu denken.

Am 23. Oktober setzte sich Kaiser Karl mit Papst Benedikt XV. in Verbindung, um in letzter Stunde unnötiges Blutvergießen zu verhindern:

„Anzeichen mehren sich, daß eine italienische Offensive gegen uns bevorsteht. Wir sehen derselben mit Ruhe und Zuversicht entgegen. Da aber der Krieg nicht in Venezien entschieden wird und doch bald seinem Ende entgegengehen dürfte, so bitte ich Eure Heiligkeit, der italienischen Regierung nahezulegen, aus reiner Menschlichkeit diesen Plan aufzugeben. Durch diese Tat könnten Eure Heiligkeit vielen tausend Menschen das Leben reten [56]."

General Diaz ließ sich weder durch diese reichlich naive Aktion noch durch das Drängen der Regierung und der Alliierten beirren. Er glaubte nun auf Seiten des Gegners genug „Anzeichen für eine günstige Wendung" entdeckt zu haben, um die geplante Offensive ohne allzu großes Risiko beginnen zu können und bestimmte den 24. Oktober als Angriffstag. Es war der Jahrestag von Karfreit, nun kam es darauf an, den Sieger von Karfreit durch ein neues Karfreit zu besiegen.

GRAPPA: ERBITTERTES RINGEN

In den regnerischen Morgenstunden des 24. Oktober trat die vierte italienische Armee, unterstützt von englischen und französischen Verbänden, im Raume des Monte Grappa zum Angriffe an, um den Durchbruch in das etwa 20 km weiter nördlich gelegene Becken von Feltre Belluno zu erzwingen. Der im Durchschnitt 1500 m hohe Bergkamm, den die österreichischen Truppen besetzt hatten, führte vom Monte Asolone, der mit seinem mächtigen Hochplateau unmittelbar über der Brentaschlucht aufragt und den westlichen Eckpfeiler der österreichischen Front bildete, über den Col Caprile, und dem unmittelbar dem Monte Grappa vorgelagerten Monte Pertica, der, mehr als 200 m niedriger als dieser, den mittleren Abschnitt beherrschte, zum ausgedehnten Höhenzug des Monte Spinuccia mit der steil zur Piave abbrechenden

„Sternkuppe". Gelang es den italienischen Truppen, diesen Riegel aufzubrechen, war der Weg frei. General Diaz hatte sich zum Angriff auf
diese Bergstellungen entschlossen, weil ein Vorstoß entlang der Flußläufe
nicht möglich war. Sowohl die Brenta wie auch die Piave bilden, ehe sie aus dem Gebirge in die Ebene austreten, kilometerlange enge
Schluchten, die mit geringen Kräften verteidigt werden können, einen
Angriff aber praktisch unmöglich machen. Die Taktik des Talstoßes, die
in der Durchbruchsschlacht von Karfreit zum erstenmale angewendet

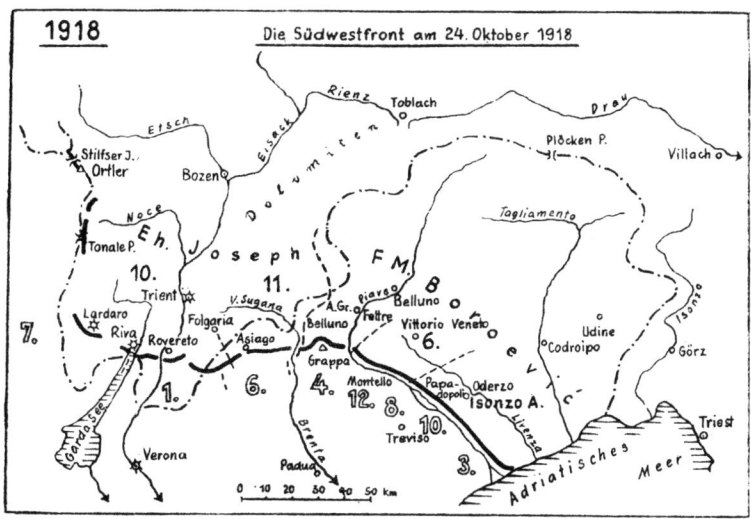

worden war und zu einem beispiellosen Erfolg geführt hatte, schied
daher in diesem Frontabschnitt vom Anfang an aus.

In einem stundenlangen Artilleriefeuer von bisher nicht erlebter
Wucht wurden die österreichischen Stellungen sturmreif geschossen.
Dann traten die Kampftruppen der 4. Armee, durchwegs Elitebatail-
lone, zum Angriff an. Die österreichischen Truppen, die ihnen gegenüber-
standen, hatten schon wochenlang ununterbrochen in diesen Stellungen
gekämpft. Es waren einzelne bunt zusammengewürfelte Bataillone, wie
es sich eben aus der jeweiligen Kampfsituation ergeben hatte. Am Monte
Asolone standen die „Neunundvierziger" Niederösterreicher, Egerlän-
der vom 73., Südmährer vom 99. Regiment, Polen und Ukrainer am
Monte Pertica, die „Khevenhueller" Kärntner, und Steirer am Monte
Spinuccia, das alte, vertraute Bild einer aus vielen Nationen zusammen-

gesetzten Truppe. Es war die letzte Schlacht der alten, ruhmreichen kaiserlichen Armee. Die Soldaten, die sich an jenem 24. Oktober 1918 den wohlgerüsteten italienischen Truppen zum Kampfe stellten, wußten, daß es das Reich, für das sie kämpfen sollten, nicht mehr gab. Daß sie trotzdem ihre Pflicht erfüllten, gibt dieser Schlacht eine tragische Größe.

Die Männer des Kärntner Regimentes, die „Siebener", bildeten gemeinsam mit Steirern und Egerländern den Kern des Widerstandes und rissen, obwohl sie selbst die schwersten Verluste hatten, die anderen, selbst Tschechen und Slowaken, mit sich. Es gelang den italienischen Sturmtruppen, sich auf dem Hochplateau des Monte Asolone festzusetzen. Doch ein Gegenstoß warf sie wieder zurück. Auch der Monte Pertica ging verloren. Da traten die Kärntner zum Angriff an, eroberten den Gipfel wieder und hielten ihn in wütendem Artilleriefeuer, bei ständigen Gegenangriffen der Italiener, bis buchstäblich der letzte Mann gefallen war und der Berg wieder von den Italienern besetzt werden konnte. Einzelne heißumkämpfte Höhen wechselten in diesen Kampftagen mehrmals den Besitzer. Während auf italienischer Seite immer neue Truppen in den Kampf geworfen wurden, gab es für die österreichischen Truppen keine Ablöse, keine Verstärkung; denn dies war die besondere Tragik dieser Schlacht: Die Truppen, die zur Verstärkung an die Front gehen sollten, weigerten sich, in Stellung zu gehen. Es waren vor allem die Ungarn, die nichts mehr vom Kampfe wissen wollten. Eine Situation, die sich in diesen entscheidenden Tagen an vielen Abschnitten der Front wiederholte: Die Front kämpfte, die Etappe meuterte. So standen denn die Verteidiger auf verlorenem Posten. Doch sie gaben den Kampf nicht auf. Es waren immer dieselben Männer, die zum Angriff antraten. Es gab keine Bataillone, keine Kompanien mehr, nur mehr einzelne, auf sich selbst gestellte Schützenhaufen, die sich verzweifelt zur Wehr setzten. Aber diese völlig ausgemergelten und erschöpften Männer, die seit Wochen keine ausreichende Verpflegung mehr erhalten hatten, die hungerten und froren, machten den Sturmtruppen des Generals Diaz jeden Geländegewinn streitig. Mit dem Mute der Verzweiflung wurde um jede Höhe, um jeden Felsblock, jeden Schützengraben gekämpft, Spiedon, Beretta, Tasson, Col de Cuck, Forceletta, — unvergeßliche Namen! Es gelang den Truppen der vierten italienischen Armee trotz ihrer Überlegenheit an Mann und Material nicht, die Riegelstellung der Österreicher zu durchbrechen und nach

Feltre vorzustoßen. Den einzigen Gewinn, den die italienischen Truppen in diesem erbitterten Ringen erreichen konnten, war die Besetzung des Monte Pertica, ein Erfolg, der jedoch von ihnen nicht ausgenützt werden konnte, weil sich die österreichischen Truppen unmittelbar unterhalb des Gipfels eingegraben hatten. Entgegen allen Erwartungen hielt die Front bis zur letzten Stunde stand. Wenn man davon spricht, daß in der Schlacht von Vittorio Veneto ein Wunder geschehen sei, so war es dieses, daß eine zahlenmäßig weit unterlegene, hungernde und frierende Truppe des österreichischen Heeres den Angriffen einer völlig intakten italienischen Armee vier Tage lang erfolgreich Widerstand leisten konnte. Diesen Soldaten gebührt, wie Glaise-Horstenau in seinem Bericht über die Schlacht von Vittorio Veneto schreibt, „der letzte Lorbeer, den die alte, kaiserliche Armee zu vergeben hatte [57]."

Der von General Diaz entworfene Angriffsplan war schon nach vier Tagen gescheitert. Damals sandte der liberale Minister Francesco Nitti an den italienischen Ministerpräsidenten Orlando folgendes Telegramm: „Du hast die Offensive gegen meinen Rat eröffnet. Unsere Truppen sind geschlagen. Die Offensive ist mißglückt. Uns droht die Katastrophe. Du allein trägst die Verantwortung gegenüber unserem erschöpften Vaterlande [58]."

PIAVE: DIE UNGARN ZIEHEN AB

Die erste Aktion an der Piave ging von den Engländern aus. Schon am ersten Angriffstag, dem 24. Oktober, hatten Einheiten der 7. britischen Division die im Unterlauf des Flusses liegende Insel Papadopoli besetzt und damit die Voraussetzungen für einen massierten Angriff über die Piave geschaffen. Aber General Diaz, durch den ungünstigen Verlauf der Kämpfe im Grappamassive beunruhigt, kam zu dem Schlusse, daß er die Offensive zu früh angesetzt habe und wartete weiterhin ab, bis sich zumindest an der Piavefront tatsächlich jene „günstige Wendung" vollzog, auf die er noch immer hoffte. Diese militärische Operation hing weitgehend von der Haltung der Ungarn ab, die nicht nur den flachen, westlich der Piave liegenden Höhenrücken des

Montello besetzt hielten, sondern auch die Hauptmasse der Heeresgruppe Boroevic bildeten, die das Ostufer des Flusses verteidigte.

In Ungarn hatten die politischen Ereignisse zu einem verhängnisvollen Chaos geführt. Ministerpräsident Tisza, der das Land mit starker Hand regiert hatte, wurde von ungarischen Revolutionären ermordet. Zwei Tage nach Beginn der italienischen Offensive, am 26. Oktober, beschloß der ungarische Ministerrat, den Krieg abzubrechen und alle ungarischen Truppen aufzufordern, in die Heimat zurückzukehren. Dieser Befehl bedeutete einen Dolchstoß in den Rücken der kämpfenden Front. Noch wäre es möglich gewesen, zu verhindern, daß dieser Befehl tatsächlich zur kämpfenden Truppe gelangte. Aber der Kaiser befahl sogleich dem Generalstabschef, General Arz, diesen Beschluß der ungarischen Regierung unverzüglich an der Front bekanntzumachen. Diesem Befehl folgten die flammenden Appelle des „roten Grafen" Michael Karolyi, der als Ministerpräsident im weiteren Verlaufe der Ereignisse Ungarn zur Republik erklärte und einer Rätediktatur den Weg bereitete.

Die Wirkung dieses Befehles war katastrophal und führte zu widerspruchsvollen Situationen. Mut und Entschlossenheit einzelner Offiziere vermochten noch immer eine kritische Lage zu meistern und einen tatkräftigen Widerstand zu organisieren. Bei anderen ungarischen Verbänden hingegen waren es gerade die Offiziere, die ihre Mannschaften über die Weisungen der ungarischen Regierung unterrichteten und den Abtransport nach Ungarn in die Wege leiteten. Während die ungarischen Regimenter, die auf dem Montello lagen, ihre Stellungen mit wahrem Löwenmute verteidigten, brachen andere ungarische Einheiten an der Piave, wie etwa das Budapester Jägerbataillon, einfach den Kampf ab und kehrten heim. Aber nicht nur einzelne Bataillone, selbst ganze Divisionen wie die 27. Honved-Division verweigerten geschlossen den Gehorsam und verlangten, nach Ungarn gebracht zu werden, das, so hieß es, von der Balkanarmee der Entente bedroht würde. Vergeblich versuchte General Boroevic die drohende Auflösung der Front zu verhindern. Aber er stand allein. Seine energischen Maßnahmen wurden vom Armeeoberkommando keineswegs gebilligt. Die gesamte Piavefront wies, noch ehe die italienischen Angriffe einsetzten, bedrohliche Lücken auf, die in der Eile nicht mehr geschlossen werden konnten; denn die hereinbrechende Panik hatte inzwischen auch auf andere Verbände übergegriffen. Jeder Tag, den General Diaz zugewartet hatte, war ein

Gewinn und hatte sich reichlich gelohnt. Der Angriff über die Piave konnte nun mit denkbar geringem Risiko gewagt werden.

Von ihrer Inselstellung ausgehend, setzten die Engländer am 27. Oktober, durch einen gewaltigen Feuerschirm ihrer Artillerie gedeckt, auf das linke Ufer der Piave über und stürmten auf die feindlichen Stellungen. Zu ihrem eigenen Erstaunen fanden sie kaum Widerstand, so daß sie sogleich einen ausgedehnten Brückenkopf ausbauen konnten. Noch am gleichen Tage gelang es ihnen, von dieser gesicherten Stellung aus einen 12 km breiten, 4 km tiefen Angriffskeil zu bilden, von dem aus die 12. italienische Armee ihren Vormarsch antreten konnte. Verzweifelt hatte Boroevic versucht, diesen Einbruch in seine Front abzuriegeln. Aber die Reservebataillone, die zum Gegenangriff antreten sollten, verweigerten den Gehorsam und zogen ab. Am nächsten Tage gelang es dem 2. italienischen Korps unter geschickter Ausnützung einzelner Frontlücken nördlich des langgestreckten Montellorückens durchzubrechen, die Piave zu übersetzen und auch bei Vidor einen Brückenkopf zu bilden. Als auch südlich des Montello italienische Divisionen vorbrachen und bei Nervesa die Piave überschritten, mußten die ungarischen Honveds, die entgegen allen Befehlen, die sie aus ihrer Heimat erhielten, den Montello zäh verteidigt hatten, ihre Stellungen den Italienern preisgeben.

Noch blieb an der Piave alles in Schwebe, als der Kaiser am 29. Oktober nach Rücksprache mit General Boroevic den Befehl erteilte, Venetien zu räumen. Damit war das Schicksal der Piavefront entschieden. In den Abendstunden des gleichen Tages, des 29. Oktober 1918, drang italienische Kavallerie in das von den ungarischen Truppen bereits geräumte Städtchen Vittorio Veneto ein.

TIROL: VERGEBLICHER WIDERSTAND

Während ein Vordringen der italienischen Truppen im Bereiche des Grappa und an der Piave nur in Gebiete führte, welche die italienische Armee in der Durchbruchsschlacht von Karfreit verloren hatte, ging es bei den Kämpfen vom Ortler bis zur Brenta nicht um eine „Antwort auf Caporetto", hier konnte vielmehr durch den erzielten Raumgewinn an sich der Nachweis eines erfolgreichen Vorgehens erbracht, und, wie man glaubte, ein „echter" Sieg vollzogen und dokumentiert werden.

An der Tiroler Front standen zwei österreichische Armeen: Die 10. von General Krobatin geführte Armee, die den Raum vom Stilfser Joch bis zur Etsch verteidigte und die, von geringen Änderungen im Frontverlauf abgesehen, nach mehr als drei Jahren noch immer in den gleichen Grenzstellungen stand, in die bei Ausbruch des Krieges die Tiroler Standschützen eingerückt waren und die 11. Armee, von General Scheuchenstuhl geführt, die in dem Raum zwischen Etsch und Brenta stand und das so heiß umstrittene Gebiet der Sieben Gemeinden zu verteidigen hatte. Der Befehl über die gesamte Tiroler Front war nach der Entlassung Conrads von Hötzendorf Erzherzog Josef übertragen worden. Während die österreichische Piavefront einige Monate von den erbeuteten Vorräten in Venetien hatte zehren können, war die Versorgung der Tirolerfront besonders schlecht. Das tägliche, kaum verdauliche Dörrgemüse, das Brot, das nur mehr aus Maismehl mit beigemischten Sägespänen bestand, die Uniformen, aus grobem Brennesselgewebe, zerschlissen! Der Nachschub an Ausrüstung, Waffen und Munition versiegte zusehends, während auf italienischer Seite die großzügigen Nachschublieferungen aus Amerika einsetzten und die Fronttruppe im Überschuß mit allem Nötigen versehen war. Den ausgemergelten, erschöpften österreichischen Truppen standen drei wohlausgerüstete italienische Armeen gegenüber.

General Diaz hatte am 24. Oktober einen massiven Angriff im Gebiete der Sieben Gemeinden angesetzt. Nach einem starken Störfeuer griffen die Engländer bei Asiago, die Italiener bei Canova und Stella die österreichischen Stellungen an, wurden aber überall zurückgeschlagen. Hingegen gelang es den Franzosen den Monte Sisemol, den sie schon zwei Wochen zuvor erobert und wieder verloren hatten, wieder zu erstürmen. Doch ein von der 38. ungarischen Honveddivision vorgetragener Angriff zwang sie, den Gipfel wieder zu räumen. Auch der viel umstrittene Col Rosso blieb in österreichischer Hand. Dann kam es allerdings auch hier zu Befehlsverweigerungen. Das in Reserve befindliche oberungarische Infanterieregiment 25 weigerte sich, die am Monte Sisemol kämpfenden ungarischen Bataillone zu unterstützen. Der Divisionskommandeur, der alles versuchte, um seine Truppen zum Vorgehen zu bewegen, wurde mit Handgranaten bedroht. Selbst dem bei der Fronttruppe beliebten Erzherzog Josef, der sogleich in den bedrohten

Abschnitt geeilt war, erging es nicht besser. Nun entschloß sich das Armeeoberkommando, den ungarischen Truppen den Abtransport in ihre Heimat zuzusichern. Diese Nachgiebigkeit der höchsten militärischen Stellen löste, wie zu erwarten war, eine Kettenreaktion aus; denn nun verlangten auch Tschechen, Polen, Slowaken, Rumänen und Serben, in ihre Heimat abziehen zu können.

Das ganze Geschehen war von einer ungeheuren Tragik erfüllt. Wohl hielten altbewährte Truppen, die Tiroler, Salzburger, Steirer, Landsturmmänner und Standschützen, noch ihre Stellungen, und versuchten dort, wo Lücken entstanden waren, diese rasch abzuschirmen. Auch die Artillerie griff helfend ein und riegelte mit ihrem Sperrfeuer offene Abschnitte ab. Doch bestand die Gefahr, daß das ganze in den Hochgebirgsstellungen am Monte Cimone, am Pasubio, auf der Zugna Torta kämpfende „Edelweißkorps" durch einen feindlichen Vorstoß im Val Sugana oder im Etschtal abgeschnitten würde. Am 1. November gingen die Kaiserjäger und die ihnen angeschlossenen Standschützen und Landsturmbataillone in voller Ordnung auf die Stellungen an der ursprünglichen Grenze Tirols zurück, die sie bei Kriegsbeginn bezogen hatten. Unten im Etschtal flutete eine Woge undisziplinierter Etappeneinheiten, ungarischer, kroatischer, tschechischer und polnisch-ukrainischer Bataillone gegen Trient. Lager und Baracken gingen in Flammen auf. Ein makabres Bild, das für die Untergangsstimmung jener Tage typisch ist: Während die Salzburger „Rainer" und die Linzer „Hesser" die steilen Bergstraßen nach Folgaria hinaufeilten, um einen drohenden Durchbruch zu verhindern, begegneten ihnen Soldaten ungarischer und tschechischer Regimenter, die ihre Stellungen verlassen hatten und heimwärts zogen, Soldaten, die zwar die gleiche Uniform trugen wie sie, die wie sie der gleichen Armee angehörten und wie sie den gleichen Eid auf den Kaiser geschworen hatten.

In den Morgenstunden des 3. November traf bei der kämpfenden Truppe der Befehl ein: „Da die Feindseligkeiten zu Land und in der Luft eingestellt sind, ist einem Vormarsch von Abteilungen des italienischen Heeres oder seiner Verbündeten über unsere Front hinaus und der Besetzung von Ortschaften selbst hinter der Front kein Widerstand zu leisten [59]."

Ein höchst unklarer Befehl! Wenn die Feindseligkeiten ohnedies eingestellt waren, wozu wurde dann noch befohlen, keinen Widerstand zu leisten? Wie sollte man sich da zurechtfinden können? Jedenfalls, dieser widerspruchsvolle Befehl war ein Zeichen dafür, wie weit die Verwirrung im Armeeoberkommando bereits um sich gegriffen hatte.

Aber für den einfachen Mann wie für den Offizier, für alle, die mehr als drei Jahre lang die Festung Tirol verteidigt hatten, ohne daß es dem Feinde gelungen wäre, über die Grenzen des Landes vorzubrechen, galt das alte Soldatenwort: „Befehl ist Befehl". Es lag nicht in der Art dieser Männer zu fragen, ob dieser Befehl richtig sei oder nicht. Es galt nur das eine: Diesen Befehl auszuführen, also den Widerstand gegen das Vordringen feindlicher Abteilungen einzustellen. Dies geschah. Alle Truppen der kaiserlichen Armee, die zu dieser Stunde noch zum Kampfe entschlossen waren, stellten an diesem Morgen des 3. November 1918 das Feuer ein. Damit war dieser Krieg, einerlei was nun folgte, beendet. Selbstverständlich mußte die Einstellung der Feindseligkeiten, wie sie in diesem Befehl ausdrücklich erklärt wurde, auch für die Italiener und ihre Verbündeten gelten, dachten sie. Doch sie mußten noch in der gleichen Stunde eine bittere Erfahrung machen: Die feindliche Artillerie schoß aus allen Rohren. Britische und italienische Soldaten gingen völlig kriegsmäßig zum Angriff vor. Im Etschtal rückten italienische Truppen in Rovereto ein. Im Val Sugana aber begann der Wettlauf britischer und italienischer Truppen auf Trient. Nachdem sich niemand mehr diesem Vormarsch entgegenstellte, blieb es lediglich ein Wettlauf mit der Zeit.

Glaise-Horstenau sagte darüber: „Kaum ein zweitesmal in der Kriegsgeschichte hatte einer Armee eine so günstige Gelegenheit gewinkt, ohne nennenswertes Wagnis solch riesenhafte Beute einzuheimsen, wie der italienischen in dieser Stunde. Der Verlockung zu widerstehen, brachte die italienische Heeresleitung nach den vielen Enttäuschungen des Krieges nicht über sich. Die Realpolitik des ‚Sacro Egoismo' feierte noch einmal einen Triumph, wohl auch über die in früheren Kriegen übliche Ritterlichkeit. Um diese Feststellung ist bei aller Einschätzung der Opfer, die Italien in dem fast vierjährigen Kampfe seinen nationalen Aspirationen gebracht hat, und bei aller Würdigung der schwierigen Lage, in der es sich beim Kriegsende gegenüber seinen Alliierten und seinem eigenen Volke befand, nicht herumzukommen [60]."

138

Tiroler Volk!

Das Bayrische Kriegsministerium in München hat dem Präsidenten des Tiroler Nationalrates am 5. November ¾11 Uhr nachts folgende Depesche übermittelt:

Die Waffenstillstands-Bedingungen zwischen Oesterreich und der Entente zwingen uns, zur Sicherung unserer Landesgrenzen Truppen nach Nordtirol zu schicken.

Gleichzeitig sollen diese Truppen mithelfen, um den Abfluß aufgelöster Teile des österreichischen Heeres nach Osten zu ordnen und das Land vor Zuchtlosigkeit zu schützen.

Unsere Vorhuten überschreiten am 5. November die Grenze. Stärkere Kräfte werden folgen.

Wir kommen als Freunde und erwarten, daß unseren Bewegungen keine Hindernisse von seiten des deutsch-österreichischen Nationalrates und der österreichischen Kommandobehörden in den Weg gelegt werden.

Sollte das trotzdem der Fall sein, so sind unsere Truppen angewiesen, sich mit Waffengewalt den Weg zu bahnen.

Der kommandierende General:

Kraft von Dellmensingen.

Aufruf des Generals Kraft von Dellmensingen

EIN ITALIENER ÜBER DAS „WUNDER" VON VITTORIO VENETO

Giovanni Prezzolini, einer der bekanntesten italienischen Publizisten, hatte selbst miterlebt, was in jenen entscheidenden Tagen geschehen war. Ein Jahr später schrieb er seine Auffassungen darüber nieder und ver-öffentlichte im April des Jahres 1920 eine Broschüre, die den Titel „Vittorio Veneto" trug und gleich nach ihrem Erscheinen ungeheures Aufsehen erregte. Die Gedanken, die Prezzolini in dieser Schrift dar-legte, widersprachen völlig der offiziellen Auffassung der maßgebenden politischen Kreise Italiens, die mit allen nur erdenklichen Mitteln be-müht waren, die Schlacht von Vittorio Veneto nicht nur zu einem großen Sieg, sondern zu einem nationalen Mythos zu machen. Noch im gleichen Jahre wurde die Schrift verboten. Doch die Gedanken, die Prezzolini vor fünfzig Jahren ausgesprochen hat, sind heute aktueller denn je, nicht nur für jeden, der, einerlei auf welcher Seite er steht, die geschichtliche Wahrheit sucht, auch für Italien von heute, insbesonders für die italienische Jugend, die diese geschichtlichen Vorgänge anders sieht, als man es ihr vorschreiben will. Hier einige Gedanken aus dieser Schrift:

„Vittorio Veneto ist kein militärischer Sieg gewesen, aus dem einfa-chen Grunde, weil eine Schlacht sein muß, damit ein Sieg da ist und damit eine Schlacht da ist, muß ein Feind da sein, der sich schlägt.

Nun, in Vittorio Veneto war ein Feind, der sich zurückzog. Vittorio Veneto ist ein Rückzug, den wir in Unordnung und in Konfusion ge-bracht haben, nicht eine Schlacht, die wir gewonnen haben. Dies ist die Wahrheit, die man den Italienern sagen muß, die Wahrheit, die sich die Italiener sagen lassen müssen.

In Vittorio Veneto haben wir nicht das österreichische Heer besiegt, — es war schon besiegt. Wir haben Österreich nicht zerstört, — es war schon in Stücke zerschlagen.

Wenn man logisch denken könnte, einfach logisch denken, würde man die Unmöglichkeit einsehen, in acht Tagen ein Heer zu besiegen, das wir in drei Jahren nicht hatten schlagen können.

Wenn man vom ‚großen Siege' spricht, vergißt man, daß sich die Nationalitäten Österreich-Ungarns in politischer Gärung befanden, daß sie ihre Unabhängigkeit erklärt hatten, eigene Heere aufstellten und den

140

Rückzug ihrer Truppen von der Front forderten, daß in dem erschöpften Österreich nach dem Rezept ‚Rette sich wer kann!' überall Meutereien, Desertionen und Hungerrevolten ausgebrochen waren. Wenn dies nicht geschehen wäre, könnte man die Schlacht von Vittorio Veneto ein Wunder nennen. Aber in der Geschichte kennt man keine Wunder.

Wen diese Überlegungen nicht überzeugen, der frage einen Kämpfer, der die Tage von Vittorio Veneto miterlebt hat, ausgenommen jene Kämpfer der 4. Armee, die am Grappa stand und dort wirklich kämpfen mußten, aber jeder andere wird sagen, daß es keine Schlacht war, sondern eine Verfolgung mit einigen Zusammenstößen österreichischer Nachhuten mit unseren Vorposten.

Die Wahrheit ist, daß wir das österreichische Heer angriffen, als es sich bereits bis zu den alten Grenzen zurückzog, als Österreich zu wiederholtem Male um Frieden bat und versuchte, die inneren Nationalitätenprobleme und die Probleme des Hungers durch eine rasche Verständigung mit der Entente zu lösen. Dieses Heer hatte an vielen Stellen der Front keine große und mittlere Artillerie mehr, es hatte zum Großteil nicht mehr die Absicht, und oft nicht einmal noch die Mittel, um Widerstand zu leisten. Unser Comando Supremo wußte dies alles genau; denn beim Übergang über die Piave ließ es offiziell den Truppen mitteilen, daß sie keinen Widerstand mehr antreffen würden, was auch tatsächlich der Fall war.

In Wirklichkeit schlugen sich die Österreicher ernstlich nur am Grappa an den Tagen des 24., 25. und 26. Oktober und an diesen drei Tagen verloren wir auf wenigen Kilometern neunzehntausend Mann, sei es durch feindlichen Widerstand, sei es durch unsere mangelhafte Vorbereitung oder durch die Albernheit der Kommandanten. Man kann sagen, daß der Angriff am Grappa das letzte Unheil war, das unsere Generäle angerichtet haben. Unheil deshalb, weil es in bezug auf die tatsächlichen Ergebnisse unnütz war, weil außerdem alles schlecht vorbereitet und schlecht geleitet war. Wir verloren die besten Soldaten und rückten nicht einen Meter vor.

Die Wahrheit ist, daß die österreichischen Reserven nicht mehr von der Etappe zu den Kampfplätzen zurückkehren wollten, weil ein Soldat nicht kämpfen will, so diszipliniert er auch früher gewesen sein mag, wenn er weiß, daß sich der Staat, für den er kämpfen soll, im Zustande der Auflösung befindet, daß das Land, in dem er zuständig ist, die Autonomie erhält und sich gegen gefährliche Nachbarn verteidigen

muß, wenn der Souverän und die Minister nur mehr vom Frieden sprechen und inständig um Waffenstillstand bitten, wenn die Verbündeten
Separatfrieden schließen.

Vittorio Veneto war lediglich für die Professionals des Heeres ein
militärischer Sieg. Für das Comando Supremo war es eine ideale
Schlacht, in der alles so vor sich ging, wie es vorgesehen war. Man
versteht: Wo der Feind nicht mehr Widerstand leistet, wo nichts Unvor-
hergesehenes passiert, wo alle Teile ungefähr jene schönen Bewegungen
und Märsche machen können, die der befehlende Offizier vorher auf
den Karten 1 : 25.000 studiert hat — welch eine Schlacht!

Aber die wahren Schlachten nehmen eine ganz andere Entwicklung.
Der Befehlshaber plant — aber der Feind disponiert. Wer die Schlachten vorbereitet und dann über ihren Verlauf berichtet, weiß nie die
Wahrheit. Alle Geschichten, die man in den offiziellen Berichten liest,
sind am grünen Tisch erfunden. Die Berichte des Comando Supremo
sind ebenso falsch wie die Berichte der Journalisten.

Die Schlacht von Vittorio Vento aber ist, im großen und ganzen,
nach den Plänen des Comando Supremo vor sich gegangen. Schade,
daß in dieser Schlacht der Feind gefehlt hat, sonst könnte sie als klas-
sische Schlacht in die Handbücher der Strategie eingehen.

Warum aber ist diese Serie von Rückzugsgefechten eines zerfallenden
Heeres so aufgebläht worden? Um Vittorio Veneto aufzublähen, treffen
sich wunderbarerweise zwei Wünsche: jener der Militärkaste, die eine
schöne Figur machen und sich den Nachkriegsruhm sichern will, und
jene der politischen Kaste, die den Sieg ausnützen wollte, um ihn den
Verbündeten unter die Nase zu halten und im Lande die nationalistischen Gefühle zu entfachen, imperialistische Gefühle und den Haß
gegen den Nachbarn. Übrigens: Auch die Alliierten blähen ihren Sieg
auf und daher mußten auch wir ihn aufblähen.

So erklärt es sich, daß die leitenden Klassen mit Hilfe der Zensur
und der Naivität der breiten Massen am Zauberkelch des ,großen Sieges' getrunken haben und zum Rausch kamen und der Illusion huldig-
ten, das erste Volk der Entente zu sein und ihr Retter und damit der
endgültige Sieger dieses Krieges. So wird durch die militärische und
politische Lüge der wirkliche Sieg vergiftet.

Denn es ist ein Sieg gewesen. Bei Gott, ja und wie! Aber nicht ein
militärischer Sieg, sondern ein moralischer Sieg oder wenn man genau
sein will, die Krönung eines moralischen Sieges, in dem die Episode von

Vittorio Veneto ungefähr das bedeutet, was für einen Studenten die Nachprüfung ist. Wir, die wir in Caporetto durchgefallen sind, sind in Vittorio Veneto durchgekommen. Der wahre Sieg besteht nicht in der militärischen Aktion, sondern darin, daß wir uns nach der schweren Niederlage geändert, gebessert haben, daß wir unsere nationale Einheit nach dem furchbaren Stoß von Caporetto festigen konnten, während Österreich unter dem viel leichteren Stoß von Vittorio Veneto zusammenbrach.

Es ist ein Sieg gewesen, ein großer Sieg, größer als jene Siege, von denen die Generäle träumen, der Sieg eines Nationalstaates gegen einen Vielvölkerstaat, der Sieg eines liberalen Systems gegen ein System des Zwanges. Aber dieser Sieg hat, wie gesagt, moralischen Charakter: Wir siegten, weil wir uns geändert und besser gemacht hatten. Es ist der Sieg, der Italien entspricht, das Caporetto überwunden hat, verdient mit dem Schweiß, mit der Mühe, der Arbeit und dem guten Willen. Es ist das bescheidene Glück des Arbeiters, der gespart hat und mit Vittorio Veneto im Lotto einen Terno macht. Warum wurde dieser moralische Sieg nicht so gefeiert, wie er gefeiert werden sollte?

Vor allem wegen unseres theatralischen Charakters. Der Großteil der Italiener zieht den Sieg nach dem Schema Vittorio Veneto vor, einen Sieg, der in sieben Tagen ein ganzes Heer in die Flucht schlägt, ein Reich zerstört und den Krieg zugunsten der Alliierten abschließt. Das italienische Publikum braucht solche ,Wundersiege‘ [61].“

Bild 11: Reschensee mit Ortlergruppe. Das energiearme Italien hat in den Bergen Südtirols zahlreiche Kraftwerksanlagen geschaffen, ohne auf das Landschaftsbild Rücksicht zu nehmen.

Bild 12: Industriezone bei Bozen. Nicht auf Grund wirtschaftlicher Überlegungen, sondern lediglich aus politischen Gründen, nämlich um damit möglichst viele italienische Arbeiter in Südtirol einschleusen zu können, wurde in der Zeit des Faschismus das reiche Obst- und Gartenland an der Etsch niedergelegt und diese Industriezone geschaffen, die seither nur durch ergiebige staatliche Zuschüsse aufrecht erhalten werden kann.

SECHSUNDDREISSIG STUNDEN KRIEG OHNE GEGNER

„DIAZ LÄUFT DEM KRIEG NACH"

Zunächst die Tatsachen: Tatsache ist, daß die österreichichen Truppen am 3. November um 3 Uhr 55 den Befehl erhielten, an der ganzen Front das Feuer einzustellen. Tatsache ist, daß die italienischen Truppen erst am 4. November um 15 Uhr den Befehl zur Feuereinstellung bekamen. Tatsache ist ferner, daß die italienischen Truppen während dieser sechsunddreißig Stunden, in denen sie sozusagen allein Krieg führten, Gebiete besetzen konnten, die sie in offenem Kampfe niemals oder nur mit schwersten Opfern erreicht hätten und daß sie während dieser Frist insgesamt 350.000 Soldaten der österreichischen Armee gefangen nehmen konnten. Der einfache Soldat, der, statt nach vier Jahren eines erbitterten Krieges in die Heimat zurückkehren zu können, in die Gefangenschaft marschieren mußte, faßte sein Urteil in dem Satz zusammen: Die Italiener haben den Termin für den Waffenstillstand um 36 Stunden hinausgeschoben, um damit kampflos über die Grenzen vordringen zu können. Oder, wie es ein österreichischer Journalist ausdrückte: General Diaz lief dem Kriege nach, um ohne Risiko zu holen, was noch zu holen war. Nichts kam den vorrückenden Armeen des Generals Diaz so ungelegen wie ein Waffenstillstand. Zumindest kam es darauf an, Trient und Triest noch in offenem Kampfe zu gewinnen, um wenigstens das feierlich proklamierte Kriegsziel „Trento e Trieste" erreichen zu können. Tatsächlich gelang es den Italienern, sowohl Trient als auch Triest noch vor Beginn ihrer Waffenruhe zu erreichen. Aber weder in Trient noch in Triest wurde gekämpft.

Trient und Triest waren „befreit" — die Waffenruhe konnte erklärt werden — das scheint eindeutig und klar. Auf österreichischer Seite gab es über das Verhalten der italienischen Armee nur diese Meinung. Auf italienischer Seite hingegen behauptete man mit Nachdruck, vollkommen korrekt vorgegangen zu sein. Der Befehl zur Einstellung des Feuers sei auf österreichischer Seite völlig eigenmächtig erfolgt, ohne daß darüber zwischen dem österreichischen Armeeoberkommando und dem italienischen Comando Supremo Einverständnis erzielt worden wäre. Den österreichischen Unterhändlern sei bekannt gewesen, daß Italien nach Unterzeichnung des Waffenstillstandsvertrages eine Frist von 24 Stunden bis zur tatsächlichen Beendigung der Kampfhandlungen verlangt habe.

Über kein Problem jener schicksalsträchtigen Tage ist so heftig, so leidenschaftlich debattiert worden wie über diesen Waffenstillstandsvertrag. Politiker und Wissenschaftler, vor allem Historiker, aber auch Militärs sowohl auf österreichischer wie auf italienischer Seite, griffen in diesen Streit ein. Zahlreiche Schriften, Aufsätze und Broschüren sind darüber verfaßt worden. Sicherlich trug die Politik des „Friedens um jeden Preis", der sich der Kaiser verschrieben hatte, und vor allem die Kopflosigkeit und Verwirrung, die im österreichischen Armeeoberkommando herrschte, vieles zu diesem Verhängnis bei. Nach wie vor bleibt manches an diesen Vorgängen ungeklärt. Meinung steht gegen Meinung. Aber die Geschichte rechnet nur mit Tatsachen und Tatsache ist, daß in diesen Tagen das Schicksal Südtirols entschieden wurde.

ERSTE KONTAKTE MIT DEM COMANDO SUPREMO

Schon zu Anfang Oktober war in Trient die auf Befehl des Kaisers vom Armeeoberkommando eingesetzte Waffenstillstandskommission zusammengetreten. Sie wurde von Korpskommandant General Weber von Webenau geführt, der bereits die Waffenstillstandsverhandlungen mit Montenegro geleitet hatte. Ihm zur Seite stand Oberstleutnant im Generalstab Viktor von Seiller, ein hervorragend bewährter Kaiserjägeroffizier, der bis zum Kriegsbeginn als Militärattaché an der österreichischen Botschaft in Rom tätig gewesen war. Er sprach nicht nur fließend italienisch, sondern war auch mit den politischen Methoden und der Mentalität der Italiener bestens vertraut, so daß er sehr bald bei den Verhandlungen zur zentralen Persönlichkeit wurde, dies umso mehr, als er mit einer Reihe hoher italienischer Militärs persönlich bekannt war. Eine besondere Kurieraufgabe hatte Generalstabsoberst Karl Schneller zu erfüllen, der bisher die Italiengruppe im Armeeoberkommando geleitet hatte. Als Vertreter Ungarns wurde Honved-Oberstleutnant Franz von Nyékhegyi der Kommission zugeteilt. Die österreichische Marine wurde durch Fregattenkapitän Johannes Prinz zu Liechtenstein und Korvettenkapitän Georg Zwierkowski vertreten, der gleichfalls geläufig italienisch sprach. Dem rangjüngsten Mitglied der

Kommission, Generalstabshauptmann Camillo Ruggera, fiel die undankbare Rolle des Parlamentärs zu.

28. Oktober 15 Uhr 45. In Trient trifft eine Depesche des Kaisers ein, in der General Weber aufgefordert wird, „um dem vollkommen zwecklosen Blutvergießen ein Ende zu setzen, mit dem italienischen Comando Supremo auf der Grundlage der vierzehn Punkte, die der amerikanische Präsident Wilson als Voraussetzung für künftige Friedensverhandlungen feierlich verkündet hatte, in direkte Verhandlungen einzutreten."

29. Oktober 6 Uhr früh. Hauptmann Ruggera begibt sich, von einem Fahnenträger und einem Hornisten begleitet, in die vorderste Kampflinie, die im Etschtal südlich von Rovereto liegt. Obwohl die weiße Fahne des Parlamentärs deutlich sichtbar ist, wird Hauptmann Ruggera beschossen. Es sind Soldaten der tschechoslowakischen Brigade, die über der Etsch liegen und auf die Österreicher ein Scheibenschießen veranstalten. Der Fahnenträger erhält einen Schuß durch beide Beine und bleibt schwer verwundet liegen. Ruggera übernimmt die weiße Fahne. „Liegend wurde weitertrompetet", wie es in seinem Bericht heißt [62]. Endlich finden sich die Italiener bereit, den österreichischen Parlamentär zu empfangen. Ruggera werden die Augen verbunden. Man führt ihn durch die italienischen Stellungen bei Serravalle. Wieder muß Ruggera lange warten, bis man ihn in einem geschlossenen Wagen nach Avio bringt. In Avio, das südlich des alten Grenzortes Ala liegt, ist das Kommando der 26. italienischen Infanteriedivision. Ruggera weist den an das Commando Supremo gerichteten Brief General Webers vor und erklärt hiezu, daß Österreich-Ungarn am 28. Oktober die Bedingungen, die Präsident Wilson gestellt hatte, angenommen habe und bereit sei, in Verhandlungen über einen Waffenstillstand einzutreten. Aber man erklärt ihm nur, die italienische Armee denke nicht daran, sich durch das Auftauchen eines Parlamentärs und anderer Leute um den sicheren Sieg bringen zu lassen. Es beginnt eine umständliche Prozedur, über deren Sinn sich Ruggera nicht im klaren ist. Er vermutet, daß es den Italienern lediglich darum geht, Zeit zu gewinnen. Nach langem, müßigem Zuwarten wird Ruggera, ohne eine Antwort oder eine Weisung erhalten zu haben, zu den österreichischen Linien zurückgebracht.

30. Oktober 12 Uhr. Nachdem von Hauptmann Ruggera noch immer

keine Nachricht eingelangt ist, befiehlt das Armeeoberkommando General Weber, sich selbst unverzüglich mit einem Teil der Kommission zu den feindlichen Linien zu begeben, um so rasch wie nur möglich mit dem Comando Supremo in Fühlung zu kommen und eine Einstellung der Feindseligkeiten zu erwirken. Weber wird ermächtigt, „alle Bedingungen, die der Feind stellen wird, anzunehmen, soweit sie nicht unsere Waffenehre berühren und einer Kapitulation gleichkommen oder die Grenzen unseres deutschen Verbündeten gefährden [63]."

General Weber begibt sich mit Seiller und Oberst Schneller nach Rovereto. Inzwischen ist dort auch Ruggera eingetroffen und berichtet über den Mißerfolg seiner Mission. Ruggera wird nach Trient zurückgesandt.

17 Uhr 30. General Weber überschreitet mit Oberstleutnant Seiller und Oberst Schneller die österreichischen Linien. Seiller trägt die weiße Parlamentärsfahne. Der Hornist, der aus Rovereto mitgenommen wurde, bläst unausgesetzt den Generalmarsch. Die Italiener antworten mit dem Hornsignal „Feuer einstellen". Trotzdem beginnen die Tschechen am anderen Etschufer zu schießen, diesmal erfolglos.

19 Uhr 20. Die Gruppe hat die italienischen Linien bei Serravalle erreicht. Ein italienischer Offizier empfängt sie. Es ist der dem Generalstab zugeteilte Alpinimajor Agosto Bergonzi. Er erklärt General Weber, daß er den Auftrag habe, niemanden die italienischen Linien passieren zu lassen und lediglich befugt wäre, ein Schreiben zur Weiterleitung an das Comando Supremo zu übernehmen. Seiller erklärt dem italienischen Offizier, daß es sich bei ihnen nicht um Parlamentäre, sondern um bevollmächtigte Vertreter des österreichischen Armeeoberkommandos handle. Beim Scheine einer Taschenlampe prüft der italienische Major die Vollmachten und setzt sich mit dem Divisionskommando in Verbindung.

Wieder heißt es warten. Nach einer Stunde erscheint Major Bergonzi wieder und teilt der Gruppe mit, daß nunmehr die italienischen Linien passiert werden dürfen. Obwohl stockfinstere Nacht ist, werden den österreichischen Offizieren die Augen verbunden. In mehreren Autos werden sie nach Avio gebracht, wo sich in der Villa des Grafen Pellegrini das Hauptquartier des Generalleutnants Battistoni befindet, der die 26. italienische Infanteriedivision befehligt. Mit seinem Generalstabschef Oberst Carpentieri ist Seiller von Rom her bekannt. Die österreichischen Offiziere werden von General Battistoni an der Spitze seines Stabes mit großem Zeremoniell empfangen und reichlich bewirtet.

Inzwischen trifft ein Generalstabsoffizier des Comando Supremo ein, der die Verhandlungen mit General Weber aufnimmt. Doch dieser entdeckt immer neue Hindernisse und verzögert die Verhandlungen, um Zeit zu gewinnen. Vergeblich drängt General Weber, von Seiller tatkräftig unterstützt, auf eine Entscheidung.

31. Oktober 13 Uhr. Nach endlosen Verhandlungen und langen Ferngesprächen gelingt es, sich mit dem Beauftragten des Comando Supremo zu einigen.

16 Uhr erhält General Weber die Erlaubnis, die in Trient verbliebenen Mitglieder seiner Kommission beizuziehen. Am späten Nachmittag treffen diese in Avio ein. In Rovereto ist inzwischen auch der Vertreter der Obersten Deutschen Heeresleitung, Oberst Schäffer von Bernstein, eingetroffen, der auf dringendes Verlangen des österreichischen Armeeoberkommandos an den Waffenstillstandsverhandlungen teilnehmen soll. Das ist den Italienern höchst unerwünscht. Sie wollen ein gemeinsames Vorgehen der Mittelmächte unter allen Umständen vermeiden. Oberst Schäffer wird von den Italienern festgehalten und zurückgeschickt.

18 Uhr. Endlich kann General Weber mit den Mitgliedern seiner Kommission die Fahrt in das italienische Hauptquartier antreten. Noch immer wird die Angelegenheit von den Italienern streng geheimgehalten. Man will bei den geplanten Verhandlungen nicht durch die öffentliche Meinung beeinflußt werden. Die Möglichkeit, die Verhandlungen scheitern zu lassen, soll offen bleiben, ohne daß dies die Truppe erfährt. In geschlossenen Personenwagen, die Fenster verhängt, werden die Teilnehmer nach Padua gebracht. Man hat dort inzwischen die auf dem Wege nach Abano liegende Villa des Senators Giusti del Giardino für die geplanten Verhandlungen freigemacht. Es ist einer der schönen, geräumigen Landsitze des venetianischen Adels, sehr abgelegen und leicht zu überwachen. Außerdem kann die Verbindung zum Comando Supremo in Abano leicht hergestellt werden.

19 Uhr. Die österreichische Waffenstillstandskommission trifft in der Villa Giusti ein. General Weber äußert dem italienischen Generalstabsoffizier, der die Kommission empfängt, den dringenden Wunsch,

mit den Verhandlungen sogleich zu beginnen. Doch wieder heißt es warten. Die Mitglieder der italienischen Waffenstillstandskommission, erklärt man, würden sich erst am nächsten Tage in der Villa Giusti einfinden.

DIE ENTSCHEIDUNG FIEL IN PARIS

General Diaz hatte sich sogleich nach dem Eintreffen des österreichischen Parlamentärs mit Ministerpräsident Orlando und Außenminister Sonnino in Verbindung gesetzt. Inzwischen war beim Comando Supremo eine Funkdepesche des österreichischen Armeeoberkommandos eingetroffen. Um die Aktion General Webers zu unterstützen, hatte Generalstabschef Arz an Diaz depeschiert, daß Österreich zu Verhandlungen über eine beiderseitige Waffenruhe bereit wäre. Diaz wertete diesen Vorschlag als ein weiteres Zeichen für die desolaten Verhältnisse, die auf österreichischer Seite herrschten und ließ den Funkspruch unbeantwortet. Auch ein am gleichen Tage unternommener Versuch, von Seiten Österreichs durch die Vermittlung des Vatikans mit maßgebenden italienischen Stellen in Fühlung zu kommen, scheiterte. Diaz war mit Orlando und Sonnino einig, daß die Vorschläge Präsident Wilsons keine geeignete Grundlage für Verhandlungen mit Österreich bilden könnten. Insbesonders Sonnino, für den die Stunde gekommen war, in der er die im Londoner Geheimvertrag festgelegten Zugeständnisse in die Tat umsetzen konnte, fühlte sich in diesen Tagen bereits für ein größeres, siegreich aus diesem Kriege hervorgegangenes Italien verantwortlich. Er kannte nur ein einziges Ziel: möglichst rasch den Brenner zu erreichen und alle wichtigen Positionen an der Adria zu besetzen, um Faustpfänder für die kommende Friedenskonferenz in der Hand zu haben.

General Diaz sah an diesem Tage, dem 29. Oktober, dem fünften Tage der von ihm geführten Offensive, daß nunmehr die entscheidende Wende eingetreten war. Die österreichischen Truppen, die vier Tage lang unter schwierigsten Umständen ihre Stellungen im Grappamassiv verteidigt und einen italienischen Durchbruch verhindert hatten, waren aus ihren Stellungen abgezogen. Der Weg nach Feltre und Belluno war frei. Damit konnte Diaz, der seinen großen strategischen Plan schon gescheitert sah, diesen Plan doch noch durchsetzen. In dieser Situation, in der Diaz den sicheren Sieg sozusagen schon in der Tasche hatte, kam ihm ein Waffenstillstand höchst ungelegen. Die Tage und Stunden, die er noch brauchte, um die gesteckten Ziele zu erreichen, ließen sich im voraus ziemlich genau berechnen. Auf diese notwendige Frist wollte Diaz auf keinen Fall verzichten. Darauf mußten die Verhandlungen in der Villa Giusti abgestimmt werden.

Dabei kam es Diaz sehr zustatten, daß die letzte Entscheidung darüber nicht bei ihm lag, sondern beim Obersten Kriegsrat in Paris, weil dadurch weitere Verzögerungen eintraten. Das „Conseil Supérieur de Guerre" tagte in dieser entscheidenden Phase des Krieges in Permanenz. Den Alliierten ging es in erster Linie um die Niederringung Deutschlands. In seinem Bericht über die allgemeine militärische Lage stellte Marschall Foch fest: „Bulgarien hat kapituliert. Die Türkei ist nicht mehr vorhanden. Österreich ist in voller Auflösung." Auf die Frage von Oberst House, wie lange seiner Ansicht nach der deutsche Widerstand an der Mosel und am Rhein noch dauern könnte, antwortete Foch: „Ein bis drei Monate. Wenn es uns jedoch gelingt, mit Österreich einen Waffenstillstand abzuschließen, böte sich die Möglichkeit, Deutschland von Süden her anzugreifen. Dies würde die Lage der Deutschen unhaltbar machen [64]."

Dazu erklärte Lloyd George im Rate der „Großen Drei", er stimme mit Clemenceau überein, daß die Alliierten ein großes Interesse daran hätten, mit Österreich in Verbindung zu kommen und ihm die Bedingungen für eine Beendigung des Krieges bekanntzugeben. Letztere müßten die Besetzung von Gebieten und Verkehrswegen vorsehen, welche unmittelbar Deutschland bedrohen könnten. „Wenn die Alliierten nach Prag kommen können", erklärte Lloyd George, „wäre Deutschland gezwungen, bedingungslos zu kapitulieren. Daher müssen wir ohne Zeitverlust den Vertrag über einen Waffenstillstand mit Österreich-Ungarn verfassen [65]." Auch Clemenceau mahnte zu höchster Eile. Oberst House meinte, man müsse dabei so verfahren, daß die Völker der Donaumonarchie den Alliierten gegenüber freundlichere Gefühle zeigen würden, als sie gegenüber Deutschland hegten.

Als am 30. Oktober Ministerpräsident Orlando dem Obersten Alliierten Kriegsrat berichtete, ein österreichischer Parlamentär habe die italienischen Linien überschritten, vermutete man zunächst, daß es sich lediglich um den Beauftragten eines meuternden Regimentes, das sich eine lokale Waffenruhe sichern wolle, handle. Bald danach trafen jedoch in Paris genaue Angaben über die von General Weber geführte Kommission ein. Während der Rat der „Großen Drei" noch immer zögerte, einen Entwurf über die den Österreichern zu stellenden Bedingungen abzufassen, ergriffen die Militärs die Initiative. Der britische Vertreter im Obersten Kriegsrat, Sir Henry Wilson, hielt in Eile fest, was man von den Österreichern verlangen müßte. Er schreibt: „30. Oktober. Wieder Waffenstillstandsgewinsel aus Wien. Lloyd George, Milner und ich sprachen über die Möglichkeit, Österreich sogleich aus dem Kriege auszuscheiden. Lloyd George fragte mich deshalb, welche Bedingungen wir aufstellen sollten. Ich schrieb auf einen Zettel:

1. Demobilmachung bis auf wieviel Divisionen.

2. Rückzug bis zu der im Londoner Pakt vereinbarten Linie.

3. Die Alliierten können sich der Straßen, Eisenbahnen und Wasserwege nach freiem Ermessen bedienen.

4. Besetzung strategischer Punkte nach Gutdünken der Alliierten.

Lloyd George steckte das Blatt in seine Tasche und machte sich schleunigst davon, um mit Clemenceau und Oberst House zusammenzukommen. Ich wurde für 2 Uhr in die Botschaft bestellt. Lloyd George sagte mir, daß meine vier Punkte einstimmig angenommen worden seien [66]."

Marschall Foch hatte einen Plan ausgearbeitet, um Deutschland, falls es, wie man auf Seiten der Alliierten befürchtete, an der Mosel und am Rhein noch Widerstand leisten sollte, von Süden her anzugreifen. Zehn italienische Divisionen sollten von Nordtirol aus in Oberbayern einfallen. Eine englisch-französische Armee sollte aus dem Raume Salzburg, Braunau, Linz diesen Vorstoß flankierend unterstützen, während tschechoslowakische Legionen in Sachsen einfallen sollten. Dem Comando Supremo sollte die Führung des Unternehmens, General Foch die Gesamtleitung übertragen werden. Voraussetzung, um diesen Plan durchzuführen, war der Abschluß eines Waffenstillstandes mit Österreich, um damit die Alpenpässe, insbesonders den Brenner, in die Hand zu bekommen. Die Alliierten drängten daher auf einen raschen Abschluß des Vertrages. Doch auf italienischer Seite verstand man es meisterhaft, ihre Ungeduld in die richtigen Bahnen zu lenken, um die Termine, die sich General Diaz für den erfolgreichen Abschluß seines Kriegsplanes gestellt hatte, darauf abstimmen zu können.

BADOGLIO VERZÖGERT DIE FEUEREINSTELLUNG

1. November. Morgens trifft, von einer Kavallerie-Eskorte begleitet, die italienische Waffenstillstandskommission in der Villa Giusti ein. Diaz hat für diese überaus heikle Mission einen besonders befähigten Offizier ausgewählt, den Souchef des italienischen Generalstabes, Generalleutnant Pietro Badoglio (der im Jahre 1936 als Oberbefehlshaber des italienischen Heeres nach der Eroberung Abessiniens von Mussolini zum Vizekönig von Ostafrika ernannt worden war, während er im Jahre 1943, also sieben Jahre später, in einem weitreichenden Intrigenspiel, die Absetzung und Verhaftung Mussolinis betrieb und sich selbst als Regierungschef installierte). Oberstleutnant Seiller war mit Badoglio bekannt, was die gegenseitige Fühlungnahme bedeutend erleichterte. Der italienischen Kommission gehörten außerdem noch an: Generalmajor Scipioni, Alpinioberst Marchetti, ferner die Generalstabsobersten Gazzera, Maravigna und Pariani sowie Linienschiffskapitän Accini.

9 Uhr. Badoglio beruft die erste Sitzung beider Kommissionen ein und erklärt General Weber, daß im Laufe der vergangenen Nacht der Text des bereits fertiggestellten Waffenstillstandsvertrages vom Interalliierten Ministerrat in Paris an das Comando Supremo in Abano chiffriert durchgegeben worden sei. Doch sei dieser Text noch nicht authentisch, weil das Phonogramm mehrere Verstümmelungen aufweise. Man werde also auf den offiziellen Text warten müssen, den ein vom Obersten Kriegsrat in Paris kommender Offizier am 2. November zum Comando Supremo nach Abano bringen werde. Badoglio erklärte sich jedoch bereit, inzwischen die Korrekturfahnen dieses Phonogrammes der österreichischen Kommission zum Studium zu überlassen.

Nach dieser kurzen Sitzung machte sich die österreichische Kommission sofort an das Studium des in französischer Sprache abgefaßten Dokumentes. „Die uns diktierten Bedingungen waren niederschmetternd, viel ärger als wir jemals befürchtet hatten", schreibt Oberstleutnant Seiller in seinen Erinnerungen. Es waren die Bedingungen, die der britische Feldmarschall Henry Wilson sozusagen zwischen Tür und Angel konzipiert hatte — „Räumung nicht nur des von unseren Truppen besetzten Gebietes, sondern aller jener Teile

155

Österreich-Ungarns, die im Geheimvertrag von London den Italienern zugesprochen waren. Das hieß: Südtirol bis zum Brenner, Görz-Gradiska, Triest, Istrien, Teile Krains, Dalmatien und die dalmatinischen Inseln, Übergabe der Hälfte unseres Artilleriematerials und der Flotte, endlich Gewährung freier Bewegung von Truppen der Entente auf österreichischem Gebiet, um alle strategisch wichtigen Punkte besetzen zu können [67]." Zu all dem mußte man auf österreichischer Seite einsehen, daß die Verhandlungsbasis, über die General Weber verfügte, auf Grund der katastrophalen Lage an der Front äußerst dürftig war.

Ein einziger Punkt dieses Dokumentes entsprach dem Auftrag, den das Armeeoberkommando Weber erteilt hatte: „Cession immédiate des hostilités". Allerdings blieb dabei die Frage offen, wie dieser Punkt aufzufassen sei. Bedeutete dies, wie man auf österreichischer Seite vermutete, daß die Feindseligkeiten wirklich unmittelbar, also sofort, eingestellt würden oder war dieser Punkt lediglich als Vorbedingung anzusehen, um zu einem raschen Abschluß des Vertrages zu kommen. Diese Frage blieb offen.

12 Uhr. General Weber ersucht, zwei Mitglieder der österreichischen Kommission, Oberst Schneller und Hauptmann Ruggera, nach Trient entsenden zu können, um das Armeeoberkommando über die Waffenstillstandsbedingungen zu unterrichten.

Es war notwendig, Kuriere zu entsenden, weil eine andere zuverläßliche Form der Nachrichtenübermittlung nicht möglich war. Zwischen Villa Giusti und Trient gab es keine direkte Verbindung. Depeschen, die von der österreichischen Kommission in Villa Giusti an das Armeeoberkommando nach Baden bei Wien gerichtet wurden, mußten mit italienischer Hilfe über die österreichische Marinestation in Pola oder über Budapest geleitet werden, wobei unsicher blieb, ob die Station in Pola nicht mittlerweile schon von den Südslawen übernommen worden war und die Gegenstelle in Budapest sich vielleicht schon in den Händen der ungarischen Revolutionäre befand. Außerdem konnten diese Depeschen natürlicherweise von den Italienern gelesen werden. Das gleiche galt für die Funksprüche, die über das Comando Supremo unmittelbar über die Radiostation Laaerberg an das österreichische Armeeoberkommando durchgegeben wurden. In der Fronttelegraphenstation Trient hingegen befand sich ein Hughes-Drucktelegraph, der Sende- und Empfangseinrichtung in einem einzigen Gerät vereinigt und bei dem der eingelangte Text unmittelbar von einem Streifen abgelesen werden kann. Nur von Trient aus konnten geheime Nachrichten an das Armeeoberkommando nach Baden übermittelt werden.

15 Uhr. In dieser Sitzung ersucht General Weber energisch, die Feindseligkeiten auf beiden Seiten so rasch wie nur möglich einzustellen. Badoglio erklärt, daß er diesen Vorschlag zwar von menschlichen Erwägungen aus billige, aber an die Weisungen des Obersten Kriegsrates gebunden sei. Daran schließt sich eine Debatte, wie der in Klausel 1 enthaltene Ausdruck „Cession immédiate des hostilités" zu verstehen sei. Während Weber der Ansicht ist, daß die Feindseligkeiten beiderseits sofort einzustellen seien, vertrat Badoglio die Ansicht, daß für den Beginn der Waffenruhe ein bestimmter Zeitpunkt festgelegt werden müsse, etwa zwölf Stunden nach Unterzeichnung des Waffenstillstandsvertrages.

General Weber protestiert gegen diese willkürliche Auslegung des Begriffes „immédiate". Doch Badoglio beharrt auf seinem Standpunkt. Damit wird die Festlegung eines Termines für die Waffenruhe in den Händen Badoglios zu einem entscheidenden Druckmittel. Außerdem wird damit die Entscheidung über den Zeitpunkt, an dem die Feindseligkeiten an der Front eingestellt werden sollen, General Weber zugeschoben, kurz gesagt: Wenn ihr Österreicher wollt, daß an der Front nicht mehr geschossen wird, dann unterschreibt! Das ist für die österreichische Abordnung eine völlig neue Situation. Weber ersucht, Fregattenkapitän Prinz Liechtenstein nach Trient entsenden zu können, um das Armeeoberkommando über diese Meinungsverschiedenheit zu unterrichten.

2. November, 19 Uhr. Badoglio berichtet, daß der Oberste Kriegsrat endgültig den Zeitpunkt für den Beginn der Waffenruhe mit einer Frist von 24 Stunden nach Abschluß des Waffenstillstandsvertrages festgelegt habe. Das Comando Supremo sei jedoch bereit, diese Frist insoweit abzukürzen, als man den Beginn der 24stündigen Frist, statt nach erfolgter Unterschrift aller Dokumente, bereits von dem Zeitpunkt an laufen ließe, an dem die österreichische Kommission erkläre, die gestellten Bedingungen anzunehmen. Dies war ein geschickter Schachzug Badoglios, um General Weber noch stärker unter Druck setzen zu können.

Nach achtstündigen Beratungen wurde die Sitzung beendet, ohne daß es zu einer klaren Entscheidung gekommen wäre. General Diaz stellte die weiteren Termine; denn noch waren die strategischen Ziele nicht erreicht.

WALDSTÄTTEN GIBT DEN FEUEREINSTELLUNGSBEFEHL

Trotz der äußerst schwierigen Nachrichtenübermittlung hatte General Weber alles versucht, um das Armeeoberkommando über seine Verhandlungen mit den Italienern zu unterrichten. Insbesondere hatte er mit Nachdruck auf jene Auslegung hingewiesen, die das ominöse „Cession immédiate hostilités" von Seiten des Obersten Kriegsrates erfahren hatte. Bereits am 1. November mittags war Oberst Schneller, der selbst dem Armeeoberkommando angehörte, nach Trient gefahren, um General Arz über die von den Alliierten gestellten Bedingungen für einen Waffenstillstand mittels Fernschreiben zu unterrichten. Am 2. November mittags konnte auch Prinz Liechtenstein seine Meldung über den Hughesapparat durchgeben. Außerdem hatte General Weber am 2. November um 22 Uhr einen Funkspruch über die Festsetzung einer 24stündigen Frist für die Waffenruhe an das Armeeoberkommando übermittelt. Dieser Funkspruch, den der italienische Oberst Gazzera durchgeführt hatte, war über die Radiostationen Pola, Budapest und Laaerberg am 3. November um 13 Uhr 18 in Baden eingelangt. Sowohl General Arz wie auch der Kaiser selbst waren sich also völlig im klaren, daß die Italiener auf keinen Fall sofort einer beiderseitigen Waffenruhe zustimmen würden, schon deshalb nicht, weil sie dabei an die Weisungen des Obersten Kriegsrates in Paris gebunden waren.

In Wien bestanden damals zwei Regierungen, die vom Kaiser bestellte österreichische Regierung, geführt von Professor Heinrich Lammasch, dem bekannten Völkerrechtslehrer, und die Regierung des österreichischen Staatsrates, die von der provisorischen Nationalversammlung berufen worden war, um die Interessen der 10 Millionen Deutschen Österreichs wahrzunehmen. Als aus Trient die Nachricht über die von den Alliierten gestellten Bedingungen für einen Waffenstillstand eintrafen, berief der Kaiser in der Nacht vom 2. auf den 3. November den

Kronrat nach Schönbrunn, an dem auch General Arz teilnahm. Obwohl General Weber eindeutig die Auffassung der Alliierten über die „unmittelbare Einstellung der Feindseligkeiten" klar gemacht hatte, wurde diese Darlegung trotzdem im Kronrat angezweifelt, weil sie dem Wortlaut nicht entsprach. Dies ist der Punkt, von dem aus sich alle Unklarheiten und Widersprüche dieses Tages erklären lassen. General Arz hatte sich die Auffassung Waldstättens zu eigen gemacht. „Was heißt dieses ‚unmittelbar'?" erklärte Waldstätten, „es besteht kein Zweifel, was dieses ‚unmittelbar' zu bedeuten hat, nämlich: unverzüglich, noch in derselben Stunde! [68]." Arz beschwor den Kaiser, die Feindseligkeiten sofort einstellen zu lassen und General Weber entsprechende Weisungen zu erteilen, nachdem die Lage der Armee durch den Abzug der ungarischen Truppen keine andere Möglichkeit offen lasse. Allerdings, es fragte sich, ob die Alliierten diesen Ausdruck nicht anders, das heißt als einen Teil des abzuschließenden Waffenstillstandsvertrages auffassen würden. Das würde bedeuten, daß das Feuer erst mit Inkrafttreten eines Vertrages über den Waffenstillstand einzustellen wäre. Nach der Ansicht aber, die sich in dieser Sitzung des Kronrates durchsetzte, handelte es sich bei der von den Alliierten geforderten Einstellung der Feindseligkeiten um die Vorbedingung, damit ein derartiger Vertrag überhaupt abgeschlossen werden könne. Diese Forderung war sofort zu erfüllen, um möglichst rasch zu einem Vertragsabschluß zu kommen.

Der Kaiser hatte sich wenige Stunden zuvor bemüht, für die notwendig gewordene Entscheidung auch die Zustimmung der Repräsentanten des neuen Österreich zu erlangen und hatte die fünf Mitglieder des österreichischen Staatsrates zu sich berufen. Diese Zusammenkunft stand unter einem unglücklichen Stern. Viktor Adler, der Führer der Sozialisten, erlitt auf der großen Stiege im Schloß Schönbrunn einen Herzanfall und konnte sich nur allmählich erholen, — er ist zehn Tage später gestorben. Der Kaiser teilte mit, daß er nach wie vor entschlossen sei, seine Bündnispflicht gegenüber Deutschland zu erfüllen und falls die Entente über österreichisches Gebiet über die deutschen Grenzen vorzustoßen versuche, dies an der Spitze deutsch-österreichischer Regimenter verhindern würde, ein Entschluß, von dem wohl alle Mitglieder des Staatsrates überzeugt waren, daß er bei der katastrophalen Lage, in der sich die k.u.k. Armee befand, undurchführbar war. Die Mitglieder des Staatsrates weigerten sich, die Verantwortung für den Abschluß eines Waffenstillstandes zu übernehmen. Es kam zu einer heftigen Kontroverse zwischen Viktor Adler und dem Kaiser.

Viktor Adler: „Wir haben diesen Krieg nicht begonnen und sind daher auch nicht für die Form, in der er beendet wird, verantwortlich."

Der Kaiser: „Ich habe diesen Krieg ebenso wenig begonnen wie Sie, aber ich habe immer versucht, ihn zu beenden. Aber Sie, meine Herren, haben mich bei meinen Friedensbemühungen niemals unterstützt [69]."

Nachdem eine Zustimmung des österreichischen Staatsrates nicht zu erlangen war, entschloß sich der Kaiser, in eigener Verantwortung zu handeln und erteilte General Arz den Befehl, den beiden Heeresgruppen, Erzherzog Josef in Bozen und General Boroevic in Velden, mitzuteilen, daß die Feindseligkeiten sofort einzustellen seien, um möglichst rasch zu einem Waffenstillstandsvertrag zu kommen. Dies geschah am 3. November 1 Uhr 45 nachts. Glaise-Horstenau, der zuverläßlichste Chronist dieser Tage, schildert eingehend diese dramatische Szene. Nach diesem Gespräch mit dem Kaiser ruft Arz Waldstätten in Baden an: „Du, Waldstätten, paß genau auf, was ich jetzt sage: Die Waffenstillstandsbedingungen der Entente werden angenommen. Alle Feindseligkeiten sind sofort einzustellen [70]."

Waldstätten setzte den Termin für die Einstellung der Feindseligkeiten mit 3. November 3 Uhr 55 fest. Er verständigte davon die beiden Heeresgruppen sowie Oberst Schneller, der in Trient noch immer auf Nachricht wartete. Ein Funktelegramm wurde auch direkt an General Weber gerichtet.

Damit wurden von österreichischer Seite die Kampfhandlungen an der italienischen Front beendet. Österreich beraubte sich damit der letzten Chance, um noch in das Geschehen dieser Tage eingreifen zu können und lieferte sich freiwillig dem Feinde aus. Daß ein Befehl, das Feuer einzustellen, nur sinnvoll ist, wenn er mit dem Gegner vereinbart und von beiden Seiten angenommen und eingehalten wird, wurde nicht in Betracht gezogen. Dies ist ein Beweis für die Verwirrung, in der man sich in diesen Tagen sowohl in Schönbrunn wie in Baden befand, auch ein Beweis für die wenig überzeugende Haltung, die der österreichische Generalstabschef, General Arz, in dieser Situation eingenommen hat. Die Auffassung, die General Arz nachträglich geäußert hat, man habe bei der Sitzung des Kronrates gehofft, auf Grund des kaiserlichen Befehles würde auch die italienische Armee sofort das Feuer einstellen, zeigt nur, wie wenig man dort mit den tatsächlichen Verhältnissen vertraut war. Arz erklärt: „Es schien Waldstätten, der unmittelbar unter dem Eindruck aller von der Kampffront einlangenden Nachrichten stand, unbedingt notwendig, die Einstellung der Feindseligkeiten in der Instruktion an General Weber zum Ausdruck zu bringen." [71]

Mit dieser Äußerung schob Arz die Schuld an diesem Befehl, durch den 350.000 österreichische Soldaten in italienische Gefangenschaft gerieten, Waldstätten zu. Tatsächlich mußte sich Waldstätten später vor einem parlamentarischen Ausschuß rechtfertigen, der entsprechend einem Gesetz des deutschösterreichischen Nationalrates zusammengetreten war, um die Vorgänge bei diesen Verhandlungen aufzuklären, Schuldige festzustellen und einer gerechten Strafe zuzuführen. Dieser, von Universitätsprofessor Dr. Alexander Löffler, dem bekannten Strafrechtslehrer, geleitete Ausschuß, dem durchwegs Zivilisten, angesehene Männer des allgemeinen Vertrauens angehörten, legte Waldstätten eine Reihe von Fragen vor. Waldstätten berichtete: „Wir warteten im AOK auf Nachricht von General Weber. Um Null Uhr 30 des 3. November erschienen auf dem Hughesstreifen die Worte: ‚Sofortige Einstellung der Feindseligkeiten.' Sofort, das hieß unmittelbar, noch in gleicher Stunde. Wenn der Gegner diesen Punkt loyal durchgeführt hätte, wäre unser Entschluß vom Standpunkt der Vernunft und der Menschlichkeit als das zweckmäßigste erschienen. Wir vertrauten den Worten Badoglios (Dies war unrichtig, denn Badoglio hatte niemals dafür sein Wort gegeben, im Gegenteil, er hatte den Vorschlag General Webers, in beiderseitigem Einvernehmen einen Waffenstillstand abzuschließen, eindeutig abgelehnt). Es gab keine Monarchie mehr, keinen Kampfzweck, kein Kriegsziel. Wozu hätte man noch Tausende bluten lassen sollen? Verluste haben wir gehabt, aber nur einen Bruchteil dessen, was wir bei einer Fortsetzung des Kampfes an Verlusten gehabt hätten [72]."

Der parlamentarische Untersuchungsausschuß stellte fest, daß Waldstätten zwar eigenmächtig gehandelt habe, zog aber die Anklage gegen ihn zurück.

Ein Zustand trat ein, wie ihn die Kriegsgeschichte bisher noch nicht kannte: Einer der beiden kriegführenden Teile hat nicht etwa kapituliert und den Krieg für beendet erklärt, sondern lediglich an der bestehenden Front das Feuer eingestellt. Der andere kriegführende Teil aber nimmt diese Feuereinstellung, die den Gegner praktisch wehrlos macht, nicht zur Kenntnis, sondern führt den Kampf mit massiertem Einsatz seiner Artillerie und mit gewaltsamen Vorstößen und Angriffen seiner Elitetruppen und Vorhuten weiter.

Formell erklärten die Italiener, sie seien durchaus im Recht. Ein Befehl, das Feuer einzustellen, kann, wenn er zu einer tatsächlichen Waffenruhe führen soll, niemals einseitig erklärt werden. Nur durch gegenseitiges Einvernehmen und gemeinsame Festlegung eines Termines wird ein Feuereinstellungsbefehl sinnvoll. Dem Comando Supremo kam dieser sonderbare Befehl zunächst sehr ungelegen. Daß dieser Gegner tatsächlich vorzeitig die Waffen niederlegte, war an sich fatal. Zwar bot sich damit eine einzigartige Chance, die gesteckten Ziele ohne großes Risiko zu erreichen, andererseits aber konnte damit der Sieg der italienischen Waffen angezweifelt werden. Es geschah daher von italienischer Seite aus einerseits alles, um diese einzigartige Chance zu nützen, zugleich aber verschwieg man andererseits geflissentlich, daß man bei diesem Siege keinen Gegner mehr vor sich habe. Man tat, als wäre nichts geschehen. Man hat „einen toten Mann erschlagen" und ihn erst nachträglich für tot erklärt.

Ohne Zweifel hätten die deutschen Truppen der k.u.k. Armee zum größten Teil auch am 3. November noch weitergekämpft, obgleich sie wußten, daß ihre Situation aussichtslos geworden war, sie hätten gekämpft, weil sie spürten, daß es jetzt um das Schicksal ihrer Heimat, um das Schicksal Tirols ging. Dieser Kampf, daran ist nicht zu zweifeln, hätte von der völlig erschöpften Truppe noch ungeheure Opfer gefordert. Insoweit hatte Waldstätten recht: Der Befehl zur Einstellung des Feuers, auch wenn sich die Italiener nicht daran hielten, ersparte der Truppe dieses letzte, äußerste Opfer.

Glaise-Horstenau hat darüber ein sehr zutreffendes Urteil ausgesprochen: „Das italienische Oberkommando hätte es leicht gehabt, nach der österreichischen Feuereinstellung der veränderten Lage Rechnung zu tragen. So aber hielten sich die Italiener mit einer Gründlichkeit, die nicht zu überbieten war, an die Erfüllung des Buchstabens. Unbekümmert um die Proteste Webers erteilten sie an alle zur Verfolgung angesetzten Heersäulen den strikten Auftrag, sich weder durch die verdutzten Gesichter der gegnerischen Streiter noch durch ihre Entrüstung aufhalten zu lassen, sondern alle österreichisch-ungarischen Truppenteile, die bis zum 4. November 15 Uhr überholt worden waren, unbarmherzig in Gefangenschaft abzuführen [73]."

162

Die im höchsten Maße tragische Szene in Schönbrunn hatte noch in der gleichen Nacht ein makabres Nachspiel, das zwar für den weiteren Verlauf der Ereignisse ohne Einfluß blieb, aber für die allgemeine Panik, die in der Umgebung des Kaisers herrschte, typisch war. Dem Kaiser waren, kurz nachdem Arz Schönbrunn verlassen hatte, Bedenken gekommen, ob es richtig gewesen sei, ohne Zustimmung des österreichischen Staatsrates die von den Alliierten gestellten Bedingungen anzunehmen. Um diese Zustimmung vielleicht doch noch erreichen zu können, brauchte der Kaiser Zeit. General Arz wurde nach Schönbrunn zurückbeordert. Der Kaiser erklärte ihm, daß er die zuvor gegebenen Befehle widerrufe. Die an die Fronttruppe ergangenen Weisungen für eine Feuereinstellung seien sofort zurückzuhalten. Dies geschah um zwei Uhr morgens.

Arz setzte sich sofort mit Waldstätten in Verbindung. Dieser aber erklärte ihm, die Depeschen an die Heeresgruppen und die einzelnen Armeen seien bereits abgegangen. Nur das für General Weber bestimmte Radiotelegramm könne noch zurückgehalten werden.

Die kämpfende Truppe hatte von diesen Vorgängen selbstverständlich keine Ahnung. Für sie galt nur der Befehl. In den Morgenstunden des 3. November, da etwas früher, dort etwas später, erreichte auch die Soldaten in den hochgelegenen Bergstellungen der Tiroler Front der Befehl, das Feuer auf die feindlichen Stellungen einzustellen. Der Hornist blies „Habt acht!" und dann erklang jenes unbeschreiblich schöne Signal, auf das man vier Jahre lang gewartet hatte: „Abgeblasen!" Weiße Fahnen tauchten auf. Die Soldaten sprangen auf die Deckungen und schwenkten ihre Mützen. Waffenstillstand war eine gute Sache. Der Krieg war zu Ende. Gewiß dachten die Italiener drüben ähnlich. An einzelnen Stellen der Front, vor allem dort, wo die Italiener nur mangelhaft über die Vorgänge unterrichtet waren, in einsamen, abgelegenen Gipfelstellungen, kam es zu Verbrüderungsszenen. „Evviva la pace!" — „Es lebe der Friede!"

3. November 8 Uhr morgens, Gardasee. Unsere Hochgebirgskompanie hält noch immer die Stellungen in den hohen, unmittelbar über dem See aufragenden Felswänden besetzt. Eben ist die Nachricht durchgekommen, daß mit den Italienern ein Waffenstillstand abgeschlossen worden sei. Das Feuer auf die gegnerischen Stellungen sei sofort einzustellen. Während wir in heftigen Streit geraten, ob diese Nachricht wirk-

lich zutreffend sei und die Zweifler schon die Oberhand zu gewinnen glauben, vollzieht sich vor unseren Augen ein ungewohntes Schauspiel. Nahezu ein Jahr lang hielten wir die Stellungen über dem Gardasee, aber noch niemals haben wir auf dem See ein Boot gesehen. Und nun — wir trauen unseren Augen nicht! — flitzt da unten eben ein Motorboot aus dem kleinen Hafen von Riva hinaus. Und dann, wir sehen es alle: Das Boot führt eine große, weiße Flagge und wir hören, wie der Hornist vorne am Bug den Generalmarsch bläst. Also ist es doch wahr. Es wird verhandelt. Ein unvergeßliches Bild, wie das schlanke Boot in den See hinausschießt, der bisher sozusagen als „Niemandsland" zwischen beiden Fronten lag. Ich reiße das Fernglas an die Augen. Das Boot hält direkt auf Malcesine zu, wo sich, wie wir wissen, das italienische Divisionskommando befindet. Alle unsere Hoffnungen begleiten dieses Boot, gewiß auch die Hoffnungen der anderen drüben. Wir alle aber, hüben und drüben, haben den Krieg satt, wir haben auf diesen Augenblick gewartet. Nun ist es endlich so weit. Das Boot ist jetzt knapp vor Malcesine. Da — was soll das bedeuten? Das Boot wird unter Feuer genommen. Maschinengewehre knattern. Das Boot wendet. Die italienische Artillerie beginnt auf das Boot zu schießen. Die Aufschläge liegen ganz knapp. Fontänen jagen hoch. Im Zickzackkurs rast das Boot zurück.

„Hier stimmt etwas nicht", sagt einer.

Dieser Ansicht sind wir alle. Doch ein anderer meint: „Hauptsache, wir kommen endlich heim."

„Heim?" nimmt Leutnant Vaverka, unser Tscheche, das Wort auf, der den besten Instinkt für das hat, was kommen wird, „heim? — da liegt noch viel dazwischen."

DRAMATISCHER ABSCHLUSS IN VILLA GIUSTI

3. November. Um 13 Uhr 30 trifft der nach Trient entsandte Oberst Schneller mit Hauptmann Ruggera und Fregattenkapitän Prinz Liechtenstein in der Villa Giusti ein. Oberst Schneller erstattet General Weber über seine abenteuerliche Mission Bericht: Um 1 Uhr früh war die Nachricht gekommen, daß die Bedingungen der Alli-

ierten angenommen worden seien und die Feindseligkeiten um 3 Uhr 55 früh eingestellt werden müßten. Schneller verläßt mit seinen Begleitern sogleich Trient, um so rasch wie möglich General Weber zu erreichen. Aber im Etschtal wird gekämpft. Also durch das Val Sugana. Doch die Straßen sind vom rückflutenden Train verstopft. Nur mühsam gelingt es, vorwärts zu kommen. Schneller erreicht das Kommando der 11. Armee, das sich in Acquaviva einquartiert hat. Als sich Oberst Schneller um 4 Uhr 30 morgens bei General Sündermann, dem Generalstabschef der 11. Armee meldet, teilt ihm dieser mit, eben sei ein Gegenbefehl eingetroffen, Oberst Schneller habe mit seinen Begleitern nach Trient zurückzukehren und dort weitere Weisungen abzuwarten.

Oberst Schneller erklärt, daß jeder Zeitverlust unbedingt vermieden werden müsse, um die italienische Armee auch ihrerseits zur Einhaltung der Feuereinstellung zu bringen. Sündermann depeschiert an Waldstätten: „Oberst Schneller bittet dringend, nicht zurückgerufen zu werden, da er über die Situation gut orientiert sei und bei General Weber unbedingt erforderlich wäre."

Waldstätten antwortet um 5 Uhr früh: „Oberst Schneller darf nach eigenem Ermessen fahren, sich aber nicht auf den Operationsbefehl 2100 — dies war der Befehl zur Annahme der Waffenstillstandsbedingungen — berufen. Dieser Befehl ist sofort zu vernichten [74]."

Um die total verworrene Situation zu klären, entschließt sich Oberst Schneller zu einem eigenmächtigen Schritt und teilt General Weber den Inhalt der Geheiminstruktion mit, fügt allerdings hinzu, daß dieser Befehl inzwischen vom Armeeoberkommando widerrufen worden sei.

Dazu der Standpunkt General Webers: „Eine klare Weisung zur Annahme oder Ablehnung dieses Vertrages liegt also nicht vor. Die von den Italienern gestellte Frist läuft um Mitternacht ab. Militärisch könnte die Situation noch durch das Eingreifen frischer, disziplinierter Truppen geändert werden. Doch solche sind nicht vorhanden. Mit einer rechtzeitigen Unterstützung durch die Deutschen ist nicht zu rechnen. Die Zahl der Gefangenen geht bereits in die Zehntausende. Politisch ist die Lage völlig unhaltbar geworden. Es bleibt also nichts übrig, als den Waffenstillstandsvertrag so rasch wie möglich zu unterfertigen, um weitere Verluste zu vermeiden [75]."

15 Uhr. General Weber vereinbart mit Badoglio eine Vollsitzung beider Kommissionen. Blaß, hochaufgerichtet, doch mit fester Stimme gibt General Weber unter tiefem Schweigen aller Anwesenden folgende Erklärung ab, die von Oberstleutnant Seiller ins Italienische übersetzt wird: „Ich beehre mich, Eurer Exzellenz zur Kenntnis zu bringen, daß das k.u.k. Armeeoberkommando in den ersten Morgenstunden des 3. November mit Funktelegramm befohlen hat, die Waffenstillstandsbedingungen anzunehmen. Gleichzeitig wurde den Truppen der Befehl erteilt, die Feindseligkeiten einzustellen. Kraft der mir vom k.u.k. Armeeoberkommando verliehenen Vollmacht erkläre ich, daß ich die vom ‚Conseil supérieur de guerre‘ in Versailles am 31. Oktober 1918 festgesetzten Waffenstillstandsbedingungen annehme."

Badoglio blickt auf seine Armbanduhr. „Es ist jetzt 15 Uhr 15. Setzen wir den Zeitpunkt für diese Erklärung auf 15 Uhr fest. Demnach wird der Waffenstillstand morgen 4. November 15 Uhr mit der Einstellung der Feindseligkeiten in Kraft reten [76]."

Badoglio läßt durch Oberst Gazzea das „Comando Supremo" und den Obersten Kriegsrat in Paris von dieser offiziellen Erklärung verständigen.

Da erhebt sich Korvettenkapitän Zwierkowski. Es kommt zu einem dramatischen Auftritt. Zwierkowski, der italienisch spricht, erklärt, er müsse seine eigene Verantwortlichkeit von der General Webers trennen, denn er könne, nachdem österreichischerseits bereits das Feuer eingestellt sei, diese 24-Stunden-Frist nicht anerkennen. Schneller, Ruggera und Prinz Liechtenstein, die mit eigenen Augen gesehen haben, welches Unheil an der Front durch dieses einseitige Vorgehen herbeigeführt worden ist, schließen sich der Erklärung Zwierkowskis an. Oberst Schneller erklärt außerdem, die Abmachung über diese 24-Stunden-Frist sei in seiner Abwesenheit erfolgt und daher für ihn nicht bindend.

Badoglio, der sich, sichtbar erregt, lange zurückgehalten hat, springt auf und schlägt mit der Faust auf den Tisch: „Genug! Ich bin hierhergekommen, um als Soldat loyal mit Soldaten zu diskutieren, nicht aber um über Ausflüchte und Spitzfindigkeiten zu tüfteln.

VIII.- Occupation par les Alliés et les Etats Unis d'Amérique des forti-
fications de terre et de mer, et des Iles constituant la défense
de Pola, ainsi que des chantiers et de l'Arsenal.

IX .- Restitution de tous les navires de commerce des Puissances Alliées
et Associees détenus par l'Autriche-Hongrie.

X.- Interdiction de toute destruction des navires ou de matériel avant
évacuation, livraison ou restitution.

XI.- Restitution, sans réciprocité, de tous les prisonniers de guerre des
Marines de guerre et de commerce des Puissances alliées et associées
au pouvoir des austro-hongrois.

━━━━━━━━━

On reconnait l'adjonction de cinq mots écrits par main dans la première page

Les plénipotentiaires soussignés, dûment autorisés
déclarent d'approuver les conditions sus-indiquées.

3 Novembre 1918

423

Les Représentants du
Commandement Sûpreme
de l'Armée Austro-Hongroise

Les Représentants du
Commandement Sûpreme
de l'Armée Italienne

Schlußprotokoll des Waffenstillstandsvertrages vom 3. 11. 1918
(Auszug)

Unter diesen Umständen haben wir hier nichts mehr zu tun." Und zu Oberst Gazzera gewendet: „Herr Oberst gehen Sie sofort zum Telephon und annullieren Sie die vorher durchgegebene Mitteilung. Verständigen Sie Versailles, daß die Verhandlungen mit der österreichischen Kommission endgültig gescheitert sind. Meine Herren, der Krieg geht weiter [77]."

Tatsächlich stehen die Verhandlungen auf des Messers Schneide. Da greift Oberstleutnant Seiller ein, der nicht nur ein hervorragender Soldat, sondern auch ein erfahrener Diplomat ist. „Zum Erklären ist jetzt keine Zeit mehr, Herr General", flüstert er Weber zu, der kein Italienisch versteht und sich daher über diese äußerst kritische Situation nicht völlig klar ist, „bitte lassen Sie mich jetzt reden [78]." Seiller bietet alle Überredungskunst auf, um Badoglio zu überzeugen, daß keiner dieser Herren das Recht habe, die Legalität der in der Nachtsitzung vom 2. auf den 3. November getroffenen Vereinbarung zu bestreiten. Sie seien selbstverständlich in Kraft, da sie der Vorsitzende der österreichischen Kommission eben feierlich angenommen habe. Nur seine Erklärung allein, nicht aber die der einzelnen Mitglieder, sei maßgebend und rechtsverbindlich.

Badoglio fragte: „Erklären sich diese drei Mitglieder Ihrer Kommission mit Korvettenkapitän Zwierkowski einverstanden — ja oder nein?" Oberst Schneller, der sich mittlerweile die Sache doch überlegt hat, bespricht sich mit Ruggera und Prinz Liechtenstein und erklärt: „Nein.[79]" General Weber erklärt, daß Korvettenkapitän Zwierkowski die Frage lediglich von einem rein persönlichen Standpunkt betrachtet habe. Tatsächlich bestand unter österreichischen Marineoffizieren der Plan, die österreichische Flotte aus den dalmatinischen Häfen in ein neutrales Land zu bringen, wobei man besonders an Spanien dachte. Zwierkowski, der inzwischen wohl erkennen mußte, daß dieser Plan undurchführbar ist, entschuldigt sich. Damit ist dieser Zwischenfall beigelegt. Badoglio schickt einen Offizier zu Oberst Gazzera, der noch am Telephon beschäftigt ist, um die eben erteilte Weisung zu widerrufen und zu veranlassen, daß die ursprünglich gegebene Meldung abgesendet wird.

18 Uhr 20. Nachdem beide authentischen Ausfertigungen des Protokolls verglichen und verifiziert sind, wird der Vertrag von beiden Parteien unterschrieben.

168

DIAZ PROKLAMIERT DEN „SIEG"
VON VITTORIO VENETO

Diaz verstand es, diese sechsunddreißig Stunden, in denen man Krieg führen konnte, ohne von einem Feind daran gehindert zu werden, nach Kräften zu nutzen. Nach italienischer Auffassung wird bei einer Darstellung der Schlacht von Vittorio Veneto kein Unterschied gemacht, ob ein Feind noch vorhanden war oder nicht. Für Italien hat diese Schlacht am 28. Oktober begonnen und am 4. November 15 Uhr geendet. Militärisch gesehen ist es aber völlig unrichtig, beide Phasen dieser Schlacht einfach zu addieren. Tatsächlich war die Schlacht von Vittorio Veneto am 3. November 3 Uhr 55 früh zu Ende. Was dann folgte, war keine kriegsmäßige Handlung mehr, sondern nur die geschickte Ausnützung einer Situation, die an sich politische Ursachen hatte.

Um diese Situation auszunützen und in der gestellten Frist möglichst viel zu erreichen, stellte das Comando Supremo fliegende Kolonnen auf, aus motorisierten Infanterieeinheiten bestehend. Alles, was auf Rädern lief, wurde nach vorne geworfen. Entscheidend waren die Straßen, während man die Bergstellungen einfach ignorierte. Diaz kopierte in diesen Stunden gewissermaßen die Methode des „Talstoßes", die den österreichischen und deutschen Truppen bei Karfreit jenen einzigartigen Erfolg gebracht hatte.

Der Befehl, sich zurückzuziehen, kam, wenn er überhaupt kam, von den österreichischen Kommandostellen meist viel zu spät, so daß der größte Teil der Truppen, die sich noch in den Bergstellungen befanden, abgeschnitten wurde. Dafür nur ein Beispiel: Als unsere Hochgebirgskompanie in ihren Stellungen bei Riva am Gardasee diesen Befehl erhielt — zwei inhaltsschwere Worte nur: „alles zurück" —, befanden sich die Italiener bereits in dem 42 km hinter unserer Front gelegenen Trient. Dabei gab es für uns keinen anderen Weg, um nach Hause zu kommen, als über Trient abzumarschieren. Dabei handelte es sich größtenteils um die deutschen Truppen der österreichischen Armee, die in den folgenden Tagen meist geschlossen in Gefangenschaft marschierten. Damit aber wurde der Kern eines möglichen Widerstandes ausgeschaltet. Dies mag der Grund sein, weshalb in jenen Tagen von keiner Seite der Gedanke erwogen wurde, bei Salurn an der Südgrenze des deutschen Tirols, eine neue Widerstandslinie aufzubauen.

In den frühen Morgenstunden des 3. November, also bereits während der Waffenruhe, rückten italienische Vorhuten, von Rovereto aufbrechend, in Calliano ein und stießen in den Raum von Trient vor. Die Lage auf der Hochfläche von Folgaria war damit unhaltbar geworden. Hier stand das 3. und 14. Korps. Durch diesen Vorstoß im Etschtal wurde diesen Truppen der Rückweg nach Trient abgeschnitten. Am Nachmittag des 3. November wurde die auf der Straße von San Sebastiano nach Vattaro abziehende Kaiserjägerdivision von italienischen Truppen überholt. General Verdroß, der „Kaiserjägervater", der Freud und Leid mit seinen Soldaten geteilt hatte, geriet mit dem Stab des 14. Korps in Gefangenschaft.

Am 3. November um 15 Uhr erreichte italienische Kavallerie, der die britischen Truppen den Vorrang gegeben hatten, die Stadt Trient. Während alle Kirchenglocken zu läuten begannen, ritten die ersten italienischen Schwadronen, von der Bevölkerung mit überschwenglichem Jubel begrüßt, in die Stadt ein. Auf dem Doss di Trento, der die Stadt überragt, wurde feierlich die Trikolore gehißt. Im Hofe des Kastells legte der italienische Kommandant an der Stelle, an der Cesare Battisti hingerichtet worden war, einen riesigen Lorbeerkranz nieder. Nahezu zur gleichen Stunde landeten italienische Bersaglieri, die über die Adria herangebracht worden waren, im Hafen von Triest und nahmen die Stadt kampflos in Besitz.

Inzwischen drangen italienische und britische Verbände im Etschtal weiter nach Norden vor. Am 4. November um 15 Uhr, in der Stunde, in der auch die italienischen Truppen das Feuer einstellten und der Vertrag über den Waffenstillstand in Kraft trat, hatten italienische Vorhuten bereits Salurn erreicht, während die über Nonsberg und Sulzberg vorrückenden italienischen Truppen schon auf der Mendel standen und bei Schluderns in den Vintschgau vordrangen. Das Comando Supremo bestimmte eine durch den Ort Gandolo, der 5 km nördlich von Trient liegt, laufende Linie als Demarkationslinie. Alle österreichischen Truppen, die sich zum Zeitpunkt des Waffenstillstandes nördlich dieser Linie befanden, konnten ungehindert abziehen. Was südlich dieser Linie stand, wurde gefangen genommen.

Am gleichen Tage, dem 4. November 1918, veröffentlichte General Diaz einen Heeresbericht, mit dem er den Abschluß der Schlacht von Vittorio Veneto meldete und den Sieg der italienischen Waffen feierlich proklamierte. Tatsächlich trug das, was Diaz zu melden hatte, alle

Kennzeichen eines großen militärischen Erfolges an sich. Die feindliche Armee wurde geschlagen und vernichtet. 436.674 Kriegsgefangene wurden eingebracht. Weite Gebiete feindlichen Landes wurden erobert und besetzt.

Aber die Männer, die jene Tage miterlebt hatten und Augenzeugen dieser Vorgänge waren, wußten, was wirklich geschehen war. Von den Kriegsgefangenen, die Diaz meldete, war der weitaus größte Teil — wie sich später herausstellte, 350.000 Mann — erst nach der Feuereinstellung gefangen genommen worden. Völkerrechtlich handelte es sich bei ihnen nicht um Kriegsgefangene, sondern um Internierte. Österreichisches Gebiet, sowohl am Karst, an der Adria und auch in Tirol, wurde von italienischen Truppen erst nach der Feuereinstellung kampflos besetzt. Diese Gebiete wurden nicht erobert, sondern nur kampflos besetzt.

Aber Italien brauchte einen Sieg, um den italienischen Staatsmännern auf der kommenden Friedenskonferenz eine möglichst gute Ausgangsposition zu verschaffen. Wenngleich es nicht restlos gelang, die Alliierten von diesem Siege zu überzeugen, war es wichtig, einzelne Gebiete als Faustpfänder in der Hand zu halten; denn es ließ sich leichter über die Abtretung von Gebieten sprechen, die von den eigenen Truppen besetzt waren als über Gebiete zu reden, zu deren Abtretung der Feind erst gezwungen werden mußte. Je mehr Land man bei Kriegsende in der Hand hielt, um so mehr Aussicht bestand, dieses Land tatsächlich in Besitz nehmen zu können.

Der Faschismus erhob später „Vittorio Veneto" zu einem nationalen Mythos, auf den das Geschichtsbild des neuen Italien abgestimmt wurde. Zu diesem Zweck wurden an der geschichtlichen Wahrheit noch heftige Korrekturen vorgenommen. „Vittorio Veneto" wurde zur Bezeichnung eines Sieges, der die militärischen Erfolge anderer Nationen weit überstrahlte. Weder Franzosen noch Briten, auch nicht Amerikaner, haben den ersten Weltkrieg siegreich beendet, so hieß es, sondern jene Italiener, die mit „Vittorio Veneto" die letzte Schlacht dieses Krieges geschlagen haben. In unzähligen Festen wurde die Erinnerung an diesen Sieg gefeiert. Selbst die Teilnehmer an diesem Geschehen, die eigentlich die Wahrheit kennen mußten, begannen ihre persönlichen Eindrücke und Erlebnisse auf dieses verpflichtende Geschichtsbild abzustimmen.

Allerdings bei dem Gedanken an „Vittorio Veneto" schwingt bei Italienern nach wie vor ein gewisses Unbehagen mit. Unterschwellig sind die Auffassungen, wie sie Giovanni Prezzolini in seiner mutigen Schrift vertreten hat, in weiten Kreisen latent geblieben. Der italienische Schriftsteller Paolo Monelli, ein ehemaliger Alpinioffizier, erklärte anläßlich der Fünfzigjahrfeier von „Vittorio Veneto": „Keiner der Werte oder Mythen, für die wir Jungen damals den Krieg auf uns nahmen und die uns über das traurige Schicksal trösteten, an diesem Kriege teilnehmen zu müssen, ist heute noch gültig." Und beim gleichen Anlaß demonstrierten in Trient und Bozen junge Italiener gegen die offiziellen Siegesfeiern und erklärten: „Kein Festtag, sondern ein Trauertag! Der Sieg der wenigen bedeutet die Niederlage aller anderen [80]."

SÜDTIROL KAMPFLOS BESETZT

Nicht die Politiker, sondern die Generäle der Alliierten sprachen in diesen Tagen das entscheidende Wort. Es ging ihnen nicht um Österreich, sondern um Deutschland, das, wie man befürchtete, an Rhein und Mosel noch hartnäckigen Widerstand leisten würde. Damit wurde der Plan, den Marschall Foch entworfen hatte, Deutschland von Tirol, Salzburg und Böhmen aus anzugreifen, aktuell. In Tirol hatten die Italiener nun freie Hand, um so schnell wie nur möglich die Alpenpässe zu besetzen und Tirol als Aufmarschraum gegen Deutschland abzusichern. Aber auch der Deutschen Heeresleitung war dieser Plan bekannt. Das Deutsche Alpenkorps marschierte, von General Krafft von Delmensingen geführt, in Nordtirol ein und drang über den Brenner nach Süden vor, um den vorrückenden alliierten Truppen entgegenzutreten. Der Brenner wurde von deutschen Truppen besetzt. Deutsche Vorhuten kamen im Eisacktal bis in die Gegend von Brixen. Italien, das sich noch mit Deutschland im Kriegszustand befand, hütete sich, mit den deutschen Truppen in Konflikt zu kommen und ging daher in Südtirol nur zögernd vor. Man hatte bei den Verhandlungen mit Österreich gelernt, auf Zeit zu gehen und zuzuwarten, bis eine bestimmte Frage politisch so weit reif geworden war, daß sie ohne großes Risiko militärisch gelöst werden konnte. Ein Tag, den man in Ruhe abgewartet hatte, konnte in der labilen Lage, in der man sich befand, eine gewonnene Schlacht bedeuten. Die politische Entwicklung gab den Italienern recht. Am

7. November rief Kurt Eisner in München die Revolution aus. Das Deutsche Alpenkorps wurde gezwungen abzurücken. Am 11. November wurde mit Deutschland ein Waffenstillstand abgeschlossen. Der Brenner war wieder frei.

Es wird mitunter die Frage gestellt, weshalb sich in jenen Tagen in Tirol nicht Männer fanden, die zum Widerstand gegen die vordringenden Italienern aufriefen. Es wäre doch ein leichtes gewesen, erklärte man, etwa die Enge von Salurn mit rasch zusammengerafften Gruppen abzuschließen und zu verteidigen. Damit wäre, selbst im Falle eines Mißerfolges, zumindest bei der Friedenskonferenz die Salurner Grenze ins Gespräch gekommen. Man weist dabei auf das Beispiel Kärntens hin, das zu gleicher Zeit zu den Waffen gegriffen, die südslawischen Partisanen vertrieben, eine Volksabstimmung durchgesetzt und damit die Einheit des Landes gerettet hatte.

Man vergißt bei dieser Argumentation, daß die militärische und politische Lage in Tirol völlig anders war als in Kärnten. Während Kärnten nur den innerlich noch keineswegs gefestigten südslawischen Staat gegen sich hatte und nur gegen Freischärler und Partisanen kämpfen mußte, stand Tirol nicht nur den italienischen Armeen, sondern der gesamten militärischen Macht der Alliierten gegenüber. Tirol mußte also im Gegensatz zu Kärnten in diesem Falle mit einem unmittelbaren Eingreifen der Alliierten rechnen. Außerdem war Kärnten vom Kriege nicht so hart in Mitleidenschaft gezogen worden wie Tirol, das als Ganzes in diesen Krieg eingetreten war. Und dann: Tirol hatte von allen am Kriege beteiligten Ländern die höchsten Verluste zu tragen. Man konnte in den Bergen Tirols Dörfer finden, in denen es kaum noch Männer gab. Die Wehrkraft des Landes war nach dreieinhalbjährigem Ringen völlig erschöpft. Es war niemand mehr im Lande, der den vorrückenden Italienern hätte entgegentreten können. Tirol hatte wieder einmal das Äußerste gewagt, hatte alles eingesetzt — und alles verloren. Die einzigen Männer, die imstande gewesen wären, mit einiger Aussicht auf Erfolg die Grenze bei Salurn zu verteidigen, waren durch die unheilvollen Manipulationen des österreichischen Armeeoberkommandos in Gefangenschaft geraten und mußten untätig zusehen, wie das furchtbare Schicksal über ihre Heimat hereinbrach. Ich habe dieses Schicksal miterlebt und weiß, wie uns allen, die wir das harte Los der Kriegsgefangenschaft zu ertragen hatten, in den Lagern von Verona, Bergamo, Valenza und all den anderen Lagern zumute war. Der Staat, für den wir gekämpft hatten, bestand nicht mehr. Der Staat, dem wir künftig angehören sollten, war noch nicht geschaffen. Wir hatten noch kaum eine Vorstellung von jenem Staatsgebilde, das später „Republik Deutsch-Österreich" hieß. Welches waren die Grenzen dieses Staates? Wir wußten es nicht. Wir kannten nicht einmal den Namen dieses Staates; denn zum Unterschied von der Tschechoslowakei oder Südslawien, Staaten, die aus dem politischen Willen des Staatsvolkes entstanden waren, auch zum Unterschied von Ungarn, das zum ersten Male in seiner Geschichte die staatliche Unabhängigkeit erreicht hatte, waren die deutschen Gebiete der Habsburgermonarchie noch keineswegs zu einer überzeugenden politischen Einheit zusammengeschlossen worden. Hier war alles noch in Schwebe, vor allem die Frage der neuen Grenzen. Wir befürchteten mit Recht, daß die Grenzen des künftigen Österreichs nicht nach dem Willen seiner Bewohner, sondern nach den Absichten der Kriegsgegner gezogen würden. Vor allem wir Tiroler mußten in den italienischen Gefangenenlagern um das Schicksal der Heimat bangen. Jetzt erst begannen wir das dunkle Spiel, das mit uns getrieben worden war, zu durchschauen. Aber alle Spekulationen waren müßig. Entscheidend allein blieben Tatsachen. Und das hieß: In sechsunddreißig Stunden hatten wir verspielt, was wir sechsunddreißig Monate lang verteidigt hatten.

Bezeichnend, daß die ersten italienischen Truppen, die in Bozen einrückten, nicht vom Etschtal kamen, sondern von der Mendel herabstiegen. Es war das 1. Raggruppamento Alpini, das unter dem Befehl des Generals Caviglia stand, das am 7. November von Gries über die Talferbrücke in Bozen einmarschierte. In der Stadt, die noch von heimkehrenden Soldaten, meist Tschechen und Ungarn, überfüllt war, herrschte ein unbeschreibliches Chaos. Niemand dachte im geringsten an einen Protest, geschweige denn an einen Widerstand. Die einmarschierenden Italiener wurden kaum beachtet. Ohne Zwischenfall ging die Besetzung vor sich.

Man hat später diesen Vorgang von italienischer Seite bewußt heroisiert. Der Faschismus formte daraus die Legende von der Eroberung der Stadt Bozen durch die tapferen Truppen des Generals Caviglia und ließ an der Stelle, an der diese Truppen zum ersten Male den Boden der Stadt betreten hatten, unmittelbar am rechten Ufer der Talfer, ein großartiges, in seinen Dimensionen wahrhaft imponierendes Siegesdenkmal errichten. Dieses Denkmal, so schön es an sich ist, wirkt an dieser

174

Stelle wie ein Hohn auf die geschichtliche Wahrheit, denn an dieser Brücke wurde nicht gekämpft, nicht gesiegt, hier sind nur italienische Soldaten in eine Stadt marschiert, die ihre Anwesenheit kaum zur Kenntnis genommen hatte. Herausfordernd ist die lateinische Inschrift auf der Stirnseite des Denkmals: „Von hier brachten wir den Übrigen Sprache, Gesetz und Kultur [81]."

Nicht als Besatzungsmacht, wie es im Waffenstillstandsvertrag vorgesehen war, sondern als Eroberer betraten die Italiener Südtirol. Obwohl keinerlei Widerstand zu befürchten war, wurden italienische Truppen bis in die hochgelegenen Bergdörfer, in die einsamen Weiler vorgeschoben. Am 11. November rückten italienische Truppen durch das Pustertal in Toblach ein. Am gleichen Tage, als die deutschen Truppen bereits den Brenner verlassen hatten, drangen italienische Alpini zur Paßhöhe vor und hißten die Tricolore.

General Guglielmo Pecori-Giraldi, der als Kommandant der 1. italienischen Armee Südtirol besetzt hatte, ließ in allen Orten des Landes eine Proklamation anschlagen. Darin hieß es, in jener mangelhaften Übersetzung des italienischen Textes, an die man sich nun gewöhnen mußte:

„Der italienische Staat, fußend auf den Grundsätzen von Freiheit und Gerechtigkeit, will auf seinem Gebiet wie in der ganzen Welt stark wissen das Bewußtsein der Unveränderlichkeit des neuerlich erlösten Vaterlandes. Aber es wird auch verstehen, seine Bürger anderer Sprache mit Gleichheit und Liebe zu behandeln. Während Italien seinen Geist und sein Recht auf diesem Boden zu festigen beabsichtigt, ist ihm fremd jede Unterdrückung anderer Rassen und Sprachen. Es will vielmehr in brüderlichen Beziehungen zu ihnen leben.

Staatsbürger! Das monarchistische, aus vielen Völkern zusammengesetzte Österreich, welches verfassungsgemäß die Pflicht gehabt hätte, das Bewußtsein aller seiner Stämme zu achten, hat in den oben genannten Tälern den italienischen Teil des Volkes unter Beseitigung jedes Rechtes vergewaltigt und unterdrückt. Italien, die große und geeinte Nation, in welcher volle Freiheit der Gedanken und des Wortes herrscht, will den Mitbürgern der anderen Sprache die Erhaltung der eigenen Schulen, der eigenen Einrichtungen und Vereine zugestehen.

Im Geiste dieser Grundsätze vertraue jeder darauf, daß alles, was die Sprache und Kultur betrifft, sorgfältig und liebevoll geregelt wird [82]."

Der Mann, dem die „liebevolle Regelung von Sprache und Kultur" übertragen wurde, war — Ettore Tolomei. Mit überschwenglicher Begeisterung hatte er den Einmarsch italienischer Truppen in Südtirol erlebt. Was er in seinen kühnsten Träumen kaum zu hoffen gewagt hatte, wurde damit Wirklichkeit. Mit hinreißenden Worten pries er den Sieg der italienischen Waffen und hielt dem italienischen Volke die politische Bedeutung, die in der Besetzung Südtirols lag, vor Augen. „Uns hat die Eroberung dieses Landes nicht nur die Erfüllung jahrhundertealter Aspirationen, die unvergleichliche, überaus starke Grenze gebracht, sondern auch eine hegemonische Stellung in Mitteleuropa. Als Herren der ‚Vetta d'Italia' haben wir uns mitten in den Kontinent hineingeschoben. Wir sehen von der Höhe auf den Donauabhang hinunter. Vielleicht haben nur wenige in Italien geahnt, welchen enormen Prestigegewinn es bedeuten würde, sich auf dem Brenner niederzulassen. Es ist kein großes Stück Landes von den Veroneser Hügeln bis zur großen Alpengrenze, aber die Trikolore weht weiter nördlich als Bern und Graz und die Landkarte Mitteleuropas zeigt ein neues Element. Die Welt hat festgestellt, daß Italien feste Wurzeln hat. Italien, erwachsen, fest auf den Alpen, bis ins Herz des Kontinentes sich erstreckend, steht an erster Stelle im Schicksal Mitteleuropas, steht in erster Reihe unter den Mächten der Welt [83]."

Tolomei bereitete damit eine neue Auffassung vor, die später vom Faschismus zu einem Glaubensbekenntnis erhoben wurde. Südtirol war im Gegensatz zum Trentino ein Gebiet, in dem es nichts zu „erlösen" gab, ein Gebiet also, auf das die italienische Politik ursprünglich keinen Anspruch erhoben hatte — Südtirol war vielmehr ein Stück Österreich, also ein Stück Feindesland, somit ein Territorium, das man nur mit Waffengewalt durch einen siegreich beendeten Krieg gewinnen konnte. So wurden schließlich Ursache und Wirkung miteinander vertauscht und man erklärte der Welt: „Nachdem wir diese bedeutsame österreichische Provinz besetzen konnten, steht eindeutig fest, daß wir diesen Krieg durch einen überwältigenden Sieg unserer Waffen gewonnen haben." Es besteht also ein enger Zusammenhang zwischen „Vittorio Veneto", wie es in Italien verstanden und kultiviert wird, und der Annexion Südtirols. Die italienische Trikolore auf dem Brenner ist das sichtbare Zeichen für den Sieg „Vittorio Veneto". Nur damit konnte das Opfer der 600.000 Soldaten, die Italien in diesem Krieg verloren hatte, gerechtfertigt werden, obwohl keiner dieser Soldaten auf dem

Brenner gekämpft hat oder auf dem Brenner gefallen ist. Aber der Faschismus war nicht bereit, diese geschichtliche Wahrheit anzuerkennen. „Wenn unsere Soldaten auch auf dem Grappa oder in den Sieben Gemeinden gefallen sind", sagte man, „sind sie doch für den Brenner gefallen und haben ein Recht, dort beigesetzt zu werden." So wurden an den drei Grenzübergängen nach Südtirol, Brenner, Reschen und Innichen, Ossarien geschaffen, in denen die Gebeine der in den Dolomiten oder anderswo gefallenen italienischen Soldaten beigesetzt wurden. Wer immer von Deutschland her nach Italien fährt, kommt an diesen Bauwerken vorbei. Natürlicherweise entsteht dabei der Eindruck, die hier bestatteten Soldaten wären dort gefallen, wo man sie beigesetzt hat, also auf dem Boden des deutschen Südtirol, eine irrtümliche Auffassung, die vom Faschismus durchaus beabsichtigt war. Wie man in Tirol darüber denkt, hat der ehemalige Staatssekretär Professor Franz Gschnitzer ausgesprochen. „Bald nach Gossensaß sehen wir links von der Straße mit ehrlicher Trauer das Mal, das beweist, daß Diktaturen selbst mit Toten Mißbrauch treiben. Die Toten können sich nicht wehren, noch mit stummem Munde zu falschem Zeugnis aufgerufen werden. Sie sind hier so wenig wie am Reschen oder bei Innichen gefallen und dort, wo sie wirklich gefallen sind, haben sie nicht gekämpft, um zu erobern und zu unterjochen. Ehre den Toten, Schande jenen, die sich ihrer schamlos bedienen [84]."

ST. GERMAIN: ITALIEN ERHANDELT SÜDTIROL

DER „VERSTÜMMELTE SIEG"

„Vittoria mutilata" [85] dieses Wort lief nach Kriegsende durch ganz Italien. „Wir haben den Krieg gewonnen — aber den Frieden verloren!" In diesen Worten drückt sich das Unbehagen über die Behandlung aus, die Italien von den Verbündeten erfahren mußte. Dabei lief die Propaganda über den Sieg von Vittorio Veneto auf vollen Touren. In einer für die Mentalität des italienischen Volkes typischen Selbstüberschätzung redete man sich ein, daß Italien durch den Austritt aus dem Dreibund und die siegreiche Schlacht von Vittorio Veneto den Krieg wirklich zugunsten der Alliierten entschieden habe. Aber sowohl England wie auch Frankreich ließen deutlich erkennen, daß Italien weder in seiner politischen Gesinnung noch in seiner militärischen Leistung ihre volle Anerkennung fände. Die Niederlage von Karfreit, bei der nur durch das rasche Eingreifen der Alliierten eine totale Katastrophe von Armee und Staat abgewendet worden war, blieb unvergessen und konnte auch durch den sogenannten Sieg von Vittorio Veneto nicht aufgewogen werden. Zu gut wußte man auf alliierter Seite, daß die Ursachen dieses zweifellos großen militärischen Erfolges in erster Linie nicht in der Strategie und Führung des Comando Supremo, sondern vor allem in der Gunst äußerer Umstände, das hieß im Zusammenbruch der österreichisch-ungarischen Armee zu suchen waren. Mit „Vittorio Veneto" ließ sich also bei den beginnenden Friedensverhandlungen in Paris nicht auftrumpfen. Die größte Schwierigkeit für die italienischen Unterhändler aber lag darin, daß die Vereinigten Staaten von Nordamerika den Geheimvertrag von London weder unterzeichnet noch bisher zur Kenntnis genommen hatten. Es blieb nach wie vor fraglich, ob sich Präsident Wilson, der durch die Verkündigung seiner vierzehn Punkte viel zur Beendigung des Krieges beigetragen hatte und in Paris das entscheidende Wort sprach, überhaupt an diesen Vertrag halten würde; denn im Punkt 9 dieses von allen kriegführenden Nationen mit größter Hoffnung aufgenommenen Programmes hieß es ausdrücklich, die italienischen Grenzen seien auf Grund der klar erkennbaren Nationalitätsgrenzen zu berichtigen. Das bedeutete also nicht Brenner, sondern Salurn.

Zwar war Italien mit der Parole „Trento e Trieste" in den Krieg gezogen. Aber weder Trient noch Triest konnte nach italienischer Auffassung wirklich als Siegespreis gelten. Inzwischen war nämlich bekannt geworden, daß man bei den Verhandlungen, die im Jahre 1915 mit Österreich geführt worden waren, sowohl das Trentino als in gewissem Sinne auch Triest auf politischem Wege, also ohne Krieg hätte gewinnen können. Schon aus diesem Grunde allein mußten die gebietsmäßigen Eroberungen Italiens über Trient hinaus bis zum Brenner, über Triest hinaus in den Adriaraum vorgetrieben werden, um einen territorialen Gewinn erzielen zu können, der als Siegespreis gelten konnte. Trient und Triest waren nicht mehr interessant. Zwischen Befreiten und Befreiern war mittlerweile eine deutliche Ernüchterung eingetreten. Das „stark österreichisch eingefärbte" Wesen dieser „erlösten Brüder" machte sie den Italienern verdächtig. Tatsächlich gab es mit ihnen immer neue Schwierigkeiten. Zwar sprachen die neuen Herren die gleiche Sprache. Dafür aber hatte man sehr viele Nachteile eingetauscht, insbesonders auf wirtschaftlichem Gebiet. Die österreichische Krone wurde nur mit vierzig Prozent ihres Wertes umgetauscht. In Trient lief der Spruch durch alle Gassen:

„Evviva Trento redento al quaranta percento [86]."

In Italien hatte man mit diesen „Bastarden", wie man die Trentiner bald nach ihrer Befreiung nannte, auch deshalb schwere Sorgen, weil von Trient aus die Salurner Grenze wieder in das Gespräch gebracht wurde. Die Auffassungen, die Cesare Battisti über die Nordgrenze Italiens vertreten hatte, waren in dieser Stadt unvergessen geblieben. So trat der Fürsterzbischof von Trient, Endrici, auch jetzt entschieden für eine Grenzziehung bei Salurn ein und erklärte in aller Form, die Einverleibung des deutschen Etschlandes widerspräche den nationalen Interessen Italiens. Für Sonnino, der nach wie vor fanatisch für die Durchsetzung des Londoner Geheimabkommens, also für die Brennergrenze kämpfte, war diese Haltung um so verhängnisvoller, als es auch in Italien, insbesonders im Lager der Sozialisten, einflußreiche Politiker gab, die sich offen gegen eine Annexion Südtirols aussprachen. Ihnen aber traten die Nationalisten entgegen, die unentwegt die Brennergrenze forderten und mit Nachdruck erklärten, in erster Linie sei Südtirol der Preis, den das siegreiche Italien für sich beanspruchen müsse. Nicht das Trentino, das lediglich befreit wurde, sondern Südtirol, das, wie man feierlich proklamierte, von den siegreichen italienischen Truppen erobert worden war, konnte als Siegespreis gelten. Man rechnete den Alliierten vor, welch ungeheure Opfer Italien für diesen Sieg gebracht habe. Tatsächlich, die Zahl von 600.000 Gefallenen ist erschütternd. Aber wenn man, so unerfreulich es an sich ist, über die Gefallenen des Krieges eine politische Rechnung aufstellt, muß man, da es sich dabei um die Preisgabe Südtirols handelt, auch die Gegenseite hören. In Tirol war jeder zehnte Mann gefallen. Das Land hatte 40.000 Menschen verloren, den höchsten Blutzoll von allen am ersten Weltkrieg beteiligten Ländern. Und diese Zahl ist eindeutig in dem von Hofrat Dr. Karl Böhm und seinen Mitarbeitern angelegten „Tiroler Ehrenbuch" festgelegt, das in 120 Bänden die Personaldaten und Todesumstände von 40.000 gefallenen Tirolern enthält. Hier steht Rechnung gegen Rechnung, mit dem einzigen Unterschied, daß Italien erwarten konnte, für das Opfer, das seine Soldaten gebracht hatten, große Gebiete seinem Staate einverleiben zu können, während das vom Schicksal so schwer getroffene Tirol um den besten Teil seines Landes bangen mußte. Das muß Italien, das die Zahl seiner Gefallenen lautstark in das Kalkül setzte, gesagt werden, so unschön es an sich ist, die Toten, die man hüben und drüben zu beklagen hat, in das politische Spiel zu bringen.

In der heftigen Auseinandersetzung über die künftige Nordgrenze Italiens, die von Tolomei und seinen Anhängern heraufbeschworen worden war, spielte der Sozialist Leonida Bissolati eine entscheidende Rolle. Auch Bissolati kam aus dem Trentino. Er war mit Cesare Battisti befreundet gewesen und hatte sich nach dessen Tod die Aufgabe gestellt, seine Auffassungen und Ideen in der italienischen Politik durchzusetzen. Im Kriege hatte er sich als Freiwilliger ausgezeichnet und wurde neben dem Historiker Gaetano Salvemini zum energischen Vertreter einer gerechten Friedensregelung. Als Minister ohne Portefeuille gehörte er dem Kabinett Orlando-Sonnino an und erklärte Anfang Dezember 1918, daß Italien keinen Anspruch auf das zur Zeit von seinen Truppen besetzte Gebiet an der oberen Etsch und dem Eisack erheben könne und diesen Verzicht von sich aus und von vornherein dem Friedenskongreß bekanntgeben sollte, ein Vorschlag, der zwar von Minister Nitti unterstützt, von Orlando und Sonnino aber, wie zu erwarten, mit Entrüstung abgelehnt wurde.

Inzwischen griff auch Salvemini in die Auseinandersetzung über die Brennergrenze ein und schrieb: „Die Respektierung der Nationalitäten ist für uns nicht bloß ein metaphysischer Glaubensgrundsatz. Es handelt sich dabei vielmehr um eine elementare, unerläßliche Vorsichtsmaßnahme, die von der Geschichte empfohlen wird. Wer es auf sich nimmt, eine Nationalität zu unterdrücken oder in ihrem Lebensbereich zu beschneiden, stellt sich gegen eine der Geschichte innewohnende Kraft. Er schafft sich unüberwindliche Schwierigkeiten, ewige und tödliche Feindschaften. Jene Deutschen Südtirols, die sich Italien anschliessen sollen, um den Trentinern das Vergnügen zu bereiten, nun ihrerseits treten zu können, nachdem sie selbst getreten worden sind, sind die Deutschen Andreas Hofers. Kein ernster Mensch kann sich der Illusion hingeben, es werde leicht sein, diese Deutschen zu assimilieren. Italien hat bisher das Glück gehabt, innerhalb seiner Grenzen keine Irredentismen zu besitzen. Welche Notwendigkeit besteht, uns auch einen deutschen Irredentismus aufzuhalsen, der nur sehr schwer — um nicht zu sagen, unmöglich — auszurotten wäre [87]."

Den Militärs, die in zunehmendem Maße erklärten, die Brennergrenze sei für die Sicherheit Italiens unbedingt notwendig, hielt Salvemini mit Nachdruck seine Auffassung entgegen — daß die Salurnergrenze Italien genügend Sicherheit biete. Auch Bissolati wies darauf hin, daß sich im Verlaufe des Krieges die viel weiter südlich gelegenen Berge und Talengen für die Verteidigung dieses Raumes hervorragend bewährt hätten. Er schlug vor, die Nordgrenze Italiens so zu ziehen, daß sie, gestützt auf die ausgezeichnete Grenze an der Salurner Klause, zwar die gemischtsprachigen Gebiete des Bozner Unterlandes und die ladinisch besiedelten Talschaften in den Dolomiten noch mit einbezog, das geschlossene deutsche Siedlungsland aber dem neu zu errichtenden österreichischen Volksstaat zuspräche. „Wir müssen uns fragen, ob es zweckmäßig ist, zur Erreichung der topographisch vollkommenen Linie den Keim des deutschen Irredentismus in den Raum innerhalb der eigenen Grenzen zu verpflanzen, wenn die topographisch gute Linie mit den ethnographischen zusammenfällt [88]."

Doch diese Stimmen wurden nicht gehört. Die von Tolomei geschickt vorangetriebene Propaganda „Italien bis zum Brenner" hatte sich bereits weitgehend durchgesetzt. Nun, da italienische Soldaten bereits auf dem Brenner standen, ging man daran, mit allen nur erreichbaren Mitteln nachzuweisen, daß nur eine über den Brenner, das hieß, über den Alpenhauptkamm laufende Grenze Italien künftig vor Angriffen aus dem Norden schützen könne. Vor allem der Minister Salvatore Barzilai, ein glühender Hasser alles Deutschen, der in der Regierung Orlando-Sonnino die Interessen des Militärs vertrat, bemühte sich, von Tolomei wirkungsvoll unterstützt, die strategische Bedeutung der Brennergrenze nachzuweisen. Man durchforschte die Geschichte, um dafür geeignete Nachweise zu finden. Nicht einmal Tolomei, der in der Wahl seiner Mittel nicht kleinlich war, wenn sie nur dem Zweck, den man im Auge hatte, dienten, konnte keine Beweise für den militärischen Wert der Brennergrenze finden. Tatsächlich ist im Laufe der tausendjährigen Geschichte des Landes Tirol niemals der Alpenhauptkamm Grenze gewesen. Nicht einmal den Truppen Napoleons war es gelungen, bis zum Brenner vorzustoßen. Nicht auf den Gletscherbergen der Zentralalpen, sondern auf den weit gegen die Ebene vorgeschobenen Bastionen des Alpenrandes haben die Tiroler ihr Land verteidigt. Die Riegelstellungen bei Reutte, Scharnitz und Kufstein im Norden, die Schluchten der Brenta und der Etsch im Süden trugen jahrhundertelang die Grenzen Tirols. Dies spricht eindeutig für die Grenze bei Salurn; denn hier bildet die Etsch eine Engstelle, die von den angrenzenden Felsbastionen, insbesondere von der Mendel aus, leicht beherrscht werden kann. Denn Tolomei, der nicht genug Gründe für den strategischen Wert der Brennergrenze erfinden konnte, entschlüpfte einmal in seinem Archiv die unbedachte Bemerkung: „Wer auf der Mendel sitzt, kann Bozen und das Etschtal beherrschen, wie man von der Kuppel des Petersdomes aus Rom beherrschen kann [89]."

Auf die einfachste Formel gebracht, stellt das in dem Dreieck Bozen, Meran, Brixen gelegene Gebiet, strategisch gesehen, einen Hindernisraum dar, der mit dem Süden nur durch ein einziges Tor, Salurn, mit dem restlichen Tirol durch drei Tore, Reschen, Brenner, Toblacher Feld, verbunden ist. Wer sich gegen einen Angriff aus dem Norden verteidigen muß, wird sich dort diesem Angriff stellen, wo er nur ein einziges Tor zu verteidigen hat. Wer sich hingegen die Möglichkeit für einen in das Gebirge vorzutragenden Angriff sichern will, wird in dieses strategische Dreieck hineingehen, weil ihm von dort aus drei Tore für den Vormarsch offen stehen. Das für Italien wichtigste dieser Tore ist nicht der Brenner, sondern das Toblacher Feld; denn ein Vorstoß in dieser Richtung würde unmittelbar in das weite, offene Kärntner Becken führen und gäbe die Möglichkeit, sich dort mit den über Tarvis und das Kanaltal vorbrechenden Verbänden zu vereinigen. Diese strategischen Überlegungen führten dazu, daß sich die militärischen Kreise Italiens bei der Grenzziehung auf dem Toblacher Feld und im Kanaltal mit Nachdruck in die laufenden Verhandlungen einzuschalten versuchten.

Wie gering man auf alliierter Seite die von Italien so heftig diskutierten und hochgespielten strategischen Beweggründe für eine Annexion Südtirols nahm, wurde in einer Rede des britischen Staatsmannes Lord Robert Cecil klar: „Manchmal hieß es, die Wünsche der Einwohner eines Gebietes müßten aus strategischen Gründen unberücksichtigt bleiben. Das klingt sehr hübsch. Südtirol soll dem neuen Österreich genommen und Italien gegeben werden, so daß sich die 30 oder 40 Millionen Italiener fürderhin nicht mehr vor einem Angriff der 6 Millionen Österreicher zu fürchten brauchen [90]."

Abgesehen davon, haben in unserer Zeit die Kernwaffen alle strategischen Überlegungen völlig geändert. Dazu ein Wort, das einer der Vertreter der jungen Generation Italiens, Enzo Tagliacozzo, kürzlich ausgesprochen hat: „Wenn schon 1915 drei Männer solchen Kalibers — Salvemini, Bissolati, Battisti — der Überzeugung waren, daß für Italien eine Grenze vorteilhaft sei, die ihm die Reibereien und das Gezänke mit einer Minderheit erspart hätte, was sollen dann wir denken — heute im Zeitalter der interkontinentalen Raketen, in dem die Frage einer strategisch guten Grenze auf Erden jede Bedeutung verloren hat [91]."

Auch damals, unmittelbar nach dem Ende des ersten Weltkrieges, als man noch lediglich an eine Kampfführung mit konventionellen Waffen dachte, war völlig klar, daß sich Italien gegen einen Angriff von Norden her viel wirkungsvoller auf der Linie Ortler—Salurn—Marmolata verteidigen ließ als auf dem mehrfach gegliederten, unübersichtlichen Hauptkamm der Alpen. Um jedoch diese Linie, die man nach der Feuereinstellung der österreichischen Truppen kampflos, also nicht im Zuge eines weitreichenden strategischen Planes, sondern mehr oder weniger zufällig besetzt hatte, nicht wieder preisgeben zu müssen, wurde diese Grenze, obwohl man darüber noch keinerlei Erfahrung besaß, von den maßgebenden militärischen Stellen als die einzige strategisch befriedigende und annehmbare Lösung erklärt. Gemeinsam mit Propagandisten wie Tolomei wurde nur mehr von der „heiligen" Grenze auf dem Brenner gesprochen.

In der Regierungssitzung vom 28. Dezember 1918 kam es zwischen Sonnino und Bissolati zu einer heftigen Auseinandersetzung, in deren Verlauf Bissolati seinen Rücktritt erklärte. In einem Interview, das er am folgenden Tage einem englischen Journalisten gab, stellte Bissolati fest, er sei zurückgetreten, weil es ihm nicht gelungen wäre, „Sonnino von jener Bestimmung des Londoner Vertrages abzubringen, welche die

Angliederung deutscher Bevölkerungsteile über die Etsch hinaus bis zum Brenner sanktionieren würde [92]". Am 11. Januar 1919 versuchte Bissolati in einer großen Rede in der Mailänder Scala seinen Standpunkt vor der italienischen Öffentlichkeit darzulegen. „Meine Anschauungen über die Annexion jenes Teiles des deutschen Tirol, der zwischen Bozen und dem Brenner liegt, werden von wenigen geteilt. Es sind vielleicht die Anschauungen eines Einsamen. Doch weiß ich, daß sie von einigen meiner Trentiner Freunde geteilt werden, die Cesare Battistis Brüder im Glauben und im Handeln gewesen sind. Die Trennung nach Rasse, Geisteshaltung und Brauchtum könnte nicht tiefer sein. Hält man die Einwohner des Trentino für Tiroler, so ärgern sie sich: Sie sind eine italienische Rasse, jene aber sind deutsche Rasse und sie wollen es bleiben [93]." Bei diesen Worten erhob sich ein ungeheurer Tumult. An der Spitze einer Schlägergruppe stürmte Benito Mussolini in den Saal. Bissolati wurde von den Faschisten niedergebrüllt: Mit ihnen schrien die Menschenmassen unentwegt: „Brennero! Brennero!"

WILSON IN ROM

Anfang Januar 1919, noch ehe die Friedenskonferenz in Paris zusammentrat, kam Präsident Wilson nach Rom, um mit den italienischen Staatsmännern Fühlung zu nehmen. Wilson war von seiner Mission, der Welt den Frieden zu bringen, zutiefst erfüllt. „Vergessen Sie nicht", erklärte er einmal seinen Freunden, „daß es Gott war, der mich an diese Stelle gerufen hat." Noch niemals in der Geschichte der Menschheit war einem Staatsmann von den Völkern ein so hohes Maß an Vertrauen entgegengebracht worden. Auch heute noch fällt es schwer, der Persönlichkeit Wilsons wirklich gerecht zu werden. Der Prager Historiker Emil Franzel charakterisierte ihn folgendermaßen: „Wilson ist Systematiker und Phantast zugleich. Er träumt von einer Ordnung des ewigen Friedens, der Gerechtigkeit und des demokratischen Fortschrittes, sucht die Notwendigkeit und Möglichkeit dieser Ordnung aus der Geschichte und der Philosophie zu erweisen und macht aus seinen Wünschen und Forschungsergebnissen schließlich eine feste Doktrin, die er mit Zähigkeit politisch durchzusetzen versucht. Stößt er aber auf Widerstände, so begnügt er sich oft mit dem äußeren Schein des Erfolges, um die Lehre und die Idee nicht preisgeben zu müssen. Wilson ist, mehr als irgendein amerikanischer Präsident vor oder nach ihm, ein Mann der Theorie, ein Gelehrter, der zurückgezogen lebt und mehr aus Büchern als aus Erfahrung lernt. Das führt dazu, daß die wenigen Berater, denen er Vertrauen schenkt, großen Einfluß auf ihn gewinnen, so neben seiner Gattin, sein engster Mitarbeiter House, dem er den Colonel-Titel verleiht, obwohl House nie Soldat war und zeitweise der Tscheche Masaryk, dessen Laufbahn, Philosophie und gelehrt-systematisierende Art des Politisierens an verwandte Seiten im Wesen des Präsidenten rührten [94]." Tschechen und Polen waren es auch, die Wilson eine geradezu abgöttische Verehrung entgegenbrachten. In Warschau zündete man für ihn in den Kirchen Opferkerzen an. In Prag grüßten sich die Menschen auf den Straßen mit dem Rufe „Wilson".

Für die Staatsmänner Italiens kam es vor allem darauf an, die Zustimmung Wilsons zu den im Londoner Geheimvertrag festgelegten territorialen Zugeständnissen zu erhalten. Dies schien äußerst schwierig; denn Wilson hatte in aller Offenheit erklärt, es sei absurd anzunehmen, daß er sich durch einen Vertrag, den er nicht kenne, gebunden fühle. Man bangte daher in Rom mit Recht um die Brennergrenze. Zwar hatte man den Brenner bereits besetzt, doch damit war diese Grenze noch keineswegs gewonnen; denn jener kritische Punkt 9 des von Wilson proklamierten Friedensprogrammes bestimmte: „Die Grenze Italiens ist nach den klar erkennbaren Linien der Nationalität zu berichtigen [95]." Wilson hatte durch seinen Staatssekretär des Auswärtigen, Lansing, ein Memorandum ausarbeiten lassen, das diese Grenzziehung genauer festlegt. Auch in den einundzwanzig Richtlinien, die der amerikanische Senator Lodge namens des von ihm geleiteten auswärtigen Ausschusses Mitte Dezember 1918 veröffentlicht hatte, wurde im Punkt 6 bestimmt, daß nur die „Italia irredenta", also das italienische besiedelte Gebiet Österreichs, mit Italien vereinigt werden solle.

Orlando und Sonnino bemühten sich, Wilson davon zu überzeugen, daß nur die Brennergrenze Italien genügend Sicherheit gegenüber Angriffen aus dem Norden bieten könne. In aller Eile hatte man in Rom eine Broschüre verfaßt — *L'Italie doit avoir sa frontière au Brenner'* — in der die Ansprüche auf die Brennergrenze vom strategischen Gesichtspunkt aus begründet wurden. Wilson zeigte sich wenig geneigt, auf diese Forderungen einzugehen. Er erklärte, eine aus amerikanischen

Sachverständigen gegliederte Kommission werde die Frage der Nordgrenze Italiens studieren und der Friedenskonferenz geeignete Vorschläge unterbreiten. Nachdem Wilson außerdem eine eingehende Aussprache mit Bissolati durchführte, der für die Salurnergrenze eintrat und auch noch den liberalen Senator Albertini, den Herausgeber des „Corriere della Sera", sprach, befürchtete man in Rom, daß Wilson niemals einer Einverleibung Südtirols zustimmen würde.

Da trat Tolomei auf den Plan. Obwohl er selbst bisher ausgiebig strategische Begründungen für sein Annexionsprogramm herangezogen hatte, erkannte er rechtzeitig, daß bei den kommenden Verhandlungen mit strategischen Einwänden nicht mehr auszukommen war, weil sich die militärische Situation in Mitteleuropa durch die Auflösung der Habsburgermonarchie grundlegend geändert hatte. Abgesehen davon seien Männer wie Wilson, erklärte er, solchen Motivierungen gegenüber höchst mißtrauisch. Es sei jedenfalls ein schwerer Fehler gewesen, Wilson gegenüber nur strategische Gründe für die Brennergrenze vorzutragen. Wilson, der sich als der Mann des Friedens gebärde und mit dem Glorienschein eines Erlösers der Menschheit in die Geschichte eingehen wolle, hege eine heftige Abneigung gegen alles Militärische. Strategische Erfordernisse fänden bei ihm nur taube Ohren. Es mußten andere, überzeugendere Gründe gefunden werden, um den maßgebenden Männern in Paris die Abtretung Südtirols mundgerecht zu machen. Vor allem käme es darauf an, die mangelhaften geographischen Kenntnisse dieser Politiker auszunützen. Selbst Wilson wußte kaum, wo dieser „Brenner" eigentlich lag. Hatte er bei den Verhandlungen darüber nicht immer wieder vom „Mount Pruner" gesprochen?

Tolomei war entschlossen, aufs Ganze zu gehen. Man mußte Wilson und den anderen Friedensmachern eindeutig erklären, daß das Gebiet südlich des Brenner letzten Endes eigentlich italienisch wäre. Bozen, Meran, Sterzing und andere Städte seien erst vor nicht allzu langer Zeit durch deutsche Gasthofbesitzer und Handelsleute entnationalisiert worden. Der großangelegte, in jahrelanger, mühevoller Arbeit durchgeführte Versuch, die deutschen Ortsnamen Südtirols zu italienisieren, kam Tolomei dabei sehr zustatten. So konnte man in Paris bereits mit italienischen Namen, wie Bolzano, Bressanone, Vipiteno aufwarten. Um nachzuweisen, daß Südtirol erst in den letzten fünfzig Jahren germanisiert worden sei, scheute Tolomei auch nicht vor Kartenfälschungen zurück. Er veröffentlichte eine Landkarte Südtirols, die nur italienische Ortsnamen enthielt und auf der Südtirol ausdrücklich als „graue Zone" bezeichnet wurde. Das obere Etschtal wurde als „zur Hälfte italienisch", das Eisacktal als „im wesentlichen unbewohnt", das Bozner Unterland als „rein italienisch" bezeichnet. Hingegen wurden auf dieser Karte die deutschen Sprachinseln Lusern und einzelne Dörfer in den „Sieben Gemeinden", Orte, die im Trentino, also inmitten italienischen Siedlungsgebietes lagen und deren Verbleiben bei Italien daher überhaupt nicht zur Diskussion stand, ausdrücklich mit deutschen Namen angeführt, mit dem treuherzigen Hinweis, daß dies „ein Maßstab für seine eigentlich sträfliche Objektivität" sei.

Nun setzte auf allen Linien eine intensive Propaganda für den Anschluß des „italienischen" Alto Adige an Italien ein. Das von Tolomei geleitete „Kommissariat für die Sprache und Kultur des Oberetsch", das sich im Bozner Stadtmuseum etabliert hatte, arbeitete mit großem Eifer daran, den verantwortlichen Politikern Italiens geeignetes Material zu liefern. Um ungehindert seinen Plänen nachgehen zu können, hatte Tolomei durchgesetzt, daß dieses Kommissariat unmittelbar dem Ministerpräsident Orlando unterstellt wurde, also in seiner Arbeit von den örtlichen politischen und militärischen Stellen unabhängig blieb. Noch standen alle Fragen offen. Eine italienische Mission, die im Januar und Februar 1919 in die Vereinigten Staaten gereist war, um dort für die italienischen Forderungen Propaganda zu machen, fand für die Abtretung Südtirols keinerlei Sympathie. Es wurde lediglich über die Vereinigung des Trentino mit Italien gesprochen.

Zu allem Unheil hatte sich inzwischen auch die politische Gesamtlage zu ungunsten Italiens verändert. Das Verhältnis Italiens zu seinen Verbündeten war auf einem Tiefpunkt angelangt. Schuld daran waren vor allem die Spannungen, die zwischen Italien und dem neu geschaffenen Südslawenstaat entstanden waren. Daß von Sonnino außerdem noch, völlig unerwartet, die Frage der Zugehörigkeit von Stadt und Hafen Fiume aufgeworfen wurde, obwohl Italien nicht einmal im Londoner Geheimvertrag Fiume gefordert hatte, vermehrte die herrschende Spannung. Daß Präsident Wilson, der sich als Schöpfer des südslawischen Staates betrachtete, alles unternahm, um diesem jungen Staat auf die Beine zu helfen, war für Italien bitter genug. Aber daß auch Frankreich offen seine Sympathien für Südslawien bekundete, war unerträglich. König Viktor Emanuel wurde nach Paris geschickt, um in direktem Kontakt mit den Staatsmännern der Alliierten Verständnis und Unterstützung für die Forderungen seines Landes zu finden. Zwar war man auf Seiten der Alliierten selbstverständlich durchaus bereit, an dem bisherigen Bündnis mit Italien festzuhalten. Doch ließ man deutlich erkennen, daß man Italien nicht als vollwertigen Partner betrachte und keineswegs gewillt war, seine maßlosen Forderungen ohne weiters zu akzeptieren.

TIROL FORDERT DAS SELBSTBESTIMMUNGSRECHT

Zu Beginn des Jahres 1918, des vierten Kriegsjahres, während noch an allen Fronten blutige Schlachten geschlagen wurden, hatte Präsident Wilson vor dem amerikanischen Senat verkündet: Die Grundlage einer künftigen Friedensordnung müsse auf dem Prinzip des Selbstbestimmungsrechtes der Völker aufgebaut werden. Wie ein Lauffeuer ging dieses Wort in die Welt und entflammte hüben und drüben die Herzen der Menschen, die sich nach Frieden sehnten. Kaum jemals in der Geschichte der Menschheit hat eine politische Maxime so tief und entscheidend in das Leben der Nationen eingegriffen wie diese. Das Schicksal des eigenen Landes, der eigenen Nation selbst zu bestimmen, war das erlösende Wort, das die in alten, überlieferten Begriffen erstarrten politischen Fronten in Bewegung bringen konnte.

Zunächst aber erwies sich diese Parole als eine äußerst wirksame Waffe, um den aus so vielen verschiedenen Nationen zusammengefügten Habsburgerstaat von innen her zu sprengen. Begierig griffen die einzelnen Völker Österreich-Ungarns das Wort des amerikanischen Präsidenten auf. Damit bekamen ihre nationalen Aspirationen, die sich bisher in mehr oder weniger nutzlosem politischen Gezänke, in Demonstrationen, Streiks und Aufmärschen erschöpft hatten, eine klare Zielsetzung. Nun kam es wirklich darauf an, das Schicksal des eigenen Volkes in die Hand zu nehmen und zu verteidigen, denn nun war man der tatkräftigen Hilfe des mächtigsten Staates dieser Erde sicher. Niemals wäre eine militärische Niederlage allein imstande gewesen, die Donaumonarchie zu zerstören. Erst der flammende Appell für das Recht der Völker, ihr Schicksal selbst zu bestimmen, der aus dem unverbrauchten, kraftvollen Amerika in das von einem furchtbaren Krieg zermürbte

Europa kam, führte die Entscheidung herbei. Auf dem Boden Österreich-Ungarns wirkte diese Parole wie ein hochexplosiver Sprengstoff, der die Donaumonarchie, dieses, wie es damals hieß, „überlebte, antiquierte Staatsgebilde", zersprengte und gewissermaßen in seine einzelnen Bestandteile auflöste.

Doch so wirksam sich das Selbstbestimmungsrecht der Völker im negativen Sinne erwies, um Bestehendes zu zerstören, so wenig war es im positiven Sinne geeignet, den Völkern der Donaumonarchie eine neue, feste politische Ordnung zu geben; denn die einzelnen nationalen Siedlungsgebiete sind in diesem Raume so unheilvoll ineinander verzahnt, daß eine klare Grenzziehung einfach unmöglich ist. Abgesehen von den über das gesamte Gebiet Österreich-Ungarns verstreuten, starken deutschen Volksgruppen, etwa den 3,5 Millionen Deutschen in Böhmen, Mähren und Österreichisch-Schlesien, den Deutschen in Slawonien, in der Batschka, im Banat und in Siebenbürgen, mußten die Tschechen und Slowaken einerseits, Serben, Kroaten und Slowenen andererseits, die sich zu einem gemeinsamen Staate zusammengefunden hatten, erst ihre eigenen inneren Probleme lösen, Probleme, die auch heute noch immer offen sind. Kaum waren die neuen Grenzen im Donauraum abgesteckt, kam es schon zu äußerst schwierigen Konflikten. Die Tschechoslowakei hatte sich polnisches, ruthenisches und ungarisches Siedlungsgebiet angeeignet. Polen hatte ruthenische, Rumänien ungarische Minderheiten übernommen. Die Streitigkeiten der Nationen untereinander nahmen kein Ende. Jedenfalls war das Ausmaß und die Heftigkeit dieser Konflikte wesentlich größer und intensiver als die Konflikte, die von den einzelnen Nationen mit Wien ausgetragen worden waren.

Das Endergebnis dieser politischen Umgestaltung des Donauraumes aber war geradezu paradox. Jene Nationen, die sich wie Tschechen und Slowaken einerseits, Südslawen andererseits zu den Siegern zählten und sich dem Selbstbestimmungsrecht der Völker verschrieben hatten, lebten nun in Vielvölkerstaaten, in denen sie keineswegs allein ihr Schicksal bestimmen konnten, die Besiegten aber, die Deutschen in Österreich, die Madjaren in Ungarn, denen man das Selbstbestimmungsrecht verweigert hatte, lebten nun in zwar vielseitig beschränkten, doch immerhin geschlossenen Nationalstaaten, und konnten zumindest formell ihr Schicksal selbst bestimmen.

Ein Blick in die Gegenwart läßt die unheilvollen Folgen der Auflösung der Donaumonarchie für Europa deutlich erkennen. Der Albtraum Bismarcks, daß der Donauraum unter russischen Einfluß gelangen könnte, ist Wirklichkeit geworden. Alle aus der österreichisch-ungarischen Monarchie hervorgegangenen neuen Staaten, die Republik Österreich selber ausgenommen, sind kommunistisch geworden und in Abhängigkeit von der Sowjetunion geraten. Aus dem jahrhundertealten Erbe des Donaureiches haben diese Staaten einen Begriff der Freiheit übernommen, der aber dem russischen Volk auf Grund völlig anders gearteter historischer Verhältnisse unbekannt geblieben ist. Ohne das kommunistische System an sich ändern zu wollen, haben diese Nachfolgestaaten versucht, sich ein höheres Maß an Freiheit und Unabhängigkeit zu erkämpfen, Jugoslawien mit Erfolg, Ungarn in einer gewaltsamen Erhebung, die blutig niedergeschlagen wurde, die Tschechoslowakei in einem großartigen ideologischen Aufbruch, der jedoch mit einer Besetzung des Landes durch die Truppen der Sowjetunion und ihrer Verbündeten endete.

So hat das mit großer Begeisterung aufgenommene Selbstbestimmungsrecht diesen Nationen keineswegs die erhoffte Freiheit und Selbständigkeit gebracht. Klarer als Wilson selbst hat sein Staatssekretär Lansing vorausgesehen, wie verhängnisvoll sich diese Parole am Leben der Völker auswirken würde. Er schrieb damals in sein Tagebuch: „Je mehr ich des Präsidenten Erklärung über das Selbstbestimmungsrecht der Völker durchdenke, um so nachdrücklicher werde ich von der Gefahr überzeugt, die darin liegt. Diese Phrase ist mit Explosivstoff überladen. Welch ein Verhängnis, daß dieses Wort überhaupt geprägt wurde! Welches Elend wird es über die Menschen bringen! [96]."

Und eine weitere Paradoxie: Es gab auf dem Boden Österreich-Ungarns ein einziges Grenzgebiet, auf dem das Selbstbestimmungsrecht der Völker ohne weitere Komplikationen angewendet werden konnte, die Grenze zwischen dem deutschen und dem italienischen Siedlungsraum in Tirol. Diese Grenze ist so eindeutig, daß man bis zu jedem einzelnen Gehöft, zu jedem Acker, jedem Weinberg sagen konnte, hier ist der deutsche Volksboden zu Ende, dort am Zaun fängt der Besitz des italienischen Nachbars an. Bei Salurn konnte ohne weiters eine von beiden Teilen als gerecht empfundene Grenzziehung durchgeführt werden. Aber gerade dort, wo man das so feierlich verkündete und so laut gepriesene Selbstbestimmungsrecht der Völker hätte anwenden können, wurde es den Beteiligten hüben und drüben verweigert.

Entschlossen trat alles in Tirol, was noch in der Heimat war, ohne Unterschied der Partei, der politischen Gesinnung, vielfach angeführt von Männern, die wie Dr. Reutt-Nicolussi verwundet aus dem Kriege heimgekommen waren, zusammen, um das Recht auf die Einheit des Landes zu verteidigen. Zu diesem Zweck wurde im Januar 1919 in Südtirol eine großzügige Unterschriftensammlung eingeleitet, die natürlicherweise der italienischen Besatzungsmacht verborgen bleiben mußte. Heimliche Boten sammelten die Unterschriften aller Gemeinden von Salurn bis zum Brenner. Aber auch die von den Ladinern besiedelten Täler von Gröden, Enneberg, Buchenstein und Fassa schlossen sich dieser Aktion an. „Tiroler sind wir, Tiroler wollen wir bleiben", erklärten die Ladiner mit Nachdruck, so groß gerade für sie, die von Tolomei zu „verdrängten Italienern" erklärt worden waren, die Versuchung bestand, sich den neuen Herren gefällig zu zeigen. Diese Denkschrift von insgesamt 172 Gemeinden berief sich auf die Ergebnisse der letzten Volkszählung, die in Südtirol stattgefunden hatte. Demnach lebten in dem Gebiet, in dem die Unterschriften gesammelt wurden, 220.000 Deutsche und 9400 Ladiner, außerdem nur 7000 Italiener, meist Gelegenheitsarbeiter. Im Laufe des Februar wurde die Sammlung abgeschlossen. Einmütig bekannte sich ganz Südtirol zum Selbstbestimmungsrecht. In dieser Stunde gab es keine Einzelgänger, keine Außenseiter. Selten einmal war Tirol so sehr eines Willens wie in jenen Tagen.

Damit dieses einzigartige Dokument nicht in die Hände der Italiener fiele, wurde das gesammelte Material heimlich über die Gletscher der Ötztaler Berge nach Innsbruck gebracht. Zwei offizielle Vertreter der Tiroler Landesregierung fuhren damit in die Schweiz und händigten es in Bern dem amerikanischen Gesandten aus, der es unverzüglich Wilson vorlegte. Dieses am 26. Februar 1919 unterzeichnete Schreiben, in dem die Tiroler Landesregierung „den mächtigen Schutz des Herrn Präsidenten zur Wahrung der Rechte des Landes" erbittet, lautet am Schlusse wörtlich: „Und nun soll unsere Heimat mit ihrer tausendjährigen Kultur und Geschichte, dieses Volk mit seinem angestammten Freiheitssinn italienisch werden? In seiner höchsten Not eilt das ganze Volk zu Ihnen, Herr Präsident, Sie bittend, der Anwalt unseres Volkes zu werden. Sie haben das gewaltige Wort des Selbstbestimmungsrechtes der Völker geprägt. Sie haben die Weltversöhnung verkündet. Lassen Sie nicht zu, daß mehr denn 200.000 deutsche Tiroler volklich entrechtet werden, daß statt Liebe Haß gesät werde. Lassen Sie nicht zu, daß unser

194

Land ein zweites ‚Anno 1809' durchleben muß, daß es gewaltsam die Fesseln wieder sprengen muß, die man ihm jetzt schmiedet. Für Italien ist Südtirol nur ein Landstrich wie deren viele in dem von der Natur so reich gesegneten Lande. Für uns aber ist es der einzige Fleck mit der Sonnenglut des Südens, unsere an Herz gewachsene Heimat. Seien Sie unserem Volk, unserem Lande der gerechte Richter! Bringen Sie Südtirol die Freiheit, wie Sie der Welt den Frieden gebracht haben. Und das Volk von Südtirol wird Ihren Namen von Geschlecht zu Geschlecht vererben als den Retter unserer Heimat. Darum bitten sämtliche Gemeinden Deutsch-Südtirols und die zwölf ladinischen Gemeinden von Gröden, Enneberg, Buchenstein und Fassa [97]."

Auf Antrag des Südtiroler Abgeordneten Reutt-Nicolussi, der aus einer deutschen Sprachinsel bei Trient stammte und zum mannhaften Verteidiger und Sprecher Südtirols wurde, hatte man unmittelbar nach dem Einmarsch der Italiener bereits in Innsbruck eine Kanzlei eingerichtet, der die Aufgabe gestellt wurde, die Öffentlichkeit und insbesondere das Ausland über die Situation in Südtirol zu informieren. Diese Kanzlei, mit Zweigstellen in Bern und Wien, entfaltete sogleich mit Zeitungsaufsätzen, Bildern, Broschüren, Büchern, Landkarten, eine intensive Aufklärung. Seit Jänner 1919 befanden sich ständig Südtiroler Vertreter in der Schweiz, die dort Kontakt mit den Politikern der Entente aufnahmen. Geschickte Unterhändler sondierten das Terrain und versuchten vor allem Einfluß auf die amerikanische Delegation zu gewinnen.

Inzwischen hatte sich auch in Wien die politische Lage soweit konsolidiert, daß die österreichische Regierung Tirol tatkräftig unterstützen konnte.

Am 11. November 1918 hatte Kaiser Karl auf die Ausübung seiner Herrscherrechte über Österreich verzichtet. Damit wurde auch formell die Auflösung der Habsburgermonarchie vollzogen. Der Zusammenbruch des Kaiserreiches wurde in Tirol mit Bitterkeit und großer Sorge aufgenommen. Man wußte aus jahrhundertelanger Erfahrung, so lange der Kaiser von Österreich Tirol mit starker Hand beschützte, war die Einheit des Landes nicht in Gefahr. Nun mußte an Stelle des Kaisers jener Staat, der die Deutschen Österreichs zusammenschloß, die Republik Österreich, den Schutz Tirols übernehmen.

Begreiflich, daß das bäuerlich-konservative Volk in Tirol gegenüber dem von Sozialisten regierten Österreich heftiges Mißtrauen empfand und sich nur widerwillig und mit Vorbehalten dem neuen Bundesstaat Österreich einfügen ließ. Aus der Not geboren, tauchten damals die verschiedensten Pläne auf, um die Einheit des Landes zu retten. Man dachte an einen Zusammenschluß mit der Schweiz, der jedoch von der Schweiz entschieden abgelehnt wurde, an eine Verbindung mit Bayern, das aber, von den Stürmen der Räteherrschaft geschüttelt, für Tirol kein tauglicher Partner war, an die Bildung eines Alpenstaates mit Salzburg, Kärnten und Steiermark, ein Plan, der Wien völlig isoliert und das Ende Österreichs bedeutet hätte. Schließlich wurde erwogen, Tirol von Österreich zu trennen und zu einem souveränen Staat zu erklären, wofür die Schweizer Eidgenossenschaft als Vorbild dienen sollte. Man hoffte, daß die Entente einem selbständig und unabhängig gewordenen Tirol den von der italienischen Armee besetzten Teil des Landes nicht absprechen würde. So unrealistisch diese Pläne waren, zeigen sie doch andererseits die verzweifelte Situation, in der sich damals Tirol befand.

Österreich hatte am 22. November eine Erklärung über das gesamte österreichische Staatsgebiet abgegeben, die auf dem Selbstbestimmungsrecht beruhte und das Gebiet südlich des Brenners für sich in Anspruch nahm und die ladinischen Täler mit einschloß. Die Grenze Deutsch-Österreichs sollte bei Salurn liegen. In einer Verbalnote, die am 1. Januar 1919 den Mitgliedern des diplomatischen Korps übergeben worden war, wurde dieser Gebietsanspruch bekräftigt. Am 16. Februar fanden in Österreich Wahlen zur Nationalratsversammlung statt. Auch Südtirol bildete gemeinsam mit Nordtirol einen Wahlkreis und sollte acht Abgeordnete wählen. Aber der italienische General Pecora-Giraldi verbot die Wahl. Daraufhin wurden die ehemaligen österreichischen Reichsratsabgeordneten ohne Wahl zu Mitgliedern der Nationalversammlung ernannt.

Obwohl Nordtirol sein vordringlichstes Anliegen, den Kampf um die Einheit des Landes, nunmehr auf parlamentarischer Ebene vertreten konnte und in Dr. Reutt-Nicolussi einen überzeugenden Anwalt fand, kam es in der Folge zu heftigen Auseinandersetzungen über die in der Südtirolfrage einzuschlagende Politik. Um diese Mißverständnisse und Fehlmeinungen, die im Grunde genommen nur Ausdruck dafür waren, in welcher Ratlosigkeit man sich befand, zu beseitigen, kam Staatskanzler Renner, begleitet von dem Staatssekretär des Auswärtigen, Dr. Otto Bauer, nach Innsbruck. Man warf Otto Bauer vor, daß er nur ein einziges Ziel kenne, Deutsch-Österreich der deutschen Republik

196

einzuverleiben, um damit einen gemeinsamen sozialistisch geführten Staat zu schaffen. Um dieses Ziel zu erreichen, wäre er bereit, Südtirol zu opfern. Dieser Vorwurf bestand, wie die folgenden Ereignisse zeigten, völlig zu unrecht. Otto Bauer, der Südtirol aus eigener Anschauung sehr gut kannte, ließ nichts unversucht, um Österreich Südtirol zu erhalten. Er stellte sogar fest, daß sich einzelne Regierungsstellen in Wien damit abfinden müßten, daß Tirol eine wirtschaftlich und finanziell unabhängige Stellung erhalte, wenn damit die Lostrennung Südtirols verhindert werden könne. Vor allem aber vertrat Otto Bauer die Ansicht, daß man unabhängig von der Pariser Konferenz mit der italienischen Regierung unmittelbar zu einer Verständigung kommen müsse. Seine Hoffnungen richteten sich dabei auf die Haltung der italienischen Sozialisten, von denen sich viele gegen eine Annexion Südtirols ausgesprochen hatten.

Um diese Chancen zu nützen und gleichzeitig die Bedenken, die Italien über die Gefährdung seiner Nordgrenze angebracht hatte, zu zerstreuen, wagte Otto Bauer das Äußerste, das sich, ohne die Souveränität Österreichs zu beeinträchtigen, vertreten ließ. Er schlug vor, Tirol innerhalb des österreichischen Staatsverbandes zu neutralisieren. Auf Grund dieses Planes sollte Tirol an der Neutralität der Schweiz, wie sie durch die europäischen Mächte anerkannt und gewährleistet ist, unmittelbar Anteil haben. Ja, es wurde sogar im Artikel 4 dieses Vertrages vorgeschlagen, daß im Streitfalle die Schweiz das Recht erhalten solle, das in Frage stehende Gebiet Tirols militärisch zu besetzen. Dieser kühne Plan einer Neutralisierung Tirols, der später bei den Friedensverhandlungen von österreichischer Seite als Alternativlösung vorgesehen war, zeigt eindringlich, zu welch weitgehenden Schritten man auch in Wien entschlossen war, um Südtirol zu retten.

Otto Bauer ließ diesen Plan unmittelbar dem italienischen Ministerpräsidenten Orlando überreichen. Damit aber war dieser Vorschlag an die falsche Adresse gelangt. Orlando ließ die österreichische Note unbeantwortet. Man kümmerte sich weder in Rom noch in Paris um die Pläne, die aus Wien kamen. Auch die eindrucksvollen Kundgebungen, die am 16. März in allen Teilen Tirols für das Selbstbestimmungsrecht des Landes abgehalten wurden, blieben unbeachtet. Noch hoffte man in Tirol auf ein erlösendes Wort des amerikanischen Präsidenten. Aber Wilson schwieg. Am 14. April 1919 beschloß die Tiroler Landesversammlung die Bundesregierung in Wien aufzufordern, keinen Friedensvertrag zu unterzeichnen, der das Selbstbestimmungsrecht des Landes mißachtete. Die Sorge wuchs. Italien aber hielt Südtirol als Faustpfand für kommende Verhandlungen fest in seiner Hand.

DIE EXPERTEN VERSAGEN

Anläßlich seines Besuches in Rom hatte sich Präsident Wilson weder für noch gegen die italienische Forderung nach der Brennergrenze ausgesprochen und erklärt, erst die geplante Friedenskonferenz könne endgültig darüber entscheiden. Er beauftragte eine aus amerikanischen Experten gebildete Kommission mit der Frage, in welcher Form der Punkt 9 seines Friedensprogrammes durchgeführt werden könne. Dieses Problem sei wissenschaftlich zu untersuchen, der Friedenskonferenz seien entsprechende Ratschläge zu erstatten.

Die geographischen Gegebenheiten hatten diesen Experten ihre Aufgabe leicht gemacht, leichter jedenfalls als die Aufgabe, vor der ähnliche Kommissionen in Kärnten, Oberschlesien, Masuren oder Nordschleswig standen denn zum Unterschied von diesen Grenzgebieten gab es in Tirol keine Mischzonen, keine umstrittenen nationalen Minderheiten. Die Nordgrenze des italienischen Siedlungsraumes, die nach dem Friedensplan Wilsons die künftige Nordgrenze Italiens bilden sollte, ließ sich geographisch geradezu auf den Meter genau festlegen. Diese Experten hätten an sich nichts anderes zu tun gehabt, als mit offenen Augen den bestehenden Zustand festzustellen. Welches Unrecht, welch unermeßliches Leid wäre den Menschen dieses Landes erspart geblieben, aber auch wieviel Sorge, Angst und Unsicherheit hätte sich Italien erspart, wenn man die im wahren Sinne „gottgewollte" Grenze anerkannt hätte.

Diese Kommission aber ignorierte vom Anfang an die tatsächlichen Verhältnisse im Lande und versuchte beiden Teilen gerecht zu werden, mit dem Ergebnis, daß diese Lösung, die keine Lösung war, sondern ein übles Kompromiß, von beiden Teilen mit der gleichen Erbitterung abgelehnt wurde. Diese Experten, deren geographische und geschichtliche Unkenntnis nur damit entschuldigt werden konnte, daß sie aus einem anderen Erdteil kamen, schlugen nämlich vor, die künftige Nordgrenze Italiens in der Mitte zwischen der sprachlichen und der „natürlichen"

Grenze zu ziehen, wobei sie den Brenner als „natürliche" Grenze bezeichneten. Italien wurde ein Gebiet zugesprochen, in dem 373.000 Italiener und 161.000 Deutsche lebten. Zwar stelle die vorgeschlagene Grenze keine strategisch so günstige Linie wie die Wasserscheide dar, so hieß es, doch könnten im weiteren Verlaufe noch einzelne Grenzverbesserungen zugunsten Italiens erfolgen. Die Arbeit dieser Sachverständigen, auf die man in Tirol große Hoffnungen gesetzt hatte, erwies sich als ein Schlag ins Wasser. Mehr denn je wurde damit klar, daß es in der Frage Südtirol keinen Kompromiß gab. Dies ist der tragische Aspekt, unter dem die Südtirolfrage vom Anbeginn her stand: Bei einer so klaren, eindeutig festgelegten Abgrenzung des deutschen und des italienischen Siedlungsraumes gibt es nur ein Entweder — Oder. Das hieß mit anderen Worten: alles oder nichts. Jene zweifelhafte Zwischenlösung, die von den amerikanischen Experten gefunden worden war, eine Lösung, die an der Wirklichkeit vorbeiging, half weder den einen noch den anderen.

Wesentlich erfolgreicher war ein anderer Experte, der italienische Minister Salvatore Barzilai, der sich allerdings nur mit einem Teilproblem der künftigen Alpengrenze Italiens befaßte. Im Auftrage der italienischen Armee legte er ein Memorandum vor, in dem der Einschluß des Sextentales in das von den italienischen Truppen besetzte Gebiet gefordert wurde. Dem Londoner Geheimvertrag lag die von Tolomei ausgearbeitete Grenzziehung zugrunde, die sich streng an die Adriatische Wasserscheide hielt. Das bedeutete für das Pustertal, daß die Grenze genau über die Wasserscheide zwischen Rienz und Drau lief, die, in der Landschaft kaum erkennbar, das Toblacher Feld überquert und dann über die östlichen Dolomitengipfeln, die Drei Zinnen und den Kreuzbergsattel zum Karnischen Kamm führt. Gemäß den Bestimmungen des Waffenstillstandsvertrages hatten sich die Italiener genau an diese Linie gehalten. Nun aber standen die italienischen Militärs auf dem Toblacher Feld und sahen, daß die Geographen, die erklärt hatten, Wasserscheiden seien nicht immer gute Grenzen, recht behalten hatten; denn diese Wasserscheide, obwohl sie die Gewässer der Adria von denen des Schwarzen Meeres trennte, war überhaupt keine Grenze. Hier stand man inmitten eines breiten, allseits offenen Tales, das überhaupt keinerlei Anhaltspunkte für eine Grenzziehung bot. Minister Barzilai machte sich zum Sprecher der militärischen Stellen und forderte, daß die künftige Grenze Italiens an dieser Stelle über die Wasserscheide hinweg auf den 2433 m hohen Helm vorgeschoben werden müßte, der das ganze höher gelegene Pustertal beherrscht. Außerdem sollte durch die Grenzziehung der Kreuzbergpaß zur Gänze in italienische Hand kommen. Damit konnte eine strategisch äußerst wichtige Querverbindung zwischen dem Pustertal und dem Cadore geschaffen werden. Künftig sollte die Grenze östlich von Innichen zwischen den Ortschaften Winnebach und Arnbach das Tal überqueren und über den Helm zum Karnischen Kamm führen.

Als man in Wien erfuhr, daß Italien zusätzlich das Sextental forderte, legte der Staatssekretär des Äußeren, Otto Bauer, sogleich auf dem Wege über die spanische Botschaft bei der italienischen Regierung dagegen Verwahrung ein. Von Nordtirol aus war dieses Gebiet, seit der Brenner von italienischen Truppen besetzt war, nicht mehr direkt erreichbar. Dies mag einer der Gründe gewesen sein, weshalb man in Innsbruck der Sextenfrage nicht die nötige Aufmerksamkeit schenkte. Aber auch im benachbarten Lienz versäumte man es, in dem noch unbesetzten Sextental entsprechend Vorsorge zu treffen. Eine zielbewußt und energisch an Ort und Stelle geführte Aktion hätte vielleicht die Lage noch retten können. Dabei fand Österreich, allerdings ohne es zu wissen, in dem Streit um das Sextental einen unerwarteten Verbündeten: Ettore Tolomei. Südtirol war zwar militärisch besetzt, aber noch keinesfalls politisch gewonnen. Tolomei fürchtete, ein Vorstoß über die Wasserscheide hinaus könnte seine mühsam aufgebaute und inzwischen politisch verankerte Theorie über die Wasserscheidengrenze in Gefahr bringen. Er arbeitete eine Denkschrift aus, in der er sich entschieden gegen die von Minister Barzilai aufgestellte Forderung wandte. Auch in dieser Denkschrift verrät Tolomei erstaunliche Detailkenntnisse. Jeder Bach, jeder Weg, jeder Bauernhof war ihm bekannt und wurde gewissenhaft in seinen Karten und Registern verzeichnet. Unter anderem heißt es darin: „Die peinliche Beachtung der Londoner Linie, die ein Desinteressement an diesen transalpinen Oberlaufgebieten beinhaltet, wird ihren guten Eindruck nicht verfehlen. Einstweilen ist festzustellen, daß unsere militärischen Instanzen dem Brenner wie dem Reschen den genauen Charakter der Wasserscheide zuerkannt haben. Die im Memorandum Barzilai vorgeschlagene Linie zweigt hingegen von der Londoner Linie ab, um das transalpine Becken von Innichen, also das Einzugsgebiet der Drau, zu umfassen. Es läßt sich nicht leugnen, daß dies vom nationalen Standpunkt aus eine Usurpation darstellt. Nach Ansicht der militäri-

Bild 13: Ossarium bei Innichen. Wie in Gossensass (Brenner) und auf der Malser Heide (Reschen) wurde auch an der Grenzstelle im Pustertal von den Faschisten ein eindrucksvolles Beinhaus geschaffen, um bei den Besuchern des Landes den Eindruck zu erwecken, die hier beigesetzten italienischen Soldaten wären bei der Eroberung Südtirols gefallen. Tatsächlich aber wurden diese an weit abgelegenen Frontabschnitten exhumiert und hier beigesetzt.

Bild 14/15: Brennerautobahn — Europabrücke. Mit dieser technisch großartigen Leistung, der ersten Autobahn, die über die Alpen führt, hat Tirol seine historische

Mission, den Norden mit dem Süden zu verbinden, vor aller Welt bekundet. Bezeichnend dafür auch, daß die höchste Brücke „Europabrücke" heißt.

Bild 16: Das Denkmal Walters von der Vogelweide. Man nimmt an, daß der berühmte Minnesänger auf dem Vogelweiderhof bei Klausen geboren wurde. Dieses Standbild befand sich ursprünglich auf dem Walterplatz und wurde von den Faschisten in einen abgelegenen Park verbannt.

schen Fachleute wird das Toblacher Feld von der Helmspitze beherrscht. Dieses letzte Argument scheint keinen entscheidenden Wert zu haben. Jede Grenzlinie in einem Korridor wird einen entfernten Gipfel haben, von dem aus sie beherrscht werden kann. Die guten Gründe, die für den Brenner galten, sollten bei der Behandlung der Toblacher Grenze nicht beiseite geschoben werden. Wenn man glaubt, daß Italien, nachdem es das ganze Gebiet erhalten hat, seinen Sinn nicht auf zukünftige Raubzüge oder neue Kriege richtet, ist es gut, auch in diesem Abschnitt nicht von der in London festgelegten Linie abzugehen, die auch militärisch gut ist, ohne mehr zu verlangen [98]."

So weit Tolomei. Leider hat Sonnino, so sehr er sich sonst auf die Arbeiten Tolomeis stützte, weil weder er selbst noch einer seiner Mitarbeiter diese genauen Kenntnisse besaß, diese Denkschrift ad acta gelegt, vielleicht weil Sonnino besser als Tolomei zu beurteilen vermochte, wieviel man Wilson zumuten könne. Wenn Wilson den Brenner schluckt, hieß es in bestimmten Kreisen der italienischen Friedensdelegation, kann man ihm auch noch mehr zu schlucken geben. Zu diesem mehr gehörte vor allem das Sextental. Österreich aber, das diesen „Raubzug" mehr oder weniger teilnahmslos hinnahm — ein Beweis für die damals herrschende allgemeine Verwirrung —, verlor mit Sexten eine der schönsten Landschaften der Alpen und das einzige Dolomitental, das durchgehend deutsch besiedelt ist.

Experte Nummer eins blieb auf italienischer Seite nach wie vor Ettore Tolomei. Je mehr sich die Verhandlungen zuspitzten, desto unentbehrlicher wurde er. In seinem in jahrelanger, mühevoller Arbeit aufgebautem Archiv verfügte er über ein reichhaltiges, detailliertes Material, das sich überall, wo es nötig war, zugunsten des italienischen Standpunktes verwenden ließ. Dabei verstand er es meisterhaft, die mangelnden geographischen und historischen Kenntnisse einzelner Staatsmänner der Alliierten, insbesonders der Amerikaner, auszunützen und einzelne Tatbestände, die der Wahrheit ins Gesicht schlugen, so geschickt und überzeugend darzustellen, daß sie gerade noch glaubhaft blieben. Seine Berichte und Darstellungen gingen immer hart an die Grenze des gerade-noch-Zumutbaren heran. Maßgebend für ihn blieb allein der Zweck, dem eine Sache diente.

Es fiel der italienischen Regierung nicht schwer, das von den amerikanischen Experten ausgearbeitete Gutachten zu widerlegen. Während nunmehr strategische Beweggründe zurücktraten, wurde in diesem

Memorandum der Rechtsstandpunkt konsequent vertreten. In London habe man Italien den Brenner zugesagt. Auf Grund dieser Zusage, sei Italien an der Seite der Alliierten in den Krieg getreten und habe ungeheure Opfer gebracht. Italien besitze also einen legitimen Anspruch auf die Brennergrenze. Eigenhändig fügte Sonnino diesem Memorandum ein Wort des italienischen Dichters Petrarca hinzu, die ersten Verszeilen eines der berühmten „Canzoni":

„Gut sorgte die Natur für unseren Staat,
Als sie den Schutz der Alpen
Zwischen uns und den deutschen Zorn stellte" —

Nicht minder eifrig war man auf Seite Tirols bemüht, die gegebenen geographischen, historischen und ethnographischen Tatsachen, die eindeutig für die Salurner Grenze sprachen, ins Gespräch zu bringen. Während aber die auf italienischer Seite ausgearbeiteten Berichte unmittelbar in die Büros der Friedenskonferenz und damit in die Hände jener Staatsmänner gelangten, die über das Schicksal Südtirols zu entscheiden hatten, blieb den in Innsbruck und Wien verfaßten Berichten dieser Weg verschlossen. Man konnte sich dabei lediglich an die breite Öffentlichkeit wenden und nur selten gelang es geschickten Unterhändlern, an die maßgebenden Persönlichkeiten heranzukommen.

Anfangs März schien es, als würde sich der Standpunkt, den die Tiroler vertraten, durchsetzen. Als Antwort auf das italienische Memorandum wurde von Oberst House, der den vorübergehend nach Amerika zurückgekehrten Präsidenten vertrat, neuerdings eine aus amerikanischen Sachverständigen gebildete Kommission nach Südtirol gesandt, um die strittigen Probleme an Ort und Stelle zu studieren. Die italienischen Behörden boten bereitwillig ihre Unterstützung an, die jedoch von den Mitgliedern der Kommission mit dem Hinweis abgelehnt wurde, daß man sich möglichst unbeeinflußt ein Bild der tatsächlichen Lage machen wolle. In Innsbruck hoffte man, daß diese Kommission das Gutachten vom 21. Januar revidieren und sich für die Salurner Grenze aussprechen würde. Wenige Wochen später wurden diese Hoffnungen bitter enttäuscht; denn auch diese Kommission konnte sich nur zu einem flauen Kompromiß durchringen, das nicht besser war als das erste.

Kurz bevor Präsident Wilson wieder auf der Friedenskonferenz erschien, überreichte die aus dem Ministerpräsident Orlando und den Ministern Sonnino, Salandra und Barzilai bestehende italienische Delegation in Paris ein Memorandum, das die territorialen Forderungen

Italiens zusammenfaßte. Daß der Text dieses diplomatischen Schrift-
stückes zugleich durch die amtliche „Agenzia Stefani" verbreitet wurde
und in der italienischen Presse erschien, bewies, daß die Vertreter Italiens nicht gewillt waren, von ihren Forderungen abzugehen und gewissermaßen das ganze Volk zur Zeugenschaft aufriefen. Dieses Memorandum war ein Meisterwerk der Politik des „Sacro Egoismo". Mit Befriedigung konnte Ettore Tolomei feststellen, daß der auf Südtirol bezogene
Text wörtlich aus seinen Schriften übernommen worden war. Strategische Gründe tauchten darin nur mehr am Rande auf. Die Forderung
nach der Brennergrenze wurde im wesentlichen damit begründet, daß
Südtirol ein Land italienischer Nationalität sei.

Berichte, Gutachten, Denkschriften — nach wie vor stand Meinung
gegen Meinung. Die Arbeit der Experten war beendet. Nun hatten die
Staatsmänner das Wort.

SCHWERPUNKT ADRIA

Als Präsident Wilson Mitte März nach Paris zurückkehrte, traten die
Verhandlungen der Friedenskonferenz in die entscheidende Phase.
Nachdem Rußland, das sich dem Bolschewismus zugewendet und gegen
die Alliierten Stellung bezogen hatte, nicht an der Pariser Konferenz
teilnahm, Japan sich mit einer bescheidenen politischen Rolle begnügen
mußte, wurden alle wichtigen Entscheidungen vom Präsidenten der Vereinigten Staaten und den Ministerpräsidenten Englands, Frankreichs und
Italiens getroffen. Man bezeichnete Wilson, Lloyd George, Clemenceau
und Orlando als die „Großen Vier", wobei allerdings die Stellung des
italienischen Ministerpräsidenten mitunter fraglich blieb, so daß man
sich begnügte, von den „Großen Drei" zu sprechen. Die Geheimverhandlungen, die im Großen Rat geführt wurden, durften nicht protokolliert
werden. Doch sind durch amerikanische Quellenpublikationen und durch
die Veröffentlichungen des französischen Dolmetschers Mantoux diese
Gespräche mittlerweile größtenteils bekannt geworden. Obwohl Wilson
als ersten Punkt seines Friedensprogrammes den Grundsatz der offenen
Diplomatie verkündet hatte, wurden alle anderen Verhandlungen fast
immer geheim geführt. Die verschiedenen politischen Probleme und

territorialen Fragen wurden von 58 Sonderausschüssen behandelt.

Die Konferenz stand im Zeichen eines ständig zunehmenden französischen Einflusses. Frankreich hatte nicht nur den Krieg vier Jahre lang im eigenen Lande gehabt, es hatte auch dafür die größten Opfer gebracht. In Ministerpräsident Georges Clemenceau fand es einen Staatsmann, der hart und unerbittlich, mitunter starrsinnig die Interessen seines Landes vertrat. Für die Südtirolfrage blieb entscheidend, welche Stellung Frankreich gegenüber Österreich einnehmen würde. In gewissem Sinne betrachtete sich Clemenceau als einen der Väter dieser neuen Republik. Als er, vor einer Landkarte des Donaugebietes stehend, gefragt wurde, welche Gebiete bei Österreich bleiben würden, antwortete er: „Das, was die anderen übrig lassen — der Rest ist Österreich." Doch mit diesem bitteren Wort, «le reste çe l'Autriche» konnte man sich in Österreich nicht abfinden. Jahrhundertelang hatte man in einem Reich gelebt, das von der Sarmatischen Steppe bis an die Adria, von den Karpaten bis zum Bodensee gereicht hatte, und war gewohnt, großräumig zu denken. Die einzige Möglichkeit, aus diesem aufgezwungenen Kleinstaat hinauszukommen, lag im Anschluß an Deutschland. Der erste Punkt der Verfassung, die man sich gegeben hatte, lautete daher: „Deutsch-Österreich ist ein Bestandteil der Deutschen Republik." Dies aber widersprach völlig der Politik Clemenceaus, der unter allen Umständen jede Stärkung Deutschlands zu verhindern suchte. Der Gedanke, daß Deutschland die Gebietsverluste, die ihm in diesem Friedensvertrag auferlegt wurden, durch den Anschluß Österreichs auszugleichen vermochte, war Clemenceau unerträglich. Abgesehen davon, war es für Frankreich wichtig zu verhindern, daß Deutschland und Italien unmittelbar Tuchfühlung gewannen. Der neutrale West-Ost-Korridor über die Schweiz und ein selbständiges Österreich schien Frankreich lebenswichtig. Die französische Politik im Donauraum war daher auf zwei Ziele ausgerichtet, einerseits den Anschluß Österreichs an Deutschland zu verhindern, also Österreich in seiner Eigenständigkeit zu bestärken, anderseits die politische Stellung, die Österreich jahrhundertelang im Donauraum innegehabt hatte, selbst zu übernehmen. Zu diesem Zweck versuchte man, den französischen Einfluß in den Nachfolgestaaten zu verstärken und zwischen der Tschechoslowakei, Rumänien und Jugoslawien unter der Führung Frankreichs ein Bündnis zu schaffen, das in der folgenden Zeit die „kleine Entente" genannt wurde. Clemenceau unterstützte daher in den Beratungen der „Großen Vier" die Forderungen der südslawischen Politiker. Dies führte zu einem schroffen Gegensatz zwischen Clemenceau und Orlando, Spannungen, die für die italienische Politik umso gefährlicher waren, als auch Wilson eindeutig Südslawien unterstützte.

In Wien hoffte man daher, der französischen Unterstützung in der Südtirolfrage sicher zu sein. Überraschend nahm Frankreich als erster der ehemals feindlichen Staaten diplomatische Beziehungen mit Österreich auf. In Rom wurden die Verhandlungen, die der außerordentliche Gesandte Frankreichs, Henri Allizé, mit der Wiener Regierung führte, mit großem Mißtrauen beobachtet, weil man befürchtete, Frankreich würde sich hinsichtlich Südtirols auf die Seite Österreichs stellen.

Aber der französischen Politik ging es lediglich darum, den Anschluß an Deutschland zu hintertreiben und sich den neutralen Korridor zur befreundeten slawischen Welt offen zu halten. Niemals dachte Clemenceau ernstlich daran, die Südtirolfrage einer gerechten Lösung zuzuführen. Im Gegenteil! Frankreich war daran interessiert, durch eine für Österreich ungünstige Regelung dieser Frage zwischen deutschem und italienischem Gebiet eine Spannungszone zu schaffen, die eine künftige Verständigung beider Völker erschweren würde. Südtirol sollte nach dem Willen Clemenceaus zu einem dauernden Konfliktstoff zwischen Deutschen und Italienern werden. Tatsächlich hat das Südtirolproblem bis in unsere Tage hinein die nachbarlichen Beziehungen beider Völker belastet. Ganz gegen die Art und den Willen seiner Bewohner ist dieses an sich so friedliche Land zu einem Element der Unruhe in Europa geworden.

Im Laufe des Monates März traten bei den Verhandlungen, die mit den italienischen Staatsmännern in Paris geführt wurden, die Probleme des Adriaraumes in den Vordergrund. Völlig unerwartet war die Frage der Zugehörigkeit von Stadt und Hafen Fiume auf der Friedenskonferenz zu einem Streitfall geworden. Es läßt sich schwer feststellen, ob diese Frage lediglich von den nationalistischen Kreisen Italiens, die noch immer fürchteten, der Sieg von Vittorio Veneto könnte von den Alliierten „verstümmelt" werden, aufgegriffen worden war oder ob die italienische Regierung selbst die Fiumefrage aufgerollt und ins Volk getragen hatte, um sich auf der Pariser Konferenz damit ein politisches Druckmittel zu verschaffen. Vermutlich waren beide Teile an dieser Aktion beteiligt. Wie sich vor dem Ausbruch des Krieges ganz Italien an der Parole „Trento e Trieste" begeistert hatte, entflammte sich jetzt das italienische Volk an dem Ruf: „Fiume! Fiume!" Doch lagen die politischen Verhältnisse in diesem Falle völlig anders. Während Trient ebenso wie Triest unbestritten italienische Städte waren, blieb Fiume, das die Kroaten Rijeka nennen, eine im wesentlichen kroatische, also südslawische Stadt, in der es nur eine geringe italienische Minderheit gab, die sich aber, um sich bemerkbar zu machen, umso lebhafter gebärdete. Wirtschaftlich gesehen war es sinnlos, Italien, das den Hafen von Triest schon sicher in der Hand hatte, noch einen zweiten großen Adriahafen zuzubilligen, nachdem man sich in Venedig ohnehin schon Sorge machte, der Hafen von Triest, der von Österreich im Laufe von nahezu sechs Jahrhunderten vorbildlich ausgebaut worden war, könnte sich künftig zu einer unliebsamen Konkurrenz für Venedig entwickeln. Für den neu geschaffenen Südslawenstaat hingegen bildete Fiume den einzigen Hafen an der Adria, der zugleich auch über gute Verbindungen in das Landesinnere verfügte. Mit vollem Recht erklärten die Politiker Südslawiens, Rijeka-Fiume sei für ihren Staat unbedingt lebenswichtig. Noch schwieriger war es für Italien, den Anspruch auf Fiume politisch zu begründen; denn im Londoner Geheimvertrag hieß es lediglich: „Ganz Istrien bis zum Quarnero und die vorgelagerten Inseln", ohne daß jedoch Fiume ausdrücklich erwähnt worden wäre. In dieser äußerst fragwürdigen Position das Problem „Fiume" aufzuwerfen, war vermessen; denn Orlando wußte genau, daß Wilson in dieser Frage ganz auf Seite der Südslawen stand und Fiume niemals in andere Hand geben würde. Ebenso wußte Orlando, daß auch Clemenceau in dieser Frage die Forderungen der Südslawen unterstützte. Selbst England, das sich bisher mehr oder weniger an den Londoner Geheimvertrag gehalten hatte, fühlte sich nicht verpflichtet, den italienischen Anspruch auf Fiume zu akzeptieren, nachdem es dafür keine Verpflichtung übernommen hatte.

So aussichtslos der Streit für Italien war — Orlando blieb unnachgiebig. Es kam zu heftigen Auseinandersetzungen mit den Vertretern Südslawien. Schließlich riefen beide Teile Wilson als Schiedsrichter an. Für Wilson aber war das Problem Fiume zu einem Modellfall geworden, an dem sich seine eigene Doktrin bewähren mußte. Die Verhandlungen mit der italienischen Delegation gerieten in eine schwere Krise.

Dabei war auch die Frage der Brennergrenze nach wie vor offen. Die bescheidenen Zusagen, die Österreich von den Franzosen in dieser Hinsicht gemacht wurden, beunruhigten Rom, auch wenn es sich dabei bloß um taktische Manöver handelte. Tolomei war über den Stand der Verhandlungen in Paris schwer betroffen. Auch wenn er selbst keine offizielle Stellung innehatte und auch nicht der italienischen Delegation angehörte, war er doch immer und überall zur Stelle, wo man ihn brauchte. Unerbittlich kämpfte er für das Ziel seines Lebens, die Brennergrenze. Er war bestürzt darüber, daß die italienischen Staatsmänner in Paris die Probleme, die sich in der Adria ergeben hatten, wichtiger nahmen als die Grenzfragen im Alpenraum. Außerdem mußte man befürchten, daß das Kabinett Orlando-Sonnino durch eine sozialistische Regierung abgelöst werden könnte. Nachdem in der sozialistischen Partei Italiens noch immer die Mehrheit gegen eine Annexion Südtirols war, bestand die Gefahr, daß eine von den Sozialisten geführte Regierung die Salurner Grenze akzeptieren würde. Tolomei führte in Rom Besprechungen mit dem Generalsekretär im Ministerium des Äußeren, De Martino, und entwarf in Eile ein Memorandum, in dem er die italienische Friedensdelegation beschwor, in der Frage der Brennergrenze nicht nachzugeben und sein Programm, das die Italienisierung Südtirols „ohne Gewalt aber auch ohne Schwäche" vorsah, zu akzeptieren. Orlando sowohl wie auch Sonnino stimmten dem Bericht Tolomeis vollinhaltlich zu. Minister Barzilai erhielt den Auftrag, entsprechende Richtlinien für die künftige Politik in Südtirol auszuarbeiten. Doch Tolomei gab sich damit nicht zufrieden. Mit neuem, erschöpfendem Material, das den italienischen Charakter Südtirols beweisen sollte, reich versehen, fuhr er selbst nach Paris, um zur Stelle zu sein, wenn bei den politischen Verhandlungen die Frage der Brennergrenze zur Entscheidung stand. Zugleich konzentrierte er sich auf den publizistischen Kampf, um den Tirolern, die auf diesem Gebiete äußerst aktiv waren, das Wasser abzugraben. So entbrannte in den Wochen, die der Entscheidung über das Schicksal Südtirols vorangingen, zwischen beiden Lagern eine heftige Polemik in der internationalen Presse. Mit einer Flut von Aufsätzen, Berichten, Broschüren und Büchern wurde versucht, die Weltmeinung für sich zu gewinnen. Die Tiroler hatten eindeutig das Recht auf ihrer Seite. Eine Reihe bedeutender Schriftsteller und Journalisten, wie Reutt-Nicolussi, Franz von Wieser, Philipp Dengel, Hermann von Schullern, Richard von Pfaundler, Wilhelm Romehder, Karl von Grabmayr kämpften unentwegt für die Einheit und das Recht des Landes. Ihnen schlossen sich die Ladiner an, die ihre rhätoromanischen Stammes- und Sprachgenossen in Graubünden zu Hilfe riefen und der Friedenskonferenz ein entsprechendes Memorandum vorlegten. Tolomei und seine Mitarbeiter antworteten in heftig-

ster Form und überschütteten die Welt mit einer Flut von Propaganda-
schriften, in denen die historische Wahrheit in ihr Gegenteil verkehrt
und Südtirol als ein vorwiegend italienisch besiedeltes Land dargestellt
wurde.

Noch blieb sowohl in Frankreich wie in England die öffentliche Meinung über die Südtirolfrage völlig offen. Obwohl man sich in Innsbruck wie in Wien der Schwäche der eigenen Position durchaus bewußt
war, hoffte man noch immer, Wilson würde an der feierlich proklamierten ethnographischen Nordgrenze Italien festhalten und damit eine
Entscheidung zugunsten der Südtiroler treffen.

In Paris nahmen die Verhandlungen mit Italien eine dramatische
Wendung. Orlando hatte sich in der Fiumefrage in eine schwierige Lage
manövriert. Angesichts der von ihm selbst gesteuerten Propaganda für
den Anschluß Fiumes an Italien war es ihm unmöglich geworden, seine
Forderung zurückzuziehen, ohne vor der eigenen Nation das Gesicht zu
verlieren. Noch hoffte Orlando sowohl Fiume wie auch den Brenner
zu gewinnen. Als er einsehen mußte, daß dies unmöglich war, entschloß
er sich zu einem spektakulären Schritt: Grollend verließ er die Konferenz und kehrte nach Rom zurück.

DEN BRENNER FÜR FIUME

Im Laufe der folgenden Tage fanden in allen großen Städten Italiens
Massenkundgebungen statt, auf denen stürmisch der Anschluß von Fiume
an Italien gefordert wurde. Anscheinend hatte die italienische Delegation
alles auf diese Karte gesetzt. Allerdings gab es in diplomatischen Kreisen
auch Stimmen, welche diese einseitige, anscheinend kompromißlose Haltung Orlandos anders beurteilten. Es ginge den italienischen Staatsmännern, so sagte man, im Ernstfalle gar nicht um Fiume, das, wie eindeutig feststand, für Italien keineswegs lebenswichtig war. Vielmehr
handle es sich lediglich darum, mit der Forderung nach Fiume ein politisches Druckmittel in die Hand zu bekommen, durch das man andere
für Italien viel wichtigere Forderungen entsprechend abstützen könne.
Es liege in der Politik des „Sacro Egoismo", bei schwierigen diplomatischen Verhandlungen mehr zu verlangen, als man tatsächlich verlangen

wolle, um das übrige, auf das man in keinem Fall verzichten möchte, um so entschiedener beanspruchen zu können. Das heikle Problem Fiume, das beinahe die Pariser Konferenz zum Scheitern bringe, sei ohne weiters durch ein Kompromiß zu lösen, erklärte man. Es käme bloß darauf an, den italienischen Staatsmännern entsprechende Gegenleistungen anzubieten. Anscheinend haben diese oder ähnliche Gedankengänge auch die Haltung Wilsons gegenüber den italienischen Forderungen bestimmt.

Der 14. April 1919 war für Tirol ein schwarzer Tag. Praktisch wurde an diesem Tage das Schicksal Südtirols entschieden, nahezu drei Wochen bevor man die österreichische Delegation einlud, nach Paris zu kommen. An diesem Tage übergab Präsident Wilson der italienischen Delegation einen persönlichen Brief, in dem er zu den einzelnen Gebietsforderungen Italiens Stellung nahm. Wilson erhob in aller Form gegen die italienische Forderung auf Fiume Einspruch. Durch den Zusammenbruch der österreichisch-ungarischen Monarchie seien im Adriaraum völlig geänderte politische Verhältnisse geschaffen worden und neue Staaten entstanden, deren Lebensrechte beachtet werden müßten. Dann erklärte Wilson, persönlich sei er einverstanden, daß Italien auf seiner ganzen Nordgrenze überall, wo es mit österreichischem Gebiet zusammenstößt, alles zugestanden werde, was ihm im sogenannten Londoner Vertrag zugestanden worden sei. Bezeichnend dafür ist eine persönliche Notiz von Oberst House in seinen Erinnerungen: „Frazier erzählte mir, wie Orlando ihn bat, zu dolmetschen. Niemand anderer war dabei als er, Wilson und Orlando. Orlando redete über Fiume und Wilson antwortete: ‚Ich kann nicht zustimmen, daß Fiume zu Italien kommt, aber sie können für die Brennerlinie auf mich rechnen' [99]." Damit sagte Wilson Italien die Brennergrenze zu, allerdings mit der Einschränkung, daß es sich bei diesem Zugeständnis um seine persönliche Meinung handle. Endgültig könne darüber nur die Friedenskonferenz entscheiden.

Man war in den Kreisen der italienischen Delegation klug genug, aus diesem Brief Wilsons zunächst nur den Verzicht auf ein Fiume herauszuhören und dagegen heftig zu protestieren, um damit den Preis, der durch diesen Verzicht gegeben war, noch mehr in die Höhe schrauben zu können. Anderseits mußte man unter allen Umständen verhindern, daß Wilson von seiner Zusage bezüglich der Brennergrenze abrückte. Als Wilson am 24. April den Inhalt seines an die italienische Delegation gerichteten Briefes der Weltpresse bekanntgab, beeilte sich Orlando von Rom aus unverzüglich den Standpunkt des amerikanischen

Präsidenten zu fixieren. In einer Gegenerklärung, die Orlando der Presse übergab, hieß es, die Botschaft des Präsidenten bestätige, daß Italien durch die Konzessionen, die es gemacht hat, die „Alpenmauern" erhalten würde, die seine natürlichen Verteidigungsgrenzen darstellen. Dies sei ein Zugeständnis von ungeheurer Bedeutung unter der Bedingung, daß die östliche Flanke dieses Walles nicht ungeschützt bleibt.

Damit war die brennendste Frage, um die es für Österreich ging, die Einheit des Landes Tirol, bereits „unter der Hand" entschieden worden. Um dieses politische Geschäft auf die einfachste Formel zu bringen: Italien hat sich für den Verzicht auf Fiume den Brenner eingehandelt.

Nicht aus den offiziellen Berichten, die im Rahmen der Pariser Friedenskonferenz veröffentlicht wurden, sondern aus den Aufzeichnungen und Tagebüchern einzelner Konferenzteilnehmer kann man feststellen, wie und in welcher Atmosphäre die einzelnen Entscheidungen getroffen wurden. So hat beispielsweise der britische Diplomat Harald Nicolson, der zur Zeit der Pariser Konferenz als junger Beamter im Foreign Office tätig war, eine dieser Szenen folgendermaßen geschildert: „Ich wartete im Vorzimmer auf meinen Chef, Lord Balfour. Plötzlich gegen dreiviertel vier Uhr öffnete sich die Tür und heraus kommt Lloyd George, gefolgt von Bonar Law, Balfour und Präsident Wilson. ‚Oh‘, ruft Balfour, ‚mein Gott! Haben Sie die ganze Zeit gewartet? Das habe ich gar nicht gedacht. Da war mehreres, was ich Sie fragen wollte. Zum Beispiel . . .‘ Dann zum Präsidenten gewandt: ‚Das ist ein junger Freund von mir, der uns alles hätte sagen können, was wir brauchten. Also warten Sie mal, was war denn das, was wir wissen wollten? O ja, Fiume.‘ Wilson: ‚Nein, nicht Fiume. Das hatten wir alles. Was wir haben wollten war die genaue Zahl der Deutschen, die von Italien annektiert würden, wenn es die Brennergrenze bekäme. Also können Sie uns das sagen?‘ ‚Nicht ganz, Herr Präsident, ich habe nicht die genauen Zahlen . . . Es werden ungefähr 240.000 sein oder . . .‘ Wilson: ‚Oder waren es nicht 250.000?‘ Nicolson verlegen: ‚Well, Herr Präsident, ich wollte eben sagen, 245.000.‘ Wilson: ‚Also eine Sache von Tausenden auf jeden Fall.‘ Nicolsen: ‚Gewiß, und zwar von antiitalienischen Tausenden.‘ Wilson: ‚Diese sind nur für die Deutschen, für Österreich?‘ Nicolson: ‚Well, für Tirol.‘ . . . Wilson: ‚Also gute Nacht, meine Herren, gute Nacht, Mr. Balfour‘." Wir zogen uns zurück. Das nennt sich sachverständige Auskunft geben. Balfour, während sie hinuntergehen: „Die Wahrheit zu sagen, die letzte halbe Stunde haben wir nur darüber diskutiert, ob man Napoleon oder

Friedrich den Großen selbstlose Patrioten nennen kann." Nicolson: „Und was war das Ergebnis?" Balfour: „Ach — das hab ich vergessen [100]."

Ray Stennard Baker, der Vorsitzende des amerikanischen Pressekomitees auf der Friedenskonferenz, schrieb auf reichhaltiges Aktenmaterial gestützt ein Buch über die Arbeit Präsident Wilsons auf dieser Konferenz. Darin behauptet Baker, Wilson habe später seine Entscheidung über Südtirol als groben Fehler angesehen und tief bedauert. Diese Entscheidung sei gefallen, noch ehe er diese Frage sorgfältig studiert habe und hinterher sei er durch seine Orlando gegebene Zusage gebunden gewesen. Es besteht aber kein Zweifel darüber, daß Wilson über den deutschen Charakter dieses Gebietes volle Klarheit besaß und daß er wider besseres Wissen und in schroffem Gegensatz zu den von ihm selbst vertretenen Ansichten um einer fixen Idee willen so gehandelt und die deutsche Bevölkerung Südtirols dem reinen Machtanspruch Italiens preisgegeben hatte. Im übrigen nochmals Fiume: Zwar hatte Italien bei den Verhandlungen in Paris auf Fiume verzichtet, um sich dafür die Brennergrenze garantieren zu lassen, aber kaum hatte die Friedenskonferenz ihre Arbeit beendet, fiel im September des Jahres 1919 der italienische Dichter Gabriele d'Annunzio mit seinen Freischaren in Fiume ein und nahm Stadt und Hafen für Italien in Besitz. Dies war die Antwort, die das Land des „Sacro Egoismo" dem amerikanischen Präsidenten gab. Erst nach dem zweiten Weltkrieg im Jahre 1947 wurde Fiume = Rijeka zugesprochen.

TOLOMEI IN PARIS

Wieder erschien Tolomei in Paris, wieder genau zum richtigen Zeitpunkt und wieder mit genau den richtigen Vorschlägen, um nun, da die Brennergrenze bereits so gut wie gewonnen war, diesen großartigen politischen Gewinn in die richtige Form zu bringen.

Inzwischen war man auch in Rom zu der Ansicht gelangt, daß es besser sei, das, was auf der Friedenskonferenz bisher erreicht worden war, entsprechend zu sichern, als sich allzu sehr auf das zur Zeit Unerreichbare festzulegen. Orlando sah ein, daß sein voreiliger Schritt, die Konferenz zu verlassen, nicht jene Wirkung hatte, die von ihm beabsichtigt gewesen war. Im Gegenteil! Frankreich und England wußten seine Abwesenheit geschickt auszunützen, um sich mit Wilson über eine Reihe offener Fragen zu verständigen. Orlando erkannte den schweren Fehler, den er gemacht hatte, und besaß die Selbstüberwindung, ungerufen am 8. Mai wieder nach Paris zurückzukehren. Die Verhandlungen mit Italien wurden wieder aufgenommen, als sei nichts geschehen. Die Frage Fiume wurde zunächst ausgeklammert. Orlando und Sonnino setzten alles daran, um wenigstens die Brennergrenze ohne jede Einschränkung zu sichern.

Bei allen Fragen, die Südtirol betrafen, erwies sich Tolomei als die treibende Kraft. Man hat die Rolle, die Ettore Tolomei bei den Verhandlungen auf der Friedenskonferenz gespielt hat, bisher nicht immer richtig gesehen; denn von italienischer Seite aus wurde die Tätigkeit Tolomeis in Paris entweder geringschätzig abgetan oder völlig verschwiegen, weil man das Verdienst der italienischen Staatsmänner nicht schmälern wollte. Tolomei war immer da, wenn man ihn brauchte und griff immer ein, wenn es nötig war. Mit sicherem Instinkt wußte er in jeder noch so schwierigen Situation das Richtige vorzuschlagen. Mitte Mai arbeitete er eine neue äußerst wichtige Denkschrift aus, die er Orlando zur Kenntnis brachte. Er wußte, daß die Brennergrenze bereits von Wilson zugesagt worden war. Darüber brauchte man nicht mehr zu sprechen. Die Gefahr für das gewonnene Gebiet lag anderswo, nämlich darin, daß man Italien verpflichtete, den Deutschen in Südtirol ein bestimmtes Statut, das heißt, ein bestimmtes Maß an Freiheit zu gewähren. Dies mußte unter allen Umständen verhindert werden.

Die Denkschrift Tolomeis enthielt vier wesentliche Punkte:
1. keine Volksabstimmung
2. keine Autonomie
3. kein Minderheitenschutz
4. keine Einmischung von außen. Die Südtirolfrage sollte eine völlig interne italienische Angelegenheit bleiben, in die sich fremde Staaten, auch nicht Österreich, einzumischen hätten. Damit sollte für die von Tolomei großzügig vorbereitete Italienisierung Südtirols freie Bahn geschaffen werden.

Mittlerweile aber war es bei der abschließenden Behandlung des italienischen Anspruches auf die Brennergrenze zu heftigen Zusammenstößen innerhalb der „Großen Vier" gekommen. Auch in den vorberei-

212

tenden Kommissionen konnte man sich nur mit Mühe über einzelne Fragen einigen. Angeblich hatte sich Wilson inzwischen überzeugt, daß sich bei der Darstellung der ethnographischen Verhältnisse in Südtirol schwerwiegende Fehler eingeschlichen hätten. Bozen und Meran seien deutsche Städte, hieß es, dies müsse man berücksichtigen. In Italien rechnete man bereits mit einem neuerlichen Umfall Wilsons. Orlando versuchte mit allen Mitteln den Standpunkt Italiens zu verteidigen. Minister Salandra verließ aus Protest gegen die Art, in der man die italienischen Ansprüche behandelte, die Konferenz, ein Schritt, der allerdings ebenso wie seinerzeit die überstürzte Abreise Orlandos in Paris wenig Eindruck machte.

Die verzweifelten Versuche von Innsbruck und Wien, in letzter Stunde auf die Entscheidung über das Schicksal Südtirols Einfluß zu nehmen, wurden überhaupt nicht beachtet und blieben völlig erfolglos. Auch ein britisches Memorandum, in dem vorgeschlagen wurde, die „klar erkennbare Grenzlinie zwischen den beiden Völkern" als Nordgrenze Italiens festzulegen, kam nicht zum Zuge, ebensowenig ein sehr beachtliches amerikanisches Gutachten, das den österreichischen Vorschlag, Tirol zu neutralisieren, geschickt aufgriff und beantragte, Italien zwar aus militärischen Gründen die Brennergrenze zuzugestehen, Südtirol aber volle Autonomie zu gewähren und die Bevölkerung dieses Landes der Militärdienstpflicht zu entbinden.

Wilson ging es zunächst nicht um eine Entscheidung über die italienische Alpengrenze, sondern um eine befriedigende Lösung der Fiumefrage, die noch immer offen geblieben war. Der französische Diplomat André Tardieu hatte einen Plan ausgearbeitet, der zwar den Ansprüchen der Südslawen einigermaßen gerecht wurde und ihnen Stadt und Hafen Fiume zusicherte, anderseits aber doch gewissen italienischen Wünschen entgegenkam. Damit war eine geeignete Verhandlungsbasis geschaffen.

Luigi Aldovrandi-Marescotti, der in der entscheidenden Phase der Verhandlungen Sekretär des Ministerpräsidenten Orlando war, hat einige Jahre später Orlando gebeten, ihm mitzuteilen, wie die Brennergrenze zustande gekommen sei und hat die freimütige Antwort Orlandos in seinem Buche „Guerra diplomatica" wortgetreu veröffentlicht.

Orlando erklärte: „Die vorhergehenden Verhandlungen über die italienischen Forderungen ergaben eine tiefgehende Gegensätzlichkeit. Wilson, — und das ist ein neuerlicher Beweis für seine persönliche Gebundenheit zugunsten der Südslawen — der sich so starr und unnachgiebig gegen die Eingliederung von Bevölkerungsteilen slawischer Rasse in unser Grenzgebiet gezeigt hatte, kümmerte sich hingegen gar nicht um die eventuelle Einbeziehung von Deutschen. Er tat noch mehr: Durch seine Bereitwilligkeit, Italien die Brennerlinie als Grenze zu gewährleisten, wollte er uns zwingen, auf unsere Forderungen an der Adria zu verzichten. Frankreich und England unterhielten ihrerseits die Verbindung mit Österreich aufrecht, weil sie hofften, an Hand etwaiger Zugeständnisse in Südtirol die Hindernisse verstärken zu können, die Österreich von einer zu starken Annäherung an Deutschland abbringen sollten.

Wilson hatte also den Brenner als eine Art von Pfand in Südslawiens Interesse in der Hand. Als in der zweiten Hälfte April die Zwistigkeiten mit Wilson so heftig wurden, das es endlich zum Bruch mit uns kam, blieb die Brennergrenze definitiv in der Schwebe. Wir beratschlagten unter uns vieren über jeden einzelnen Teil des Friedensvertrages mit Österreich, nur nicht über die italienische Grenze.

Darüber war ich beunruhigt, deshalb kultivierte ich, — das ist der wahre Ausdruck dafür, — die verschiedenen vergleichenden Lösungen, darunter als letzte den bekannten Kompromiß von Tardieu. Aber ich wiederhole, daß ich diese Unterhandlungen ganz besonders darum pflegte, weil ich die Brennerfrage endlich gelöst haben wollte. Am Abend des 28. Mai konnte ich Wilson durch Oberst House mitteilen lassen, daß ich den von Tardieu vorgeschlagenen Vergleich als Erörterungsbasis annehmen würde. Diese Mitteilung hatte die Zusammenkunft unseres Viererrates am kommenden Morgen zur Folge. Entsprechend dem Inhalt meines Vorschlages hatte diese neue Geste fast sofort die Kraft, das Eis zwischen mir und Wilson zu brechen. Dann entspann sich die folgende Szene:

Ich komme mit House an und finde Wilson im Zusammensein mit Clemenceau und Lloyd George. Wilson erhebt sich, kommt auf mich zu, breitet beide Arme aus und fast hat es den Anschein, als wolle er mich umarmen. Da sagt er zu mir, daß ich durch die Annahme des Kompromisses von Tardieu doch gezeigt hätte, daß ich versöhnlichen Geistes sei. Er wisse diese meine Einstellung zu schätzen, bewundere sie und so fort. Nach diesen Worten wandte er sich nach beiden Seiten um und sagte: „Und was soll nun morgen mit der Grenzregulierung Italiens gemacht werden?" Lloyd George und Clemenceau hüllten sich in peinliches Schweigen. Oberst Hankey bemerkte, daß in den Friedensbedingungen, die schon in die Druckerei gegeben worden sind, die Grenze Italiens mit dem Worte „Reservée" überschrieben sei.

Wilson erwidert darauf: „Aber diese Frage soll nicht zurückgestellt werden! Italien hat das Anrecht auf diese Grenze und es ist notwendig, daß sie ihm zugebilligt werde." Das Schweigen der beiden anderen dauert fort. Hankey fragt: „Werden wir die Grenzlinie am Brenner so ziehen, wie sie aus dem Londoner Vertrag herausging?" Wilson antwortet: „Ja, aber mit einigen Änderungen, da die im Vertrag von London vorgesehene Festlegung die Forderungen Italiens nicht genügend befriedigt. Diese Regulierung muß durch die Hinzunahme der Täler von Sexten und Tarvis noch geändert werden." Die anderen schweigen beharrlich weiter. Und so kamen wir in den Besitz des Brenners und überdies der Täler von Tarvis und von Sexten [101]."

Über die nun anschließende Sitzung hat Orlando dem italienischen Journalisten, Severino Colmano, der seinerzeit italienischer Presseattaché in Paris war, folgenden Bericht gegeben:

„Während der bedeutungsvollsten Phasen der interalliierten Gespräche über den Friedensvertrag mit Österreich verflüchtigte sich die Legende, Südtirol könne uns von selber wie eine reife Frucht in den Schoß fallen. In Wirklichkeit mußten unsere Diplomaten wacker kämpfen, auch für die Alpengrenze, nicht weil sich die Alliierten aus Liebe zu den Deutschen in Südtirol nicht zu fassen gewußt hätten — sie hatten davon nicht wenige Millionen der Tschechoslowakei und Polen geschenkt —, sondern wegen der bekannten Illusion, daß eine bevorzugte Behandlung bei den Österreichern die nationalen Gefühle einschläfern könnte.

Doch hier wurde die Österreich-Freundlichkeit der Anglo-Franzosen vor dem leichtfertigen Dillettantismus des amerikanischen Präsidenten zuschanden.

Als der Augenblick gekommen war, auf der Karte unsere neuen Grenzen festzustellen, zog der schweigsame Sonnino aus seiner Aktentasche ein Blatt hervor und, nachdem er sich die Brille zurechtgerückt hatte, begann er mit der eintönigen Stimme eines Notars, der die Aufstellung eines Inventars herunterleiert, eine Reihe von Gipfeln und Talschaften aufzuzählen. Die Vertreter der drei großen alliierten Nationen, Wilson, Clemenceau und Lloyd George, hörten zu, ohne mit der Wimper zu zucken. Aber als der Minister die Vetta d'Italia als den äußersten Punkt des italienischen Vorstoßes gegen Norden angab, als mancher

Bevollmächtigte andeutete, Einspruch erheben zu wollen, kam Wilson ihm zuvor: ‚Vetta d'Italia — der Name spricht für sich!' Sonnino hatte sich der Namensgebung Tolomeis bedient, statt des Namens, der in der k.u.k. Generalstabskarte aufschien. Wenn er jenen Gipfel mit dem deutschen Namen bezeichnet hätte — wer weiß, ob unsere Forderungen ebenso widerspruchslos durchgegangen wären [102]."

So weit Orlando.

Man kann sich vorstellen, mit welchem Hochgefühl eines persönlichen Triumphes Tolomei diesen Bericht Orlandos zur Kenntnis genommen hat, denn damit hatte der weltabgelegene Krimmler Glockenkarkopf, den er selbst zur „Vetta d'Italia" proklamiert hatte, seine Aufgabe in der Geschichte erfüllt.

Wie man in Amerika über das Vorgehen von Präsident Wilson denkt, hat der bekannte amerikanische Historiker Ch. A. Bailey folgendermaßen ausgedrückt: „Wilson gab später zu, daß diese Entscheidung auf ‚ungenügendes Studium' zurückzuführen sei. Verteidiger Wilsons sprechen über die Tirol-Entscheidung des Präsidenten als ein ‚Versehen'. Es war mehr als ein Versehen: Es war ein Fehler und, wie das Sprichwort sagt: ‚Ein Fehler kann schlimmer sein als ein Verbrechen' [103]."

Ray Stannard Baker, der Sekretär des Präsidenten berichtet in seinem Buch: „Als ich auf den deutschen Brennerpaß zu sprechen kam, der Italien aus strategischen Gründen zuerkannt worden war, sagte Wilson zu mir: ‚Diese Entscheidung tut mir leid. Ich habe die Lage, als die Entscheidung getroffen wurde, nicht genügend gekannt.' " Auf die Frage Bakers, ob es nicht möglich sei, diese Entscheidung zu ändern, antwortete Wilson: „Ich fürchte nein. Aber die deutschen Tiroler sind ein herzhaftes Volk: „Ich zweifle nicht, daß sie selbst imstande sein werden, das zu ändern [104]."

Entscheidend für das künftige Schicksal Südtirols war die völkerrechtliche Form, in der dieses Land dem Staate Italien einverleibt werden sollte. In dieser Hinsicht kam das Vier-Punkte-Programm, das Tolomei für die Annexion Südtirols aufgestellt hatte, voll zur Geltung. Kärnten konnte die Einheit des Landes durch eine Volksabstimmung retten. Daß man Südtirol eine Volksabstimmung verwehrte, war begreiflich; denn das Ergebnis eines solchen Plebiszites, wie es auch in Oberschlesien und Nordschleswig durchgeführt wurde, stand im vorhinein fest: Das ganze Volk hätte sich einmütig für die Einheit Tirols und für den Anschluß an Österreich ausgesprochen. Aber auch ein Min-

derheitenschutz wurde den Südtirolern verwehrt, obwohl die Friedenskonferenz in zahlreichen Fällen für jene Volksgruppen, die unter fremde
Herrschaft gerieten, ein besonderes Statut erlassen hatte, das ihre Rechte
und ihre nationale Eigenart schützen konnte. Italien aber hatte sich jede
Kontrolle verbeten und konnte sich gegen jeden Versuch einer Einmischung von außen her auf die Entscheidung der Pariser Konferenz
berufen. Selbstverständlich dachte auch niemand daran, Südtirol eine
Autonomie zu gewähren. Die Südtirolfrage war durch die Entscheidung
Wilsons zu einer internen Angelegenheit Italiens geworden.

Noch ehe ein Friedensvertrag mit Österreich abgeschlossen wurde,
war damit Südtirol italienisches Hoheitsgebiet geworden. Das einzige
Hindernis, das es für Männer wie Tolomei noch gab, um diese Annexion
perfekt zu machen, waren die Menschen. Doch auch dafür hatte Tolomei
Vorsorge getroffen. Die Stunde, in der er das Programm für eine Italienisierung der Südtiroler Bevölkerung vortragen und durchführen
konnte, war nicht mehr ferne.

DIE ÖSTERREICHISCHE DELEGATION HINTER
STACHELDRAHT

Am 2. Mai 1919 überbrachte der französische Gesandte in Wien,
Henri Allizé, dem Staatssekretär für Äußeres, Otto Bauer, die Einla-
dung, am 12. Mai eine Delegation zur Prüfung der Friedensbedingungen
nach Paris zu entsenden. Am 8. Mai beschloß die Nationalversammlung,
Staatskanzler Dr. Karl Renner als Vertreter der deutsch-österreichischen
Republik dafür zu bevollmächtigen. Ihm zur Seite stand ein Stab von
Diplomaten, Verwaltungsfachleuten und Wirtschaftsexperten. Auch der
hervorragende Völkerrechtskenner Heinrich Lammasch gehörte der Delegation an. Tirol wurde durch Dr. Franz Gruner und Senatspräsident
Dr. Franz Schumacher vertreten. Als Experte für Grenzfragen wurde
der bekannte Grazer Geograph, Dr. Robert Sieger, beigezogen. Auch
Oberst Karl Schneller, der Mitglied der Waffenstillstandskommission
gewesen war, gehörte der österreichischen Delegation an. Doch dieser
umfangreiche diplomatische Apparat konnte nicht über die Tatsache
hinwegtäuschen, daß es im Grunde genommen nicht um Verhandlungen

ging, sondern lediglich darum, die von den Alliierten aufgestellten Friedensbedingungen anzunehmen. Den einzigen Trumpf, den Österreich in der Hand hielt, war der verfassungsmäßig festgelegte Beschluß, durch den die Republik Deutsch-Österreich zu einem Bestandteil der Deutschen Republik erklärt worden war. Es fragte sich lediglich, ob die österreichische Delegation Gelegenheit fand, diesen Trumpf rechtzeitig auszuspielen. Staatskanzler Renner gab sich über seine schwierige Mission keiner Täuschung hin. Der Gang, den die österreichische Delegation unternimmt, erklärte er, würde nicht so sehr einem Gang an den Verhandlungtisch als einem Bußgang gleichen.

Die österreichische Friedensdelegation traf am 14. Mai mit einem Sonderzug in Paris ein. Der Empfang war überaus freundlich, ganz im Gegensatz zu der Art, wie man die deutsche Delegation empfangen hatte. Es kam Clemenceau darauf an, den Unterschied zwischen Deutschen und Österreichern möglichst deutlich zu machen. Gewiß, auch diese Österreicher waren Deutsche. Aber man wollte ihnen zeigen, daß sie „andere" Deutsche wären und keinen Grund hätten, sich mit den übrigen Deutschen zusammenzuschließen.

Dieser Unterschied in der Behandlung der einzelnen Delegationen kam auch dadurch zum Ausdruck, daß man die österreichischen Teilnehmer nicht nach Versailles führte, wo man die deutschen Vertreter empfangen hatte, sondern daß man ihnen das Schloß Saint Germain zuwies, ein herrliches Schloß, von König Franz I. für seine Favoritinnen errichtet. Hier hatte Ludwig XIII. gelebt, war Ludwig XIV. geboren worden. Von der 2400 m langen Terrasse hatte man einen herrlichen Blick auf Paris. Wunderbar war der Park mit den alten Eichen. Dann aber begann der Stacheldraht. Die Mitglieder der österreichischen Delegation wurden wie Gefangene behandelt. Es wurde ihnen nicht gestattet Schloß und Park zu verlassen. Im übrigen kümmerte sich niemand um sie. Drei Wochen lang war die österreichische Delegation völlig zur Untätigkeit verurteilt.

„Wie ein Theaterdirektor habe ich hier täglich für etwa sechzig Leute eine Beschäftigung zu suchen, die es ihnen erlaubt, sich ernst zu nehmen" [105], schreibt Dr. Renner an Otto Bauer. Einzelne Mitglieder der Delegation hielten Vorträge über ihr Spezialgebiet. Im übrigen aber blieb man von allem politischen Geschehen ausgeschlossen. Durch diese Klausur wurde es den Mitgliedern der Delegation unmöglich, persönliche Kontakte aufzunehmen. Die Vertreter der Nachfolgestaaten, Tschechen und Slowaken, Kroaten, Serben und Slowenen wurden hingegen als Verbündete angesehen und wußten diese Chance zu nützen. „Hier die Vertreter dieser Nachfolgestaaten, Männer mit denen wir noch im Parlament gemeinsam getagt hatten", schreibt Dr. Renner, „Männer, die im ständigen Umgang mit den Großen der Entente, im täglichen Verkehr mit den Büros des Friedenskongresses die Ergebnisse beeinflussen konnten, — hier die Vertreter des Restes von Österreich, jenes übriggebliebenen Winkels, der die Verantwortung für ganz Österreich auf sich zu nehmen verurteilt war, nicht gehört, sondern auf die Erstattung von Schriftstücken beschränkt, von denen sie niemals sichere Kunde erhalten konnten, ob sie wirklich vollinhaltlich denen, auf deren Stimme im Rate es so sehr ankam, auch nur zu Gesicht kamen [106]."

Erst am 2. Juni um 14 Uhr 30 fand im sogenannten Steinzeitsaal des Schlosses eine Sitzung statt, bei der den österreichischen Delegierten der erste Teil eines Friedensvertragsentwurfes übergeben wurde. Clemenceau hielt eine kurze Ansprache an die Vertreter der österreichischen Republik — er vermied die offizielle Bezeichnung „Deutsch-Österreich" — und erklärte, daß es sich bei dem vorliegenden Vertragswerk um einen unvollständigen Entwurf handle. Um schriftliche Einwände vorzubringen, sei eine Frist von vierzehn Tagen vorgesehen.

In seinen Erinnerungen hat Dr. Renner die Atmosphäre dieser Sitzung geschildert: „Man saß nicht an einem gemeinsamen Tisch. An der hufeisenförmigen Tafel saßen nur die Sieger, an der Spitze der siebenundsiebzigjährige Clemenceau inmitten der ‚big five'. An sie reihten sich links und rechts die Vertreter der Alliierten, weiter die der assoziierten Mächte, zuunterst die Vertreter der Nachfolgestaaten Österreichs. Die offene Seite des Hufeisens nahm ein Tischchen ein, an dem ich als Präsident der österreichischen Friedensdelegation Platz zu nehmen hatte. Dort die Sieger, hier die Besiegten [107]."

In seiner Rede kam Dr. Renner grundsätzlich auf die politische und völkerrechtliche Stellung der Republik Deutsch-Österreich zu sprechen: „Die Donaumonarchie, mit der die alliierten Mächte Krieg geführt haben und mit der sie den Waffenstillstand abgeschlossen haben, hat am 12. November 1918 zu bestehen aufgehört. Von diesem Tage an gab es keinen Kaiser mehr, noch eine Großmacht, der ein solcher vorstand, noch irgendeine sonstige anerkannte staatliche Institution. Es gab nur noch sieben Nationen ohne Staat, und diese schufen über Nacht eigene Parlamente, eigene Regierungen und eigene Heere, kurz ihre eigenen Staatswesen. Unsere junge Republik ist wie alle anderen entstanden und ist ebensowenig wie diese der Nachfolger der Monarchie. Die Republik Deutsch-Österreich hat als solche niemals einen Krieg erklärt, niemals einen Krieg geführt. Wir hoffen, daß das Gewissen der Welt auch unserem Volke jenes unveräußerliche Selbstbestimmungsrecht nicht verweigern und verkürzen lassen wird, welches die assoziierten Mächte als ihr Kriegsziel verkündet haben. Sie, die Schiedsrichter der großen Welt, werden auch über unsere kleine Welt richten. Und es ist billig, daß der Schiedsrichter beide Teile hört. Wir bitten Sie um eine Entscheidung, welche unsere nationale, politische und wirtschaftliche Existenz in Zukunft sichert [108]."

Das Studium dieses Vertragsentwurfes brachte den österreichischen Delegierten eine tiefe Enttäuschung: Der Verlust der deutschen Volksgebiete Böhmen und Mähren, die Abtretung der Untersteiermark, die drohende Teilung Kärntens und vor allem der Verlust Südtirols.

Am 16. Juni legte die österreichische Delegation der Friedenskonferenz eine Note über die geplanten Staatsgrenzen vor. Darin hieß es unter anderem: „Fassen wir nun kurz die Grenzen Deutsch-Österreichs zusammen, wie sie der Entwurf des Friedensvertrages vorsieht. Unser Land würde, falls dieser Vertrag in Kraft tritt, von einer Reihe von alten deutschen Städten umgeben sein, von Krumau im Norden, über Znaim, Feldsberg, Wieselburg, Eisenstadt, Ödenburg, St. Gotthard, Marburg und Klagenfurt bis nach Brixen, Bozen, Meran und Mals im äußersten Südwesten, die unter die Herrschaft von fremdsprachigen Eroberern kämen. Deutsch-Österreich mit seinen sechs Millionen wäre von Millionen Konnationalen umgeben, die sich, obgleich sie der gleichen Rasse angehören, die gleiche Sprache sprechen und zum Teil sogar den gleichen Familien angehören, in den Nachbarstaaten unter feindlicher Herrschaft befänden. Welch unerschöpfliche Quelle von Konflikten und nicht aus der Welt zu schaffender Ungerechtigkeit! Wieviel Haß, den zu vermeiden unmöglich wäre! [109]."

Prophetische Worte — doch sie blieben ungehört.

Wohl war es der österreichischen Delegation gelungen, in dem bedrohten Teil Kärntens eine Volksabstimmung durchzusetzen. Die italienischen Teilnehmer der Friedenskonferenz hatten diese Forderung Österreichs kräftig unterstützt, weil ein österreichisches Unterkärnten für das benachbarte Italien ein schwächerer, und damit günstigerer Partner war als ein Unterkärnten, das von den Südslawen beherrscht wurde. Auch war es gelungen, den deutsch besiedelten Teil Westungarns, der später die Bezeichnung Burgenland erhielt, dem österreichischen Staatsgebiet einzugliedern. Doch, was Südtirol betraf, waren alle Proteste, alle Einsprüche ebenso vergebens, wie die zahlreichen Kundgebungen und Massenversammlungen in Österreich, insbesondere in Tirol, wo man noch immer verzweifelt nach einem Ausweg suchte.

Am 21. Juni fuhr Dr. Renner nach Feldkirch, um sich dort mit den Mitgliedern der Regierung zu besprechen. Bei dieser dramatischen Aussprache mit den maßgebenden österreichischen Politikern bekundete der Staatssekretär für Äußeres, Otto Bauer, seine Absicht zurückzutreten, nachdem das vorliegende Vertragswerk den Zusammenschluß der Republik Deutsch-Österreich ausdrücklich verbot. Otto Bauer hielt jenes kümmerliche Rest-Österreich, das nach dem Willen der Entente geschaffen werden sollte, nicht für lebensfähig und trat fanatisch für eine Großraumlösung ein. Man könne dem Österreicher nicht „ein Leben der Kleinheit und Kleinlichkeit zumuten, ein Leben, in dem nichts Großes gedeihen kann, am allerwenigsten das Größte, das wir kennen, der Sozialismus [110]." Das Lebensgefühl des österreichischen Volkes ebenso wie sein Geschichtsbewußtsein sei auf jene Großräumigkeit ausgerichtet, die nur durch die Vereinigung des österreichischen Restbestandes mit Deutschland geschaffen werden könne. Dazu kam der gescheiterte Versuch, die Südtirolfrage durch eine Neutralisierung Tirols zu lösen, ein Versuch, bei dem Otto Bauer mit der tatkräftigen Unterstützung der italienischen Sozialisten gerechnet hatte. Aber auch darin war Otto Bauer enttäuscht worden; denn selbst der Sozialist Francesco Nitti, der später Ministerpräsident wurde, erwies sich, wenn es um die Brennergrenze ging, genau so unnachgiebig wie Orlando oder Sonnino.

Man kam in Feldkirch überein, die Demission Otto Bauers anzunehmen, um vielleicht auf diesem Wege mildere Friedensbedingungen zu erreichen, nachdem Otto Bauer als prononcierter Vertreter des Anschlußgedankens galt. Renner übernahm nun selbst die Leitung des Außenamtes.

Aber auch die Hoffnung, durch diese personelle Änderung in einzelnen Punkten insbesondere in der Südtirolfrage in letzter Stunde noch günstigere Bedingungen zu erreichen, erwies sich als trügerisch. Allmählich setzte sich auch bei jenen, die immer noch auf eine erträgliche

Lösung dieser Frage hofften, die Erkenntnis durch, daß das Schicksal Südtirols längst schon hinter den Kulissen von den „Großen Vier" entschieden worden sei.

„BINNEN FÜNF TAGEN ZU UNTERSCHREIBEN"

Am 2. September 1918 wurden der österreichischen Delegation durch den Generalsekretär der Friedenskonferenz, Ducasta, die endgültigen Friedensbedingungen überreicht. Dieser Vertrag sei, so hieß es in der Mantelnote, binnen fünf Tagen, also spätestens am 7. September zu unterzeichnen. Für den Fall einer Ablehnung dieses Vertrages würde der am 3. November 1918 in der Villa Giusti abgeschlossene Waffenstillstand für beendet erklärt werden. Das hieß mit anderen Worten, falls Österreich diesen Vertrag nicht zum vorgesehenen Termin unterzeichnet, behält sich die Entente das Recht vor, Österreich militärisch zu besetzen. Angesichts dieser Drohung blieb für Österreich kein anderer Ausweg, als sich diesem Diktat zu beugen. Wochenlang hatte die österreichische Delegation untätig auf diese Entscheidung warten müssen. Nun kam es plötzlich auf Tage und Stunden an. Staatskanzler Renner erklärte, daß es ihm unmöglich wäre, diesen Vertrag ohne Zustimmung der Nationalversammlung zu unterzeichnen. Er bat um eine Verlängerung dieser Frist, da er für die Hin- und Rückfahrt bei den desolaten Verkehrsverhältnissen allein schon fünf Tage benötigen würde. Clemenceau ließ diese Frist um zwei Tage verlängern. Der Oberste Alliierte Rat setzte die Unterzeichnung des Vertrages auf 9. September 19 Uhr fest.

Das gesamte Vertragswerk umfaßte 381 Artikel. Im Artikel 88 wurde das Anschlußverbot ausgesprochen. Die Artikel, die sich auf die künftige Grenzziehung zwischen Österreich und Italien bezogen, waren in allen Punkten auf die italienischen Forderungen abgestimmt. Selbst das Sextental und das Kärntner Kanaltal, Gebiete, bei denen die Grenze eindeutig die ursprünglich geforderte Wasserscheidenlinie überschritt, kamen zu Italien, obwohl die österreichische Delegation in einer gesonderten Denkschrift energisch gegen die Annexion dieser Grenzgebiete protestiert hatte. In der Mantelnote des Vertrages, die von Clemenceau unterfertigt war, hieß es wörtlich: „Die alliierten und assoziierten Mächte sind der Ansicht, daß die Grenze zwischen Italien und Österreich keine Änderung erfahren dürfe. Wie aus sehr deutlichen Erklärungen hervorgeht, die der italienische Ministerpräsident im römischen Parlament abgab, beabsichtigt die italienische Regierung gegenüber ihren neuen Untertanen deutscher Nationalität in bezug auf deren Sprache, Kultur und wirt-

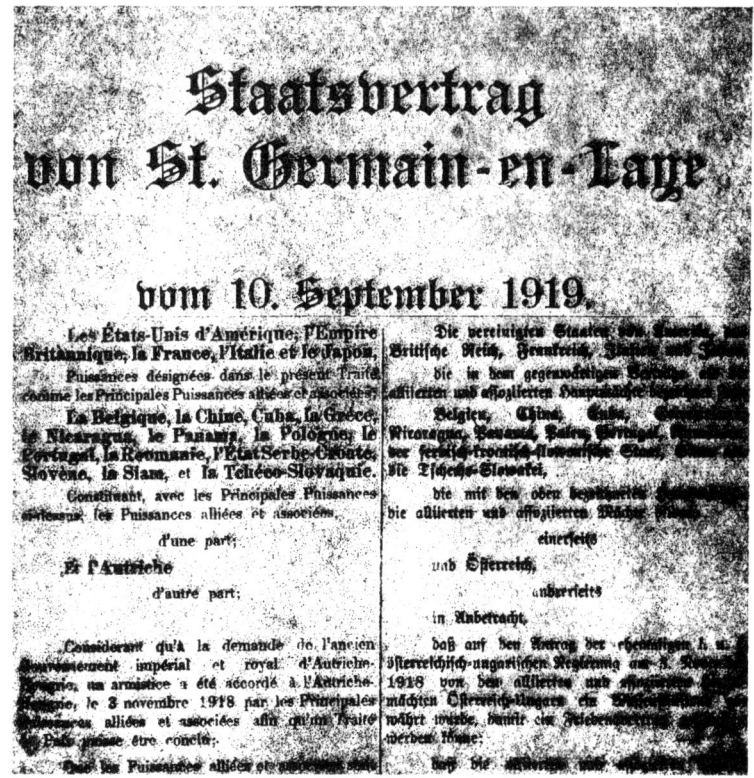

schaftliche Interessen eine in weitem Maße liberale Politik zu befolgen."
Das klang sehr schön, bedeutete aber praktisch, daß die Friedenskonferenz den Deutschen Südtirols nicht den Charakter einer nationalen Minderheit zubilligten, deren Behandlung, wie es in anderen Fällen geschah, einem internationalen Reglement unterworfen wurde, sondern daß es ausschließlich der italienischen Regierung überlassen blieb, in welcher Form sie in diesem Gebiet vorgehen würde.

Für die Grenzziehung zwischen Österreich und Italien wurden im Artikel 27 Punkt 2 folgende Bestimmungen festgelegt: „Binnen zwei Wochen nach Inkrafttreten dieses Vertrages wird ein Ausschuß von fünf Mitgliedern, deren eines von Italien, drei von den übrigen alliierten und assoziierten Hauptmächten und eines von Österreich ernannt werden, eingesetzt, um die Grenzlinie zwischen Italien und Österreich an Ort und Stelle festzusetzen. Der Ausschuß entscheidet mit Stimmenmehrheit. Seine Entscheidungen sind für die Beteiligten bindend." Damit stand die Brennergrenze und der Verlust Südtirols in aller Form fest.

Was sich nach diesem 2. September 1919 begab, war von dem Gefühl völliger Ohnmacht überschattet. Zuerst ergriff Tirol das Wort zu flammendem Protest. Am 4. September trat der Landtag zusammen und erklärte einhellig, daß Tirol den durch das Friedensdiktat von Saint Germain herbeigeführten Zustand niemals als Rechtszustand anerkenne. Gleichzeitig appellierte Tirol an den neugeschaffenen Völkerbund, das Unrecht, das dem Lande geschehen war, wieder gutzumachen.

Am 6. September trat in Wien die Nationalversammlung zusammen. Die Tiroler Abgeordneten enthielten sich der Stimme. „Ich kann hier in ihrer Mitte namens meiner Kollegen nur feststellen, daß Tirol an dieser Entscheidung keinen Anteil haben will", erklärte der Südtiroler Abgeordnete Dr. Reutt-Nicolussi, „daß es sich weder positiv noch negativ an ihrem Beschluß beteiligen kann, daß die Tiroler Abgeordneten an der Beschlußfassung über die Unterfertigung des Friedensvertrages nicht teilnehmen werden." Weiter führte Reutt-Nicolussi aus: „Jedes Pathos ist heute zwecklos. Es ist unmöglich, jene Gefühle zu schildern, welche einen Mann beseelen, der in den Reihen der Tiroler Jäger gegen Italien gekämpft und sein Blut vergossen hat und nunmehr mit seinen Brüdern in die Knechtschaft wandert. Gegenüber diesem Vertrage haben wir mit jeder Fiber unseres Herzens in Zorn und Schmerz nur ein Nein, ein ewiges, unwiderrufliches Nein! Es wird in Südtirol ein Verzweiflungskampf beginnen um jeden Bauernhof, um jedes Stadthaus, um jeden Weingarten. Es wird ein Kampf sein mit allen Waffen des Geistes und mit allen Mitteln der Politik. Es wird ein Verzweiflungskampf deshalb, weil wir — eine viertelmillion Deutsche — gegen vierzig Millionen Italiener stehen, wahrhaft ein ungleicher Kampf ... Wenn wir jetzt in die finstere Zukunft hineingehen, soll das unser einziger Trost sein, daß wir Landsleute und Volksgenossen besitzen, die uns in der Stunde der

Not nicht vergessen, die uns in diesem entsetzlichen Ringen ihre Hilfe leihen werden . . .[111]."

Das „Unannehmbar", von dem die österreichische Presse schrieb, war ebenso zwecklos wie die gerechte Empörung der Politiker aller Parteien. Der Abgeordnete Leopold Kunschak erklärte: „Als unsere Abgesandten dieses Machwerk von Ranküne, Haß und Heuchelei entgegennahmen, das sich Friedensvertrag nennt, war schon der Stempel der Knechtschaft auf die Stirn gedrückt. Wir sind kein freies Volk, kein freier Staat, sondern wir sind zu Statisten des Willens der Entente herabgesunken. Unsere Aufgabe ist nicht mehr, positive Handlungen zu setzen, sondern dekorative Wirkungen hervorzurufen, damit das Schandwerk in der Öffentlichkeit etwas schöner aussieht [112]!"

Aber es gab keinen anderen Ausweg. Kunschak erklärte: „Land und Volk brauchen endlich den Frieden, der ihnen die Welt moralisch und wirtschaftlich wieder öffnet und den Massen unseres Volkes daheim und in der Fremde wieder Arbeit schaffen kann. Sie brauchen den Frieden, der die Kriegsgefangenen endlich den Ihrigen wiedergeben wird. Sie brauchen den Frieden, der die völkerrechtliche Anerkennung des Staates bewirken und ihm den ruhigen Ausbau seiner Verfassung und die Wiederherstellung seiner Volkswirtschaft möglich machen soll. Es bleibt der Nationalversammlung daher keine Wahl [113]."

In Gegenwart der Vertreter der Entente, die der Sitzung beiwohnten, kam es zur Abstimmung. Die Deutschnationalen erklärten, keinem Vertrag zustimmen zu können, der die Vereinigung mit der Deutschen Republik verbiete. In Abwesenheit der Vertreter des Landes Tirol stimmten 97 Abgeordnete für die Annahme des Vertrages, 23 stimmten dagegen.

Staatskanzler Renner beauftragte seinen in Saint Germain verbliebenen Stellvertreter, Generalkommissär Eichhoff, Clemenceau zu benachrichtigen, daß ihn die österreichische Nationalversammlung in ihrer Sitzung vom 6. September beauftragt habe, den Friedensvertrag zu unterzeichnen. In diesem Schreiben Dr. Renners, das Clemenceau vorgelegt wurde, heißt es unter anderem: „Die Nationalversammlung weiß sich eins mit allen Bürgern dieses Landes und spricht aus ihrer aller Herzen, wenn sie über die Abtrennung des deutschen Südtirols von ihrem einheitlichen Heimatland Tirol, von den übrigen deutschen Alpenlanden und damit von ihrer Nation vor der gesamten Kulturwelt Klage und Protest erhebt [114]."

Die Unterzeichnung des Vertrages fand am 10. September, einem wolkenlos schönen Tag, in dem Prunkschloß von Saint Germain statt. Mit der Unterfertigung des Vertrages wurden die Akten geschlossen.

Mit Südtirol ging nicht etwa wie anderswo in deutschen Randgebieten nur eine Provinz, ein Grenzland verloren. Südtirol ist das Kernland, von dem ausgehend Tirol seine Einheit gefunden hat. Mit dem Verlust Südtirols ist die geschichtliche Funktion des Landes ausgelöscht worden. Von diesem Standpunkt aus gesehen, gibt es nur mehr ein Inntal, das bei Österreich geblieben ist und ein Etschtal, das Italien einverleibt wurde. Tirol, wie es jahrhundertelang bestanden und seinen historischen Auftrag erfüllt hat, existiert in dieser Form nicht mehr.

Untätig mußten wir in den italienischen Gefangenenlagern zusehen, wie sich das Unheil, einer düsteren Wetterwolke gleich, über unserem Vaterlande zusammenzog. Am härtesten traf dieses Los jene Kameraden, die in Südtirol beheimatet waren; denn sie wußten, daß sie nun Bürger eines Staates werden würden, gegen den sie fast vier Jahre lang erfolgreich gekämpft hatten, eines Staates, der ihnen fremd war, eines Staates, den sie nicht wollten.

Am 17. Juni 1919 war es mir gelungen, aus dem Gefangenenlager Valenza zu entfliehen. Aber die Heimkehr in das nicht nur äußerlich verstümmelte, sondern auch innerlich völlig gebrochene Österreich war das Bitterste, was ich in meinem Leben durchzustehen hatte.

In der ganzen Welt hatte die Annexion Südtirols lebhafte Anteilnahme ausgelöst. Die Stimmen maßgebender Persönlichkeiten, die sich für das Lebensrecht der Südtiroler einsetzten, würden Bände füllen. Aus dem vielgestaltigen Chor dieser Stimmen, die, auch wenn sie nicht unmittelbar politisch wirksam wurden, doch dem Volke Südtirols in seiner Bedrängnis Trost und Ermutigung brachten, sei nur eine Stimme hervorgehoben. Am 5. Juni 1946, also zu einer Zeit, in der man auf eine gerechte Regelung des Südtirolproblems hoffen konnte, erklärte Winston Churchill im britischen Unterhaus: „Ich konnte keinerlei Genugtuung empfinden, als ich las, daß einer der ersten Punkte, über die in Paris alle zu einer einmütigen Entscheidung kamen, die Bestätigung der Zuteilung des österreichischen Südtirol an Italien war. Diese Zuteilung wurde von den freiesten Geistern in vielen Ländern immer als einer der schlimmsten

Mißgriffe des Friedensvertrages von Saint Germain angesehen. Ich kenne keinen anderen Fall in Europa, in dem besser als in Südtirol die Atlantik-Charta und die spätere Charta der Vereinten Nationen für die Bevölkerung angewendet werden könnte, die in diesem kleinen, aber gut abgegrenzten Gebiet wohnt. Warum dürfen die Einheimischen in diesem wunderbaren Bergland, der Heimat des Volkshelden Andreas Hofer, nicht ein Wort zu ihrem Schicksal sagen? Warum kann dort nicht eine freie Volksabstimmung unter Aufsicht der Großmächte stattfinden? Diese Frage möchte ich stellen [115]."

ROM: 170 STIMMEN FÜR, 48 STIMMEN GEGEN DIE BRENNERGRENZE

Am 20. Juli 1919 berichteten Orlando und Sonnino den Abgeordneten des italienischen Parlamentes über ihre Verhandlungen auf der Pariser Friedenskonferenz. Zwar war zu diesem Zeitpunkt der Friedensvertrag mit Österreich noch nicht unterzeichnet und auch mit Südslawien gab es noch einige offene Fragen, die erst viel später, nämlich am 12. November 1920 in Rapallo, durch einen bilateralen Vertrag geregelt wurden, trotzdem ließ sich der territoriale Gewinn, den die italienische Delegation in Paris durchgekämpft hatte, bereits überblicken. Nur gegen Frankreich und die Schweiz blieb die italienische Grenze unverändert. In den übrigen Gebieten aber stieß sie weit in die Alpen und in den Adriaraum vor. Italien, das ursprünglich nur mit der Parole „Trento e Trieste!" in den Krieg eingetreten war, konnte Südtirol, die jenseits der adriatischen Wasserscheide liegenden wichtigen Schlüsselstellungen von Sexten und Tarvis, die Landschaft Görz-Gradisca, das Triestiner Küstenland, ganz Istrien und die dalmatische Enklave Zara (Zadar) in Besitz nehmen. Lediglich Stadt und Hafen von Fiume und das westliche Dalmatien konnten nicht annektiert werden. Wahrhaftig, eine stolze Bilanz! Trotzdem wurde Orlando vom Parlament mit einem Mißtrauensvotum empfangen. Wieder war das Wort vom „verstümmelten Sieg" in aller Munde. Den Nationalisten war Orlando zu schwach. Gabrile d'Annunzio nannte ihn einen „Mann ohne Muskeln". Selbst Sonnino, der den Geheimvertrag von London vorbereitet, durchgesetzt und mit eiserner

Konsequenz vertreten hatte, schien den nationalistischen Kreisen Italiens untragbar. Es kennzeichnet aber die Unsicherheit der italienischen Politik in jenen Tagen, daß nicht ein Vertreter des radikalen nationalistischen Lagers, sondern ein Sozialist, Francesco Nitti, die Regierung übernahm und als Vertreter Italiens nach Paris ging. Nitti war der Wortführer demokratisch-pazifistischer Anschauungen und hatte sich seinerzeit heftig gegen den Kriegseintritt Italiens gewendet. Die Hoffnungen, die man in Österreich auf diesen Regierungswechsel setzte, erfüllten sich nicht. Im Gegenteil: Nitti und sein Außenminister Tittoni hielten unbeirrt an den nationalen Forderungen Italiens fest. Vor allem wandte sich Nitti gegen die Auffassung, daß Italien den Krieg als verloren betrachten müsse, weil nicht alle seine nationalen Aspirationen erfüllt worden seien. „Das ist Wahnsinn", erklärte er, „wir müssen im Lande Propaganda machen und die Empfindung hervorrufen, daß wir den Krieg gewonnen haben, weil Italien seine Würde erobert hat. Das ist weit mehr wert als Reichtümer. Daß Italien auf dem Brenner steht, ist unsere größte Errungenschaft. Keiner der verbündeten Staaten hat einen derartigen Erfolg zu verzeichnen [116]." Über seinen Freund Vittorio Scialoja, den Vorsitzenden des parlamentarischen Verbandes, hatte Tolomei, der mit Orlando Paris verlassen hatte, auch mit der Regierung Nitti ausgezeichnete Fühlung. Ihm ging es vor allem darum, unter allen Umständen zu verhindern, daß die Annexion Südtirols durch Italien an eine international garantierte völkerrechtliche Regelung gebunden würde.

Männer wie Salvemini traten entschieden dafür ein, daß der Bevölkerung Südtirols der Charakter einer nationalen Minderheit zuerkannt würde. „Das Problem der nationalen Minderheit ist wahrscheinlich ernster als das Problem der politischen Grenzen", schrieb Salvemini, „ein Jahrhundert Erfahrung lehrt uns, daß die nationalen Mehrheiten ihre uneingeschränkte Souveränität stets dazu mißbraucht haben, die unwürdigsten und zuweilen grausamsten Übergriffe gegen Minderheiten zu begehen. Über das Minderheitsproblem existiert seit Jahren eine reichhaltige Literatur, die wir vor allem den Sozialisten der österreichisch-ungarischen Monarchie verdanken. Diese Literatur gibt alle erforderlichen Elemente für Lösungen in die Hand. Allerdings müßte man sie guten Willens suchen [117]."

Solcher Auffassung trat Tolomei mit allen ihm zu Gebote stehenden Mitteln entgegen. Italien dürfe sich in Südtirol von niemandem kontrollieren lassen, ebensowenig, wie sich Frankreich in Elsaß-Lothringen, das ihm im Friedensvertrag zugesprochen wurde, kontrollieren lasse. Dieser Vergleich war völlig falsch. Tolomei verschwieg geflissentlich, daß Elsaß-Lothringen lange Zeit zuletzt bis 1871 bereits ein Teil Frankreichs gewesen war und durch den Friedensvertrag lediglich wieder an Frankreich zurückgegeben wurde, während Südtirol in den mehr als tausend Jahren seiner Geschichte niemals in italienischer Hand gewesen ist.

Inzwischen mehrten sich in Italien die Stimmen, die für eine gerechte Behandlung der Deutschen Südtirols eintraten. Am 22. August 1919, also zu einer Zeit, da in Paris noch verhandelt wurde, schrieb der „Popolo Romano": „Der Anspruch, das nach Sprache, Tradition und Rasse deutsche Land südlich des Brenner unter deutscher Herrschaft 'fortbestehen zu lassen, wäre gerechtfertigt für den Fall, als bei den Verhandlungen der „Großen Vier" ein neues Europa entstanden wäre, wie es die Völker erhofften. Aber der alte Kontinent, wie er aus den Trümmern des Krieges hervorgegangen und in Paris stabilisiert wurde, ist in keiner Weise besser, als er vor dem Kriege war. Alle die Versprechungen der Kriegszeit sind nach dem Siege der Entente totes Papier geblieben und die Interessen der schwachen Völker wurden denen der starken geopfert. Die Pariser Friedenskonferenz hat allerorts die Zwietracht vermehrt...[118]."

Salvemini hat diesen Gedanken noch klarer präzisiert: „Dadurch, daß Wilson bei den Verhandlungen in Paris den italienischen Delegierten nachgab, hat er ein großes Unrecht begangen. Die Deutschen Südtirols werden ihr Schicksal niemals hinnehmen. Südtirol ist nach Sprache und Nationalgefühl fast rein deutsch. Die breiten Bergketten, die einerseits vom Stilfser Joch, anderseits vom Toblacher Feld zur Salurner Klause ziehen, sind eine nahezu vollkommene Trennungslinie zwischen Deutschen und Italienern, ganz abgesehen davon, daß es in unserem Zeitalter keine strategischen Grenzen mehr gibt. Es gibt nur geographische Positionen, wirtschaftliche Hilfsquellen und politische Bündnisse. Die nationalen Gefühle einer Bevölkerung sind ebenfalls eine Realität. Diese Gefühle dürfen nicht verletzt werden, wenn sich die Menschheit auf einen Frieden und nicht auf ein neues Gemetzel vorbereiten will [119]."

Noch einmal kamen diese Auffassungen überzeugend zum Ausdruck, als das italienische Parlament am 9. August 1920 über das Annexionsdekret abzustimmen hatte. Der sozialistische Abgeordnete Turati legte der Kammer jene Petition vor, die von den deutschen und ladinischen

Gemeinden Südtirols abgefaßt worden war. „Wir haben hier ein umfangreiches Dokument erhalten, das uns Italiener bedrückt und bewegt", erklärte er. „Meine Herren! Es sind 172 Gemeinden, die vom italienischen Parlament Gerechtigkeit verlangen und um die Respektierung ihres Rechtes auf Selbstbestimmung und ihres Willens bitten [120]." An diese Petitionen der Südtiroler Gemeinden anknüpfend, verlangte der Abgeordnete Ripoldi, daß in diesem Lande eine Volksabstimmung durchgeführt würde. „In den Schulen rühmen wir uns, daß Italien auf Grund jener Plebiszite vereint wurde, an welche in diesem Saale acht Tafeln erinnern, auf denen mit goldenen Lettern die Ergebnisse dieser Volksabstimmungen verzeichnet sind. Warum sollen wir neben diesen Tafeln nicht auch andere lesen können, die an das Votum der Bevölkerungen des Trentino, Südtirols und der Venezia Giulia erinnern? Vielleicht geben Sie sich der Illusion hin, man könnte die Deutschen Südtirols absorbieren und entnationalisieren. Doch das wäre eine gefährliche Illusion [121]."

Der Antrag, in Südtirol eine Volksabstimmung durchzuführen, wurde von der Mehrheit der Kammer abgelehnt.

Lucio Luzatti, ein sozialistischer Abgeordneter, trat dafür ein, den Südtirolern zumindest eine Selbstverwaltung zu gewähren. Er drohte der Regierung Nitti sogar mit einer Intervention des Völkerbundes, der die Aufgabe habe, „den gesunden und heiligen Grundsatz des Schutzes der Minderheiten anzuwenden". Insbesondere wandten sich einzelne Persönlichkeiten, wie der hervorragende Kenner des Verfassungsrechtes, Piero Calamandrei, dagegen, Südtirol in Abhängigkeit von Trient zu bringen. „Es wäre absurd, mit den gleichen Regierungsmethoden zwei Gebiete verwalten zu wollen, die wie das Trentino und Südtirol durch Brauchtum, Rasse und Geisteshaltung voneinander so grundlegend verschieden sind. Ein in Trient residierender, vom Trienter Berater umgebener Gouverneur könnte nie begreifen, was Südtirol wirklich braucht [122]."

Diese „Einheitsregion", die in einer späteren Phase des Südtirolproblems überaus aktuell wurde, empörte nicht zuletzt auch Ernesta Battisti, die Witwe Cesare Battistis. Damals schrieb sie an einen Freund: „Du kannst Dir vorstellen, wie sehr es mich betrübt, zu sehen, wie das Trentino den Südtirolern als Wachhund vor die Nase gesetzt wird, jenes Trentino, für welches Cesare Battisti im Namen der Freiheit gestorben ist [123]."

In der Debatte über das Annexionsdekret, bei der insbesondere der sozialistische Abgeordnete Matteotti in glänzender Rede mit den Nationalisten Abrechnung hielt und ihre Argumente widerlegte, erklärte Filippo Turati unter anderem: „Wir dürfen in Südtirol keinen Schaden anrichten. Wir müssen die Autonomie und alle traditionellen Einrichtungen respektieren. Die Grundbedingung des Respektes, den wir der anderen Nationalität schulden, ist die Trennung der beiden Provinzen. Denn nur dadurch läßt sich vermeiden, daß ein Irredentismus mit umgekehrten Vorzeichen entsteht, daß sich der Separatismus verzweifelt zuspitzt. Wir dürfen der Regierung nicht die uneingeschränkte Vollmacht geben, aufzurichten und niederzureißen. Sie hat sich solcher Vollmachten unwürdig erwiesen. Jedes andere Vorgehen würde nur eine unausbleibliche Revolte jener Gebiete Südtirols vorbereiten, die so stolz sind auf ihre freiheitlichen Traditionen [124]."

Als von den nationalistischen Abgeordneten strategische Gründe für die Brennergrenze vorgebracht wurden, trat ihnen Ripoldi energisch entgegen: „Ihr sagt, daß andere Gründe Italien veranlassen, sich der Gewalt zu bedienen, um Südtirol anzuschließen: strategische Gründe. Aber wenn es nach den Strategen ginge, müßte man den Mond erobern, um die Erde verteidigen zu können. Die Theorie der strategischen Linien hat nach dem letzten Krieg große Veränderungen erfahren. Die Ereignisse haben uns gelehrt, daß man keinem Prinzip glauben darf und daß eine Linie, die früher uneinnehmbar schien, heute zweitrangig geworden ist [125]."

Ein Antrag der Sozialisten, die Grenzlinie südlich des Brenner zu ziehen, wurde ebenso niedergestimmt wie der Vorschlag, eine Provinzordnung zu schaffen, die eine selbständige Verwaltung des deutschen Südtirol gewährleistete.

Schließlich kam das Annexionsdekret zur Abstimmung. 170 Abgeordnete stimmten dafür, 48 stimmten dagegen. Es ist gerechterweise notwendig, dieses Abstimmungsergebnis festzuhalten; denn die landläufige Meinung geht dahin, das italienische Parlament hätte der Einverleibung Südtirols einmütig zugestimmt. Daß ein so großer Teil der Abgeordneten zu einer Zeit, da die Straße schon von den faschistischen Kampfformationen beherrscht wurde, den Mut fand, sich dieser Entscheidung entgegenzustellen, muß Männern wie Turati, Matteotti, Ripoldi, Luzzatti hoch angerechnet werden.

Am 24. April 1921 unternahm der spätere Generalsekretär der

Faschistischen Partei, Achille Starace, die erste Strafexpedition nach Bozen. Seine „Squadristi" überfielen mit Pistolen und Handgranaten einen Trachtenzug, der anläßlich der Bozner Messe veranstaltet worden war, und erschossen hinterrücks den Schulleiter Franz Innerhofer aus Marling. Im Oktober 1922, einen Monat vor dem berühmten „Marsch auf Rom", organisierte Starace den „Marsch auf Bozen". Der deutsche Bürgermeister Perathoner wurde ebenso vertrieben wie der liberale italienische Generalgouverneur Credaro in Trient. Damit wurde in Südtirol ein faschistisches Regime eingerichtet. Politiker, die für die Rechte der Südtiroler Bevölkerung eintraten, wurden verfolgt und waren ihres Lebens nicht mehr sicher.

Der sozialistische Abgeordnete Matteotti wurde von den Faschisten ermordet. Anderen Politikern gelang es, in das Ausland zu fliehen. Salvemini, der in die Schweiz geflohen war, führte dort seinen Kampf für eine gerechte Lösung des Südtirolproblemes weiter. In einem Brief, den er an seine getreue Kampfgefährtin Ernesta Battisti schrieb, faßte er noch einmal die Summe seiner Bemühungen zusammen: „Wilson teilte 1918 Südtirol Italien zu, weil er sah, daß dieses Land auf den Karten Europas zu klein war, um besondere Beachtung zu verdienen. Außerdem hoffte er, auf diese Weise Italien in der Adriafrage geneigter zu stimmen. Er handelte schlechtweg als Amerikaner: das heißt, als ein Mensch, der nichts von nichts versteht, und der sich vom erstbesten Schlaumeier, der ihm zwischen die Füße gerät, hinters Licht führen läßt. Clemenceau und Lloyd George erachteten es hingegen als nützlich, durch die Südtirolfrage Italien von Deutschland zu trennen. Es ist eine beschämende Geschichte der Dummheit und der Feigheit, die noch nicht geschrieben ist. Sie verdiente, daß man sie schriebe...[126]", und sein letzter Brief an die Witwe Battistis: „Liebste Ernestina, Sie sind noch kämpferisch wie damals in unseren Studentenzeiten. Ich bin dagegen leider schon ein erloschener Vulkan. Die Erfahrung von dreiundachtzig Jahren hat mich gelehrt, daß es nutzlos ist, vernünftig zu reden, wenn die nationalistische Zikade zirpt. Mit acht Händen würde ich für die Trennung der Provinz Bozen von der Provinz Trient stimmen. Nichts zu machen, alte, liebe Ernestina: uns bleibt nur noch das Warten auf den Tod, der uns von gewissen Nachbarschaften erlösen wird [127]."

TOLOMEI BEI HITLER

Mit dem berühmten „Marsch auf Rom" am 28. Oktober 1922 er-
kämpfte sich Mussolini die Macht. Für Tolomei war dies das Startzei-
chen zu höchster politischer Aktivität. Es war eine jener günstigen Gelegenheiten, die sich in seinem Leben mehrmals wiederholten. Durch
äußere Vorgänge, auf die er selbst nicht unmittelbar Einfluß hatte nehmen können, war eine politische Situation entstanden, die seine Ansichten, Auffassungen und Pläne voll bestätigte; Gelegenheiten, die nicht
so sehr dem Zufall als seinen weit vorausblickenden, konsequent ver-
folgten Grundsätzen und seinem wachen politischen Instinkt zu danken
waren. Nun hatte sein Programm für die Italianisierung Südtirols, das
bisher mehr oder weniger als die Idee eines chauvinistischen Privatgelehrten galt, durch den Faschismus, der sich voll und ganz zu diesem
Programm bekannte, die notwendige politische Rückendeckung erhalten. Die Zeit des Redens war vorbei, die Zeit des Handelns war gekommen.

Die faschistische Partei von Bozen hatte bereits im Jahre 1919 Ettore
Tolomei „ad honoram" die Mitgliedsnummer 1 verliehen, um auszu-
drücken, wie sehr die jahrelange politische Arbeit dieses Mannes den
Auffassungen des Faschismus entsprach. Mit königlichem Dekret vom
3. März 1923 wurde Tolomei für seine Verdienste um das Vaterland
zum Senator ernannt und von Mussolini empfangen.

Die große Stunde für Tolomei kam, als er am 15. Juli 1923 im Bozner Stadttheater auf einer faschistischen Kundgebung sein Programm
zur Italianisierung Südtirols vortragen konnte. „Aus dem Herzen des
Oberetsch kommt der Impuls und die umwälzende Aktion, welche die
Revolution eröffnet und die traurigen Schwächen der demokratischen
Ära hinweggeschwemmt hat. Italien ist zur Assimilierung Südtirols entschlossen, und zwar aus der Überzeugung, daß es den Gang des Schick-
sals am Fuße des Brenners beschleunigen muß...[128]."

Es ist nicht Aufgabe dieses Buches, das von Tolomei entworfene
und von den faschistischen Machthabern mit allen nur erdenklichen
Mitteln durchgeführte Italianisierungsprogramm, das der Bevölkerung
Südtirols zwanzig Jahre unerhörten physischen und psychischen Leidens
gebracht hat, im einzelnen zu schildern. „Ettore Tolomei war der Mann,
der die raffiniertesten Instrumente erfand, um die nationalen Minder-

heiten in Italien zu quälen", schreibt Salvemini. „Seine Bewunderer schreiben ihm das Verdienst zu, das Alto Adige „geschaffen" zu haben. Bevor er ein von Italienern bewohntes Alto Adige „schuf", hatte niemand jemals bemerkt, daß es ein derartiges Alto Adige überhaupt gibt. Tolomeis „wissenschaftliche" Italianisierung der Ortsbezeichnungen und Namen in Südtirol bewirkten eine groteske Überschwemmung des Landes mit Fälschungen, die ein Unglücksmensch bei Kerzenlicht ausgeheckt hatte [129]."

Aus jener für Südtirol qualvollen Periode sei ein Ereignis herausgegriffen, das in der Öffentlichkeit kaum bekannt geworden ist und doch für die Südtirolfrage von entscheidender Bedeutung wurde: Die Begegnung Tolomeis mit Hitler. Im Jahre 1926, zu einer Zeit also, in welcher der Nationalsozialismus in Deutschland noch keineswegs allgemein verbreitet war, hatte Adolf Hitler eine Schrift veröffentlicht, die den Titel trug: „Die Südtiroler Frage und das deutsche Bündnissystem." Darin war unter anderem zu lesen: „Südtirol wird dereinst eine hohe Mission im Dienste beider Völker zu erfüllen haben. Wenn die Italiener und die Deutschen dieses Gebietes erst, erfüllt von der Verantwortlichkeit für das eigene Volkstum, die großen Aufgaben, die Italien und Deutschland zu lösen haben, erkennen und verstehen, werden die kleinen Streitigkeiten des Tages zurücktreten gegenüber der höheren Mission, an der einstigen Grenze Deutschlands und Italiens eine Brücke aufrichtiger gegenseitiger Verständigung zu bilden [130]."

Schöne, vortreffliche Worte, gewiß! Man könnte die Mission, die zwar nicht ein annektiertes Südtirol, wohl aber ein geeintes Tirol als Verbindungsglied zwischen den beiden großen Nationen zu erfüllen hat, nicht besser formulieren. Allerdings, wenn man diese Schrift genauer liest, entdeckt man, daß es Hitler nicht um Südtirol ging, sondern darum, das faschistische Italien als den einzig möglichen Bundesgenossen für ein von ihm geführtes Deutschland zu gewinnen, mehr noch, daß Hitler, falls sich dabei die Südtirolfrage als unliebsamer Störungsfaktor erweisen sollte, bereit war, diesem Bündnis zuliebe Südtirol völlig preiszugeben. Noch ahnten wenige, was sich hinter diesen Worten verbarg.

Tolomei bekam diese Schrift in seine Hände und ahnte sogleich, daß er in Adolf Hitler einen Mann gefunden hatte, der, auch wenn sein Anhang noch gering war, bereit zu sein schien, um höherer Ziele willen das Südtirolproblem ein für allemal aus der Welt zu schaffen, genau das gleiche, was er selbst sich als politisches Ziel gesetzt hatte.

Mit jenem sicheren Instinkt, der ihn zeit seines Lebens in allen politischen Situationen geleitet hatte, bemühte sich Tolomei mit Hitler in Verbindung zu kommen. Schließlich konnte das italienische Generalkonsulat in München eine entsprechende Zusammenkunft vermitteln. Am 14. August 1928 traf Ettore Tolomei an einem geheimgehaltenen Ort in der Umgebung von München mit Adolf Hitler zusammen. Das erste und wichtigste Thema dieser Aussprache war die Assimilierung der Deutschen in Südtirol.

In einem Brief, den Tolomei einige Tage später an Mussolini richtete, gab er diesem einen genauen Bericht über diese Aussprache. Darin heißt es unter anderem:

„Ich ergriff alle notwendigen, durch eine pflichtgemäße Vorsicht diktierten Maßnahmen, um keinerlei Unannehmlichkeiten für die Regierung hervorzurufen. Deshalb wahrte ich in München das Inkognito und forderte, daß keinerlei Nachricht über das Gespräch in die Zeitungen gelangte, wobei ich bereits vorher meine Absicht dem königlichen Gesandten mitteilte. Durch seine Vermittlung erreichte ich, daß Hitler in eine versteckte Villa bei Nymphenburg eingeladen wurde. Zwei Zeugen, einer von seiten Hitlers, einer von seiten der Gesandtschaft nahmen am Gespräch teil.

Ich hatte von der Person Hitlers einen im wesentlichen guten Eindruck. Hitler ist ein junger, von großer und reicher Energie beseelter Politiker, mit feuriger Redegewandtheit und einem unbegrenzten Vertrauen in sich selbst, bestimmt über jedes Hindernis hinwegzugehen, mit der Sicherheit, sein Ziel zu erreichen. Er will sich eines Tages an der Spitze Deutschlands sehen und ihm sein Programm auferlegen. Hinsichtlich der Assimilierung konnte Hitler nicht deutlicher sein, als er es war. Er sprach sich rüde in Worten, die ich geradezu als grob bezeichnen könnte, darüber aus — „ganz wurscht", „ich pfeif darauf" oder „Jene vier Älpler in Bozen und Meran dürfen Deutschland, das im Spiel seiner außerpolitischen Beziehungen frei sein will, nicht behindern, für seine großen Interessen der Ausdehnung in der Welt, der Produktion und des Exportes zu sorgen und auch der Wiedereingliederung, in großen Linien die Zukunft des Volkskörpers festzulegen."

Die Zustimmung Hitlers ist ein bemerkenswerter Schritt. Er legt sich vor der Tatsache Rechenschaft ab, daß die nationale italienische Ausdehnung den natürlichen Faktoren, den geographischen und historischen Elementen folgend, durch welche die deutsche Besiedlung südlich der

Alpen schon von Verona nach Salurn zurückgeht, mit allen Mitteln der Revolution, Tochter des Sieges, begünstigt und gefördert werden müßte. Er legt sich Rechenschaft ab, daß in einem kurzen Zeitraume die größeren Zentren des Alto Adige soweit italianisiert sein werden, daß sogar die Pangermanisten den Eindruck einer verlorenen Partie erhalten werden und daß folglich die Assimilierung der Hochtäler und der abgelegenen Gebiete nur mehr eine Frage der Zeit sein wird . . .[131]."

Durch diese Aussprache mit Hitler hatte Tolomei einerseits dessen Einstellung zur Südtirolfrage kennengelernt, die elf Jahre später in dem „Abkommen über die Abwanderung der Deutschen aus Südtirol" Wirklichkeit wurde, andererseits damit das Vertrauen Mussolinis gewonnen, der ihn, um seiner Eitelkeit zu schmeicheln, in den Grafenstand erhob. Darüber hinaus ist diese Begegnung für den politischen Stil Tolomeis typisch.

Menschen wie Tolomei, die sich einer bestimmten Aufgabe verschrieben haben, einer Aufgabe, die alle ihre geistigen und physischen Kräfte beansprucht, und an dieser Aufgabe festhalten, haben „keine Zeit" zu sterben, das heißt, sie werden alt. Ettore Tolomei hat alle seine Mitarbeiter, Freunde und Gegner überlebt. Der Mann, der sich schon in jungen Jahren, als die Idee eines „italienischen Südtirol" noch eine Utopie war, mit fanatischer Einseitigkeit dieser Idee verschrieben hatte, hatte erlebt, wie italienische Soldaten in dieses Land einrückten, wie die „Großen Vier" Südtirol Italien zusprachen, wie der Faschismus sein Italianisierungsprogramm aufgriff und ihn bevollmächtigte, seine Auffassungen Punkt für Punkt durchzuführen. Der Höhepunkt seiner politischen Laufbahn aber war, als Hitler mit Mussolini ein Abkommen über die Aussiedlung der Südtiroler schloß. Die dramatische Geschichte dieser Option, in der ein Volk in höchster Not, angesichts der drohenden Vernichtung, auf sein angestammtes Land und seine Heimat verzichtet, um sein Volkstum bewahren zu können, ist noch nicht geschrieben. Man war auf italienischer Seite überrascht, wieviele Südtiroler sich entschlossen abzuwandern und suchte in Italien nach einem Prügelknaben. Man fand ihn in Tolomei. Durch seine brutalen Methoden, so hieß es, habe er die Menschen gezwungen, dieses Land zu verlassen.

Tolomei schwieg. Es war die einzige Phase seines Lebens, in der er geschwiegen hat. Er konnte schweigen: denn für ihn blieb allein der Erfolg entscheidend. Die Deutschen verließen Südtirol. Allerdings setzte der Verlauf des Krieges dieser Aktion vorzeitig ein Ende.

Tolomei zog sich auf seinen Berghof Glena zurück. Hier fühlte er sich wohl und sicher. Zwar hatte er niemals Zeit und Lust gefunden, eine Familie zu gründen. Dafür hatte er sich im Turm seines Gehöftes ein pornographisches Kabinett eingerichtet, in dem sich die deutschen Soldaten, die nach dem Sturz Mussolinis in Südtirol eingerückt waren und auch den Berghof Tolomeis besetzt hatten, amüsierten.

Tolomei überlebte das Konzentrationslager Dachau, wohin man ihn vorübergehend gebracht hatte, überlebte auch, als Märtyrer heimkehrend, den sogenannten Pariser Vertrag, der die Grundlage der gegenwärtigen Südtirolpolitik bildet. Tolomei hat dieses Abkommen in bissiger Form kommentiert. Doch kümmerte man sich auf italienischer Seite kaum noch um seine Meinung; denn allmählich geriet Tolomei in eine Zeit hinein, in der er mit seinen extremen Auffassungen, die sich niemals geändert hatten, dem offiziellen Italien unbequem wurden. Er spürte, daß es für ihn Zeit wäre, abzutreten. Doch auch dies sollte in den Dienst seiner Idee gestellt werden. So bestimmte er, daß seine Leiche vor dem Dante-Denkmal in Trient aufgebahrt und in seiner Berggemeinde beigesetzt werden müsse. Sein Grabmal schuf er sich noch selbst. Auf dem Friedhof von Montan, zu dem die Ortschaft Glen gehört, bestimmte er den Punkt, an dem sein Grab, ein mächtiger, eindrucksvoller Stein, liegen sollte. Es war die Stelle, von der aus man das ganze Etschtal überblicken konnte. Als Tolomei im Jahre 1952 im Alter von fünfundachtzig Jahren starb, wurde er an dieser Stelle beigesetzt, seinem Wunsche gemäß so, „daß es ihm möglich war, von seinem Grabe aus zu sehen, wie der letzte Südtiroler das Land verließ". Dies allerdings war ein vergeblicher Wunsch.

Staatssekretär Franz Gschnitzer ist in seiner Schrift, „Der Geist Tolomeis", der Wirkung dieses Mannes nachgegangen. Auch wenn uns heute verantwortliche Politiker Italiens absolut glaubwürdig versichern, daß man längst von den Ideen und Methoden Tolomeis abgerückt sei und in der Südtirolpolitik völlig neue Wege eingeschlagen habe, muß man doch feststellen, daß manches von dem, was Tolomei vertreten hat, noch durchaus aktuell geblieben und lediglich in andere, weniger sichtbare politische Bereiche abgesunken ist. Es kommt nicht darauf an, da und dort die kleinen und mittleren Tolomeis aufzuspüren, sondern die großen Zusammenhänge zu sehen, sich danach zu richten und überall, auch auf italienischer Seite, Freunde Südtirols zu suchen. Vergessen wir nicht, daß das Volk Tolomeis auch das Volk Salveminis ist.

SORGE UND HOFFNUNG

Wenn man erkannt hat, auf welche Weise die Südtirolfrage entstanden ist, kann man — wie es der Autor auf den folgenden Seiten versucht — am ehesten mit einiger Sicherheit die künftige Entwicklung dieses Problems beurteilen. Es ist dies der Versuch, einige Lösungsmodelle zu skizzieren — ein persönliches Anliegen des Autors!

AUSBLICK IN DIE ZUKUNFT

Am 29. April 1936 wurde ich in Meran von den Faschisten verhaftet. Was war geschehen? Freunde hatten mich zu einer Vorlesung eingeladen, ohne diese Veranstaltung vorschriftsmäßig anzumelden, weil sie im vorhinein wußten, daß die italienischen Behörden solche Zusammenkünfte nicht bewilligen würden. Faschistische Agenten, als Staatsspione in Südtirol eingesetzt, hatten die „heimliche Verschwörung" ausgekundschaftet. Die Teilnehmer wurden verhaftet. Ich kam vor ein Sondergericht, um abgeurteilt zu werden. Nach Abschluß der Haft wurde ich als österreichischer Staatsbürger aus Italien ausgewiesen und auf den Brenner gebracht. In meinen Paß wurde mit roter Farbe das gefürchtete „allontanato del regno" hineingestempelt — „entfernt aus dem Königreich!" Aus dem Königreich konnte man mich entfernen — übrigens ist inzwischen der König selbst längst schon aus seinem Königreich entfernt worden! —, nicht aber aus Südtirol. Dazu waren mir die Grenzberge zu vertraut. Dieser Aufenthalt in italienischen Kerkern gab mir mehr denn je den Ansporn, in allem, was ich künftig tat und schrieb, für Südtirol zu wirken. Dieses Buch stellt gewissermaßen die Zusammenfassung und den Abschluß dieser Arbeit dar. Ich betrachte mich dabei als den Sprecher jener Generation, die, kurz vor der Jahrhundertwende geboren, in jungen Jahren auf den Gipfeln Tirols den Kampf um die Einheit des Landes geführt hat, der Generation, der Südtirol zum Schicksal geworden ist. Es ist gut und richtig, daß diese Generation, ehe ihre letzten Vertreter in das große Schweigen eingegangen sind, noch einmal zu Worte kommt, um sich vor den künftigen Geschlechtern zu rechtfertigen. Für die Gemeinschaft des Volkes sind diese Vorgänge längst Geschichte geworden. Für die Generation aber, die auf dem Col di Lana, auf dem Pasubio, auf der Costabella gestanden ist, bleibt dies ureigenstes Erlebnis. Diese Männer sprechen noch als Augen- und Ohrenzeugen. Wenn diese Generation, die ihren Soldateneid noch auf Kaiser Franz Josef I. geleistet hat, abtritt, gerät die Darstellung und die Beurteilung dieses Geschehens in die Hände der Historiker, aber auch der Politiker, das heißt, in die Hände von Männern, denen das eigene Erlebnis fehlt. Die Gefahr, daß dabei die geschichtliche Wahrheit entstellt, auf die jeweilige politische Situation abgestimmt und nach ihrer Zweckmäßigkeit zurechtgebogen wird, haben wir bereits zur

Genüge erfahren. Um so wichtiger ist es für uns „Augenzeugen", der Wahrheit zum Durchbruch zu verhelfen.

So will denn dieses Buch nicht alte Wunden aufreißen, sondern, im Gegenteil, durch sein unentwegtes Eintreten für die Wahrheit den heilenden und versöhnlichen Kräften auf beiden Seiten dienen. Voraussetzung dafür ist allerdings, daß man auch auf italienischer Seite den Mut aufbringt, die geschichtlichen Tatsachen zur Kenntnis zu nehmen. So wurden in diesem Buche alle jene Irrtümer, Fehlmeinungen und bewußten Fälschungen, durch die im Laufe eines halben Jahrhunderts die Vorgänge, die zum Verlust Südtirols geführt haben, völlig entstellt worden sind, wieder in das richtige Lot gerückt. Damit aber soll eine Ausgangsstellung gewonnen werden, die es beiden Seiten möglich macht, offen und unvoreingenommen, aus der Sicht unserer Tage heraus, diese geschichtlichen Tatbestände hinzunehmen und gegenseitig jenes Vertrauen zu schaffen, das die Voraussetzung für ein gedeihliches Verhältnis zueinander ist. Dieses Geschichtsbild bedarf also auf italienischer Seite einer gründlichen Korrektur. Um es dem italienischen Partner leichter zu machen, über die entstellende politische Propaganda, die insbesondere vom Faschismus vorangetrieben wurde, hinwegfinden zu können und die Wirklichkeit zu sehen, wurden in diesem Buche mehrfach italienische Zeugen angeführt, ein Zeichen dafür, daß es auch auf italienischer Seite zu allen Zeiten und in allen Situationen Persönlichkeiten gegeben hat, die sich nicht scheuten, entgegen der öffentlichen Meinung, frei und offen für die Wahrheit einzutreten.

Keineswegs sollte dieses Buch nur ein Buch der Anklage werden. Es sollte nur das Unrecht, das Südtirol geschehen ist, klar und überzeugend darstellen. Südtirol ist unrecht geschehen, nicht nur einmal, eine ganze Kette von Unrecht ist über dieses Land hereingebrochen, ein Unrecht, an dem die Menschen dieses Landes keine Schuld tragen. Es gibt wohl kaum ein Land in Europa, in dem dieses Unrecht so offensichtlich geworden ist wie in Südtirol. Dieses Unrecht ging von politischen Mächten aus, auf die man im Lande selbst keinen Einfluß nehmen konnte. Niemand hat sich um den Willen dieser Menschen, um ihr Recht, um ihre Freiheit gekümmert.

Man sagt: Unrecht verjährt nicht. Das mag richtig sein. Aber es geschieht damit etwas viel Ärgeres: Unrecht wird vergessen. Damit aber wird es stillschweigend aufgehoben! Es war eine der Aufgaben dieses Buches, dieses Unrecht den Menschen unserer Zeit, wo immer sie stehen mögen, wieder in Erinnerung zu rufen. Allerdings, der Kampf gegen dieses Unrecht bleibt, sobald man damit politisch manövrieren will, eine heikle und verantwortungsvolle Aufgabe, die großes Einfühlungsvermögen und politisches Geschick erfordert. Immer wieder wird es glücklicherweise Kräfte geben, die sich mit der politischen Lösung, die man für Südtirol getroffen hat, nicht abfinden können. Aber man verkennt dabei, daß es den italienischen Politikern gelungen ist, die Grundlagen dieser Auseinandersetzung völlig zu verschieben. Zwar sieht man heute teilweise auch auf italienischer Seite ein, daß den Südtirolern damals Unrecht geschehen ist. Doch spricht man nicht davon, damit nicht die Gegenseite daraus politisches Kapital schlagen kann. Man fühlt sich peinlich berührt, wenn das Thema der Annexion Südtirols aufgeworfen wird, denn die Gründe, die man einstmals für die Einverleibung Südtirols angeführt hat, sind längst gegenstandslos geworden. Wer im Zeichen der ferngelenkten Waffen, der Atombomben noch die strategische Notwendigkeit der Brennergrenze verteidigen will, macht sich lächerlich. Es geht den Italienern heute um ganz andere Dinge. Mit Südtirol hat Italien eine reiche, wohlgeordnete Provinz gewonnen. Zunächst spielt es noch immer eine gewisse Rolle, daß Südtirol der einzige Gewinn ist, der für Italien aus dem sogenannten Londoner Gemeinvertrag übriggeblieben ist. Alle anderen Gebiete, die damals Italien zugesagt worden waren, sind mittlerweile verlorengegangen. Das verleiht Südtirol, von wirtschaftlichen Erwägungen abgesehen, für Italien einen besonderen „historischen" Wert. Außerdem aber hat man sich inzwischen in dieser Provinz gut etabliert, 140.000 Italiener nach Südtirol hineingeschoben und damit das Anrecht auf dieses Land von einer ganz anderen Seite her begründet. Man fragt nicht mehr, Recht oder Unrecht, man hat „vergessen", auf welche Weise dieses Land zu Italien gekommen ist und fühlt sich seit je allein für Südtirol zuständig. Seit einem halben Jahrhundert, so argumentiert man, habe Italien diese Provinz unter großen Opfern entwickelt und verwaltet. Es habe daher ein Recht, sich als ordnungsgemäßer Eigentümer zu bezeichnen. Garanten dieses Besitzstandes sind jene Italiener, die man inzwischen in diese Provinz eingeschleust hat.

Der Zuwanderung von Italienern ist keine Grenze gesetzt. In den Tagen, da dieses Buch in Druck geht, sieht die bevölkerungspolitische Situation*in Südtirol folgendermaßen aus: Von den 410.000 Bewohnern der Provinz Bozen sind 257.000 deutscher Volkszugehörigkeit, 140.000

sind Italiener, dazu 13.000 Ladiner, die zwar nicht im ethnischen Sinne, wohl aber in ihrer Gesinnung den Südtirolern zuzuzählen sind. In gewissen nationalistischen Kreisen Italiens werden diese Zahlen genau registriert. Dort hofft man eines Tages die deutschsprachige Bevölkerung Südtirols durch weitere Zuwanderungen zahlenmäßig unter das Diktat einer italienischen Mehrheit stellen zu können. Es gibt einzelne unentwegte Nachfolger Tolomeis, die über dieses Problem bereits Hochrechnungen anstellen und in vertrautem Zirkel schon den Tag festlegen, an dem Südtirol eine italienische Mehrheit erlangen wird, so daß man mit „demokratischen" Mitteln erreichen kann, was dem Faschismus mit Gewaltmaßnahmen nicht gelungen ist. Als Beispiel hiefür werden die Vorgänge in der Stadt Bozen angeführt. Hier gelang es sehr bald, die Deutschen in die Minderheit zu drängen und die politische Führung der Stadt an sich zu reißen. Heute leben in Bozen nahezu 80.000 Italiener. Nur mehr ein Viertel der Bewohner ist deutsch. Ähnliches ist in anderen Städten Südtirols geschehen. Von den 140.000 Italienern leben allein 70% in Bozen und Meran, der Rest verteilt sich auf die übrigen Städte und die größeren Ortschaften des Landes. Die städtischen Siedlungen sind schutzlos dem fremden Ansturm preisgegeben, während sich die bäuerlichen Gebiete dank ihrer landschaftlichen Besonderheit stärker dagegen zur Wehr setzen konnten, denn es handelt sich bei diesen Zuwanderern vorwiegend um eine städtische Bevölkerung, die zu dem Lande selbst keine Beziehung hat. Meist kommen diese Menschen aus proletarischen Volksschichten und sind froh, wenn sie Arbeit und Brot finden können und ein Dach über dem Kopf haben. Im übrigen bleibt man auch hier, was man seiner Herkunft nach ist: Sizilianer, Sarde, Calabrier, oder was immer. Man kann die ganze bunte Karte italienischer Volkstypen in Südtirol studieren. Nur die unvermeidliche Konfrontation mit den deutschen Bewohnern läßt diese fremden Menschen ahnen, daß sie eigentlich in diesem Lande eine nationale Aufgabe zu erfüllen hätten. Aber selbst eingefleischte italienische Nationalisten, die in der Südtirolpolitik immer noch eine verhängnisvolle Rolle spielen, zweifeln daran, daß man aus dieser zusammengewürfelten Masse jemals Träger einer nationalen Bewegung formen kann.

Von dieser amorphen Masse sondern sich jene Italiener ab, die im Alto Adige, wie sie es nennen, ihre politische Heimat sehen und sich bewußt „Atesini" nennen. Es sind Menschen, die sich zum Teil schon seit vierzig Jahren oder länger in Südtirol befinden und mit den politischen Verhältnissen im Lande bestens vertraut sind, zum Teil auch junge Leute, die in Südtirol geboren sind und sich hier zuständig fühlen. Unter den „Atesini" gibt es nicht wenige, die sich mit den Südtirolern ausgezeichnet verstehen, ja, die auch deren Forderungen durchaus begreifen und billigen. Wenngleich es sich zumeist nur um eine schmale Schichte von Beamten, Lehrern, Kaufleuten und Künstlern oder anderen Intellektuellen handelt, sollte man diese Entwicklung nicht übersehen. Gewiß, der wirklich kultivierte Typ des „Atesini' der sich bereits mit dem deutschen Nachbar solidarisch erklären würde, ist noch kaum anzutreffen. Im übrigen also wird man, einerlei wie sich die Dinge in Südtirol künftig entwickeln werden, mit den im Lande befindlichen Italienern in vernünftiger Form auskommen müssen. Man soll nicht vergessen, daß es in Tirol, seit dieses Land besteht, immer schon Bewohner italienischer Volkszugehörigkeit gegeben hat. Es gibt also in Tirol eine jahrhundertealte Erfahrung im Zusammenleben mit den italienischen Bewohnern des Landes. Diese Gemeinsamkeit ist erst durch den aufbrechenden Nationalismus in ihrem Wesen verändert worden und hat zu jenem Gegeneinander geführt, durch das letzten Endes die Einheit Tirols verlorengegangen ist. Allerdings war das Zusammenleben beider Volksgruppen durch die Grenze bei Salurn, die eine klare und eindeutige Trennung der beiderseitigen Volksgebiete ermöglichte, erleichtert worden, vor allem aber dadurch, daß sich beide Teile als Tiroler fühlten und der innere Zusammenhalt des Landes noch intakt war. Die derzeitige Situation in Südtirol ist völlig anders. Eine klare räumliche Abgrenzung ist unmöglich geworden. Es kommt heute auf ein unmittelbares Nebeneinander von Haus zu Haus, von Tür zu Tür an. Dafür müssen selbstverständlich andere Formen des Zusammenlebens gefunden werden. Dazu kommt, daß die italienischen Bewohner Südtirols den vollen Schutz des Staates genießen, während die deutschen Bewohner des Landes eben nur als „allogeni" (Fremdstämmige), „alloglotti" (Anderssprachige) oder „autoctoni" (Eingeborene) je nach der jeweils üblichen Terminologie, bestenfalls als „Staatsbürger anderer Nationalität" gelten. Selbstverständlich birgt dieses Nebeneinander beider Volksgruppen die Gelegenheit zu einer Assimilierung, gegen die erfreulicherweise das im wesentlichen bäuerlich bestimmte Volkstum Südtirols bisher eine bedeutende Widerstandskraft bewiesen hat. Es wird in Zukunft darauf ankommen, mit dem positiv eingestellten, landschaftlich gebundenen italienischen Volkstum in Südtirol zu einem guten nachbarlichen

Verhältnis zu kommen, gleichzeitig aber alles zu unternehmen, um Herr im eigenen Haus zu bleiben. Jedem, der Südtirol kennt und liebt, bereitet diese drohende Überfremdung des Landes die größte Sorge. Eines muß hier in aller Deutlichkeit gesagt werden: Man wird künftig den politischen Wert jeder Maßnahme, die von der deutschen Volksgruppe durchgesetzt und erreicht werden kann, daran zu messen haben, wie weit sie geeignet ist, die wachsende italienische Zuwanderung einzudämmen.

Das Spiel ist als Ganzes leicht zu durchschauen. Vom Unrecht, das dem Lande geschehen ist, wird nicht mehr gesprochen. Der Ausgangspunkt des dramatischen Geschehens wird überspielt. Die geschichtliche Wahrheit ist uninteressant geworden. Die Menschen, so hofft man, werden sich an dieses Unrecht gewöhnen, ebenso wie sich die Welt an ein italienisches Südtirol gewöhnt hat.

Italien, das sich selbst in erster Linie als Mittelmeermacht versteht und mediterranen Problemen stets den Vorrang gegeben hat, konnte mit Südtirol ein deutsches Land und eine Viertel Million deutscher Bewohner aufnehmen. Damit hat Italien außerhalb seines ursprünglichen Bereiches eine ganz bestimmte politische Aufgabe übernommen Diese Aufgabe ist für die italienische Politik ebenso neu wie ungewöhnlich und erfordert, das sei offen zugegeben, ein Denken in völlig neuen Kategorien. Damit ist Südtirol, ob man es zugeben will oder nicht, ein Testfall für das deutsch-italienische Verhältnis geworden. Man sollte nicht vergessen, daß die Südtirolfrage, so gering man sie, nach Raum und Einwohnerzahl gemessen, da und dort einschätzen mag, schließlich doch das ganze deutsche Volk berührt, für das diese einzigartig schöne Landschaft immer der deutsche Süden bleiben wird. Politische Maßnahmen in Südtirol wirken sich, direkt oder indirekt, überall aus, wo Deutsche wohnen, selbst dort, wo ein unmittelbares Eingreifen nicht möglich erscheint.

Ich höre einen Kleinmütigen fragen: Was wollt ihr noch? Die Italiener stehen auf dem Brenner. Sie werden immer auf dem Brenner bleiben und Südtirol niemals preisgeben. Nehmt dies endlich zur Kenntnis. Wozu soviel Lärm um Südtirol?

Zunächst: Nichts ist für Südtirol so gefährlich wie Resignation. Jenes verzweifelte „Ach Himmel, es ist verspielt", mit dem die Schützen Andreas Hofers nach der dritten Schlacht auf dem Berg Isel in ihre

Dörfer zurückgekehrt sind, ist kein Lied für die Menschen dieses Landes und darf nie und nimmer ihre Haltung bestimmen. Ich weiß, es sind keineswegs die Schlechtesten, die da glauben, angesichts der unleugbaren Tatsachen müsse man resignieren. Doch ihre Zahl ist gering. Die Bauern aber, und auf die Bauern kommt es in Südtirol vor allem an, haben auf alle Fragen, die mit der Zuwanderung fremder Elemente zusammenhängen, eine gute Antwort gegeben: Kinder. Südtirol übertrumpft damit viele andere. Der Bevölkerungsüberschuß ist so groß, daß damit der Wettlauf mit der jährlichen Zuwachsrate an zugewanderten Italienern aufgenommen werden kann. Die Südtirolfrage, das haben die vergangenen fünfzig Jahre hinlänglich bewiesen, geht über Generationen. Sie wird auch morgen noch Zeit und Geduld erfordern. Tirol hat in seiner Geschichte oft genug bewiesen, daß es schwierige Fragen mit Geduld und Beharrlichkeit zu lösen vermag. Ein Ausspruch des großen Tiroler Bauernführers aus der Zeit des deutschen Bauernkrieges, Michael Gaismair, soll auch für das Tirol von heute gelten: „Wer langsam geht, kommt weit."

Damit aber ist die andere entscheidende Alternative in das Blickfeld getreten: die Europäisierung des Südtirolproblems.

Nahezu alle Autoren, die Bücher über die Südtirolfrage geschrieben haben, schließen ihre Ausführungen mit einem eindringlichen Appell an das europäische Gewissen des italienischen Volkes. Mit allem Nachdruck wird darin das gemeinsame Bekenntnis zu Europa beschworen und erklärt, die Lösung des Südtirolproblems sei geradezu ein Testfall, an dem sich die europäische Gesinnung aller an diesem Problem Beteiligten bewähren müsse.

Das ist sicherlich gut und richtig. Nur durch Auffassungen, die über das enge nationalstaatliche Denken hinausgreifen und von beiden Partnern als verbindlich anerkannt werden, kann man eine einvernehmliche Lösung finden. Ein Südtirol von morgen kann nur europäisch gesehen werden.

Allerdings, wer mit der Mentalität des italienischen Volkes vertraut ist, wird, um sich vor Enttäuschungen zu bewahren, gewisse Vorbehalte machen müssen. Das Wort „Europa" hat im Italienischen einen anderen Klang als im Deutschen. Man muß sich hüten, die von einer breiten Masse des deutschen Volkes getragene Bereitschaft zu einem geeinten Europa ohne weiteres auf andere Nationen zu übertragen und anzunehmen, man würde überall auf unserem Kontinent, also auch in Italien, die gleiche Bereitschaft für einen europäischen Zusammenschluß finden. Während in Deutschland gerade der einfache Mann in der Europabewegung vielfach den einzigen Weg sieht, um aus der schwierigen Situation, in die das deutsche Volk nach der Katastrophe des Jahres 1945 geraten ist, herauszukommen, bleibt dem Italiener der Europagedanke mehr oder weniger gleichgültig. Er braucht Europa nicht und ist überzeugt, daß dieses Europa auch ihn nicht braucht. Er hat zu diesem Europa keine Beziehung und will damit nichts zu tun haben. Es wäre unrichtig zu erwarten, daß der Bewohner von Rom, Neapel oder gar von Sizilien ein ähnliches Verhältnis zu Europa besitzt wie der Bewohner von Frankfurt, Hamburg oder Berlin. Während das im europäischen Kontinent „eingemauerte" Deutschland, um leben zu können, auf Europa angewiesen ist, hat Italien lediglich auf einem Viertel seiner Grenze, nämlich im Alpenbogen, mit Frankreich, der Schweiz, Österreich und Jugoslawien unmittelbare Tuchfühlung. Im Grunde genommen findet Italien daher nicht auf dem europäischen Festland, sondern im Mittelmeer seine politische Heimat. Bündnisse, die Italien mit den Staaten auf dem europäischen Festland abschließt, bleiben mehr oder weniger problematisch. Im letzten geben doch immer die maritimen Interessen und Erfordernisse den Ausschlag. So hat sich Italien in beiden Weltkriegen letzten Endes gegen die europäische Mitte gewandt und sich nicht „europäisch", sondern „mediterran" entschieden. Der Gedanke eines geeinten Europa ist daher in Italien keineswegs populär. Aber auch die politische Führung Italiens hat sich erst mühsam zu einem Bekenntnis für Europa durchringen können. Am 13. Jänner 1951, also zu einer Zeit, da in Deutschland der Europagedanke bereits zu einer Sache des ganzen Volkes, insbesondere auch der Jugend geworden war, erklärte der italienische ehemalige Ministerpräsident Orlando, der in Paris die Einverleibung Südtirols durchgekämpft hatte, ein Mann also, dessen Wort politisches Gewicht hatte, vor dem italienischen Senat: „Für welches Ideal wird der in das Europaheer eingereihte italienische Soldat kämpfen? Ich will ein Italiener sein und nicht ein Europäer. Ich verachte Europa, weil es feig ist. Ich will nicht als Europäer sterben [132]." Erst dem „Österreicher" Alcide De Gasperi gelang es, das Steuer herumzuwerfen und im Jahre 1957 Anschluß an die europäische Mitte zu finden. Durch den Vertrag mit der Europäischen Wirtschaftsgemeinschaft und den Beitritt zum Atlantikpakt hat Italien in Europa jenen politischen Rückhalt gefunden, den ihm seinerzeit der Dreibundvertrag gewährt hatte. Ohne Zweifel gibt es heute in Italien eine bedeutende Zahl von Politikern, Militärs, Wirtschaftsführern und Forschern, die sich sehr aktiv in die Europapolitik eingeschaltet haben, teilweise sogar in den einzelnen Organisationen leitende Stellungen einnehmen. Doch wird man bei ihnen zumeist feststellen müssen, daß im Gegensatz zu den deutschen, aber auch zu den französischen Delegierten, weniger ideologische Motive, also weniger ein überzeugtes Europäertum, als vielmehr rein zweckmäßige Erwägungen für ihre Haltung bestimmend geworden sind. Die italienische Politik versteht es ähnlich wie in der Zeit des Dreibundvertrages aus den Bündnissen, die es auf dem europäischen Festland abgeschlossen hat, den denkbar größten Nutzen zu ziehen, ohne aber entsprechende Verpflichtungen auf anderen Gebieten einzugehen und einer „europäischen" Lösung der Südtirolfrage zuzustimmen. Mit aller Entschiedenheit hat Italien bisher jedes Eingreifen überstaatlicher Organisationen auf diesem Gebiet abgewiesen und eindeutig erklärt, das Südtirolproblem sei eine interne Angelegenheit Italiens. Aber auch die Hoffnung, daß durch eine wachsende europäische Gesinnung des italienischen Volkes die Politiker Italiens gezwungen werden könnten, die Südtirolfrage nicht im nationalstaatlichen Sinne, sondern im Geiste eines neuen Europa zu behandeln, ist eine Illusion. Die Europäisierung des Südtirolproblems, auf die soviele Freunde des Landes ihre Hoffnung setzen, wird nicht von Italien ausgehen, zumindest nicht primär, sondern von der Europapolitik anderer Länder und insbesondere von der Initiative übergeordneter europäischer Institutionen.

So eng auf italienischer Seite die Grenzen einer erfolgreichen Europapolitik gezogen sind, hat es Italien doch verstanden, eine schwierige Frage, die alle Welt sehr beunruhigt hat, die Frage Istrien und Triest, im europäischen Sinne zu lösen. Dabei waren in diesem Falle die Voraussetzungen für eine friedliche Lösung viel schwieriger als in Südtirol, weil es in diesem Raume keine klare ethnographische Abgrenzung gibt. Trotzdem gelang es, in diesem heißumstrittenen Küstengebiet, in dem es wiederholt auch zu bewaffneten Auseinandersetzungen gekommen war, eine für beide Teile annehmbare Lösung zu finden. Gerade an diesem Beispiel hat die italienische Politik bewiesen, daß sie, wenn es die äußeren Umstände erfordern, sehr wohl fähig ist, auf bestimmte nationale Interessen zu verzichten. Dabei handelte es sich in diesem Falle um Gebiete, die Italien als einer Adriamacht wesentlich mehr bedeuten als etwa die Brennergrenze, für die Italien keine überzeugenden Beweise erbringen kann, ein Gebiet, auf dem Italien vielmehr immer fremd bleiben wird. Diese durch gegenseitigen Verzicht erreichte Lösung könnte als Modellfall für eine befriedigende Lösung der Südtirolfrage dienen, ja man fragt sich unwillkürlich, warum nicht auch dieses Problem, das die nachbarlichen Beziehungen im Alpenraum so sehr belastet, schon längst auf ähnliche Weise bereinigt worden ist. Der Grund hiefür ist leicht einzusehen. Eine zweiseitige Lösung setzt voraus, daß die beiden an diesem Streitfall beteiligten Mächte annähernd gleich stark sind, also ungefähr das gleiche Gewicht in die Waagschale werfen können. In Südtirol aber steht dem wirtschaftlich und politisch durch die EWG, militärisch durch die Nato abgesicherten Italien, das kleine neutrale Österreich gegenüber — ein völlig ungleichwertiges Verhältnis, das Italien sehr zu seinem Vorteil auszunützen versteht. Auf staatspolitischer Ebene ist daher die Situation, in der sich Südtirol befindet, denkbar ungünstig. So heftig man sich auch in Österreich, das begreiflicherweise am Schicksal Südtirols den stärksten Anteil nimmt, um eine befriedigende Lösung bemüht hat, besitzt die österreichische Politik doch zu wenig Durchschlagskraft, um sich wirkungsvoll für Südtirol einsetzen zu können. Lediglich über die UNO und verschiedene europäische Institutionen konnte Österreich seinen Forderungen etwas Nachdruck verleihen und die Weltöffentlichkeit auf Südtirol aufmerksam machen. Die Bundesrepublik Deutschland hingegen, die den Bemühungen Österreichs wirklich Gewicht verleihen könnte, grenzt nicht an Italien und besitzt keine Möglichkeit, auf staatspolitischem Gebiete in die Südtirolverhandlungen einzugreifen, so sehr man auch in Deutschland vielfach an der Bedrängnis der Südtiroler teilnimmt.

Anders sieht die Situation aus, wenn man sie nicht von Staat zu Staat, sondern von Volk zu Volk betrachtet. So gesehen stehen sich im Grenzraum von Tirol zwei durchaus gleichwertige Partner gegenüber. An sich bleibt es für das deutsche Volk in seiner Gesamtheit ungewöhnlich, daß deutsche Menschen zum erstenmal im Laufe der Geschichte unter italienische Herrschaft gekommen sind. Das hat psychologische Auswirkungen. Das deutsche Volk wie das italienische haben eine ähnliche politische Entwicklung durchgemacht. Beide Völker haben erst vor einhundert Jahren, nahezu gleichzeitig, in einem Nationalstaat ihre politische Form gefunden, hatten anschließend ähnliche Auseinandersetzungen zu bestehen, hatten ähnliche Sorgen und Nöte und waren daher

schon aus diesem Grunde aufeinander angewiesen. Aus dieser geschichtlichen Partnerschaft entstanden zwischen beiden Völkern enge nachbar-
liche Bindungen, die durch keinen Streitfall beeinträchtigt wurden, während das deutsch-französische Verhältnis von Anfang an durch das Problem Elsaß-Lothringen und die Saarfrage belastet blieb. Daß sich nun
dieses mit Deutschland so gleichgerichtete Italien in Südtirol deutsches
Land und eine Viertel Million Menschen deutscher Volkszugehörigkeit
angeeignet hat, bedeutete den Abbruch des gemeinsam begangenen
Weges und wird vom deutschen Volk als geradezu absurd empfunden. Jeder Deutsche empfindet es schmerzlich, daß Deutsche ausgerechnet von jenem Italien beherrscht werden, mit dem Deutschland
immer in guter ungetrübter Nachbarschaft gelebt hat. Wenn man
diese höchst unerfreuliche Entwicklung zwischen beiden Völkern über-
blickt und dabei auch jene unwägbaren Faktoren, die im Zusammenleben der Völker eine so entscheidende Rolle spielen, in Betracht zieht,
versteht man, wie sehr nicht nur das deutsch-italienische Verhältnis,
sondern darüber hinaus jede auf ein geeintes Europa gerichtete Politik
durch dieses nach wie vor ungelöste Problem belastet wird. Man versteht aber auch die große Anteilnahme, die das Schicksal Südtirols im
deutschen Volk findet.

Freunde, die mit den Notwendigkeiten der Tagespolitik bestens vertraut sind und unmittelbar aus der täglichen Auseinandersetzung, wie
sie das Leben in Südtirol mit sich bringt, kommen, sehen die Zukunft des Landes düster, ohne daß sie sich deshalb in ihrem Auftrag
beirren ließen. Man möchte ihre Haltung als schöpferischen Pessimismus
bezeichnen. Sobald man aber über das Politische, das sie beschäftigt,
hinwegsieht und etwas Abstand zur Tagespolitik gewonnen hat, sehen
die Vorgänge in Südtirol doch anders aus; denn nicht das Politische
allein ist für die Zukunft des Landes entscheidend. Mehr denn je wird
die künftige Entwicklung sowohl durch die Wirtschaft, die den Primat
für sich in Anspruch nimmt, wie durch die ungeheure Bedeutung der
Technik und des modernen Verkehrs bestimmt. Dieser gewaltige, heute
noch kaum überschaubare Einfluß des wirtschaftlichen und technischen
Geschehens schafft völlig neue Formen des Zusammenlebens und zielt
auf eine einheitliche Ausrichtung hin. Das Atomzeitalter, dessen Aufbruch wir erleben, kann nicht mehr mit engem, kleinräumigem Denken
bewältigt werden. Neue Maßstäbe werden gesetzt, neue Wege öffnen
sich, neue Bindungen werden geschaffen, die über die Krisen und Kon-

flikte vergangener Jahrzehnte hinwegführen. Es kommt nur darauf an, diese Entwicklung in eine Bahn zu lenken, durch die das Südtirolproblem auf eine neue Ebene gestellt wird. Wer die Zeichen der Zeit versteht, muß einsehen, daß es auf die Dauer unmöglich ist, sich mit Grenzen herumschlagen zu müssen, die in einer völlig anderen, längst überholten Situation entstanden sind. Längst sind die Männer, die damals die Brennergrenze als „heilige Grenze Italiens" beschworen haben, abgetreten. Die Zeit ist über sie hinweggegangen, aber die Grenze ist geblieben und die Menschen hüben und drüben müssen sehen, wie sie mit dieser Grenze fertig werden können. Immer noch wird auf dem Brenner in großer Form Grenze gespielt. Dem Menschen unserer Tage, der es eilig hat, nach dem Süden zu kommen, wird in diesem rauhen unwirtlichen Hochtal mit Hilfe von Wappen, Fahnen, staatlichen Emblemen und vor allem mit einer Unzahl von Uniformen demonstriert, daß Italien genau an dieser Stelle beginnt und nicht etwa erst dort, wo die Landschaft so aussieht, wie man sich Italien vorstellt. Diese Demonstration ist notwendig, denn niemand, der den Brenner passiert, könnte sonst glauben, daß diese jähen, schroffen Gipfel, dieser dunkle Wald, der weithin die Flanken der Berge bedeckt und nur von den einsamen Gehöften der Bergbauern unterbrochen wird, wirklich schon Italien wäre.

Dieses widersinnige Spiel mit Begriffen und Bestimmungen, an die im Grunde genommen niemand mehr glaubt, die man vielmehr nur noch als Hindernis betrachtet, hat seit einigen Jahren einen neuen, durchaus erfreulichen Aspekt gewonnen. Die Initiative dazu ging von Tirol aus, genauer gesagt, von jenem auf das Inntal und seine Seitentäler reduzierten Teil des Landes, der heute Tirol repräsentiert. Zwar gibt es Nöte und Sorgen genug, mit denen man in Rest-Tirol fertig werden muß, trotzdem aber wurde diesem kostspieligen und aufwendigen Projekt Vorrang gegeben: dem Bau einer Autobahn über den Brenner. Obwohl das Land selbst damals noch keinen Kilometer Autobahn besaß, hat man diesen Bau mit allen Mitteln forciert, um der Welt zu zeigen, wie man sich in Tirol die künftige Entwicklung in diesem Teil der Alpen vorstellt. Selbstverständlich aber konnte dieses Projekt nur durchgeführt werden, weil sich auch auf der Gegenseite Männer fanden, die bereit waren, den Bau der Autobahn vom Brenner südwärts nach Bozen und Trient weiterzuführen und dort an das Netz der italienischen „Autostrada" anzuschließen. Die Frage war, ob sich diese Persönlichkeiten wirklich finden ließen. Viele zweifelten daran. Allen pessimistischen

Prophezeiungen zum Trotz: Diese Männer fanden sich, ein Beweis dafür, daß man, sobald man es nur versteht, die maßgebenden Persönlichkeiten auf italienischer Seite richtig anzusprechen und sie vor eine Aufgabe zu stellen, die als gemeinsames Anliegen empfunden wird, sehr wohl mit einer durchaus „europäischen" Entscheidung rechnen kann. Die Autobahn über den Brenner wurde Wirklichkeit. Es ist die erste und bisher einzige Autobahn, die über die Alpen führt. Damit ist die kürzeste und schnellste Verbindung zwischen dem Norden und dem Süden geschaffen. Mit Bahn, Straße und Autobahn, die alle unmittelbar über die Paßhöhe führen, erhält der Brenner eine Durchgängigkeit, wie sie kein anderer Paß in den Alpen besitzt. In breitem Fächer sammelt der Brenner nun den gesamten Verkehr aus der Mitte Europas, bündelt ihn und führt ihn in einem einzigen Strang nach Süden weiter. Damit aber werden auch die getrennten Teile Tirols einander nähergebracht und über jene längst unzeitgemäß gewordene Grenze hinweg miteinander verklammert. Man kann ruhig sagen, mehr als so manche Autoren, die Bücher über Südtirol schrieben, haben jene Männer, die diese Autobahn planten und bauten, für die Zukunft Südtirols getan. Um ein Symbol zu setzen, das nicht übersehen werden kann und das zugleich die Zielrichtung der eigenen Südtirolpolitik andeuten sollte, wurde das kühnste Bauwerk dieser Autobahn, die fast 200 m hohe Brücke über die Sillschlucht, „Europabrücke" genannt. Damit sollte jene verbindende Funktion, die dem Brenner durch jene widersinnige Grenzziehung vor einem halben Jahrhundert genommen worden war, gewissermaßen symbolisch auf diese Brücke übertragen werden.

Je stärker die einzelnen Staaten Europas aufeinander angewiesen sind und sich politisch näherkommen, sich auch ihrer sozialen Struktur nacheinander anpassen, desto mehr verlieren die Grenzen ihre trennende Funktion. Man kommt daher auch bei der Beurteilung des Südtirolproblems nicht weiter, wenn man nur unentwegt auf die Grenzpfähle starrt. Die Grenze ist im Zeitgeschehen nicht das erste, sondern das letzte, das sich ändert. Sei es wie immer, der Brenner wird in Zukunft der Paß Europas sein, einerlei ob dort, so wie jetzt, die Fahnen zweier voneinander getrennter europäischer Staaten wehen oder ob dort künftig, wie man hoffen möchte, überhaupt keine Fahne mehr wehen wird. Wichtiger als die Frage nach der Grenze ist die Frage nach der Zukunft der deutschen Bewohner Südtirols. Zwar haben die Südtiroler fünf Jahrzehnte italienischer Herrschaft, davon zwei Jahrzehnte radikaler faschistischer Italienisierungspolitik und als einschneidendste Maßnahme die Phase der Umsiedlung überlebt, ohne an ihrer volklichen Substanz wesentlich Schaden zu nehmen. Seinerzeit hat die von Hitler und Mussolini heraufbeschworene Umsiedlung die Menschen des Landes in schwerste seelische Konflikte gestürzt und die Bevölkerung Südtirols in „Geher" und „Bleiber" geschieden. Die Zeit hat damals für die „Bleiber" entschieden. So darf es auch in Zukunft in Südtirol nur mehr „Bleiber" geben, zähe, hartnäckige „Bleiber". Das Bild der Städte hat sich verändert. Damit wird man sich abfinden müssen. Aber die in vielen Jahrhunderten geschaffene Kulturlandschaft ist unverändert geblieben. Mit Wald, Wiese und Acker, mit Bergbauernhof und Dorf ist diese Landschaft so eindeutig Tirol, daß sich darin, gleichgültig wo die Grenzpfähle stehen, nichts ändern wird. Dieses Land zu beiden Seiten der Alpen wird bleiben, was es immer gewesen ist, das Land der Tiroler. Auch die Menschen, die diese Landschaft gestaltet haben, werden bleiben; denn niemand kann ihnen den Auftrag, der ihnen durch die Natur des Landes gestellt worden ist, abnehmen. Man muß in diesem Lande geboren sein und das bäuerliche Erbe von Jahrhunderten in sich tragen, um in diesem Lande arbeiten und leben zu können. Wer von außen kommt, wird sich niemals in dieser Arbeit zurechtfinden.

Es kommt in Zukunft nicht in erster Linie darauf an, welche Wandlungen das politische Bild des Landes Tirol erfahren wird. Wesentlich ist zunächst nur, daß nicht nur die Landschaft, daß vielmehr auch die Menschen bleiben und sich durchzusetzen vermögen. Um alles, was künftig zu erwarten ist, auf die einfachste Formel zu bringen: Nicht auf Tirol, aufgefaßt im Sinne eines mehr oder weniger überlebten Traditionalismus, kommt es künftig an, sondern auf das Tirolische an sich, wobei man unter diesem „Tirolischen" die Gesamtheit aller Faktoren verstehen muß, die diese Landschaft und ihre Menschen bestimmen.

Der sich ständig steigernde moderne Massenverkehr hat das ursprüngliche „Baugesetz" dieses Landes wieder lebendig werden lassen. Das alte „Land im Gebirge" ist durch den wachsenden Verkehr in geänderter Form neu erstanden. Freilich ist damit die Südtirolfrage noch keineswegs gelöst. Man weiß, daß auch die technisch, wirtschaftliche Entwicklung, deren Auswirkungen hier dargestellt wurden, nur eine Komponente in dem mannigfaltigen Kräftespiel um Südtirol bildet, allerdings eine Komponente, die für die Zukunft des Landes als Ausgangsstellung für weitere Maßnahmen dienen könnte, um zu einer Lösung zu kommen, die von beiden Teilen verstanden wird, eine Lösung, die eindeutig auf die geschichtlichen und geographischen Grundlagen dieser Landschaft aufgebaut ist und sich „europäisch" orientiert. Wie immer diese Lösung im einzelnen aussehen wird, eines steht unverrückbar fest: In dieser zu beiden Seiten der Alpen liegenden Landschaft wird das Tirolische immer bestimmend bleiben.

LITERATURVERZEICHNIS

Selten ist über ein deutsches Land soviel geschrieben und veröffentlicht worden wie über Südtirol, ob es sich um künstlerische, wissenschaftliche oder populäre Werke handelt. Die Literatur über Südtirol ist für den einzelnen kaum noch überschaubar. Karl Heinz Ritschel weist in seinem Buche „Diplomatie um Südtirol", dem Standardwerk der Südtirolliteratur, obwohl seine Angaben nur bis zum Jahre 1966 reichen und sich auf politische, geschichtliche und geographische Werke beschränken, 66 Veröffentlichungen allgemeinen Charakters und 210 Einzeldarstellungen auf. Auch Franz Huter gibt in seinem wissenschaftlichen Sammelwerk „Südtirol" wertvolle bibliographische Hinweise. Hingegen gibt es auf italienischer Seite, von der politischen Kampagne Ettore Tolomeis, deren wissenschaftlicher Wert mit Recht bestritten wird, abgesehen, auffallend wenige italienische Werke, die sich mit Südtirol befassen. In dem vorliegenden Werk, das keine wissenschaftlichen Ansprüche erhebt, sondern lediglich bemüht ist, einzelne zwar wissenschaftlich fundierte, aber „vergessene" Tatbestände wieder in Erinnerung zu rufen und dem Gedächtnis des Volkes einzuverleiben, beschränken sich die Literaturangaben auf jene Werke, die für die Abfassung dieser Arbeit wesentlich waren.

GRUNGLEGENDE VERÖFFENTLICHUNGEN

Herre Paul, „Die Südtiroler Frage", Entstehung und Entwicklung eines europäischen Problems der Kriegs- und Nachkriegszeit. C. H. Beck'sche Verlagsbuchhandlung, München 1927. Paul Herre, Leiter des Reichsarchives, gibt in diesem 430 Seiten umfassenden Werk eine wissenschaftliche Darstellung des Südtirolproblemes bis zum Jahre 1927. Einzelne seiner Auffassungen sind heute allerdings überholt.

Huter Franz, „Südtirol", eine Frage des europäischen Gewissens. Verlag für Geschichte und Politik, Wien, 1965. Der bekannte Tiroler Historiker, Universitätsprofessor Franz Huter, unterstützt von einem Team hervorragender wissenschaftlicher Sachbearbeiter, hat mit dieser 616 Seiten umfassenden Veröffentlichung ein Werk geschaffen, das die Südtirolfrage von den verschiedenen Gesichtspunkten aus betrachtet und wissenschaftlich darstellt. Damit werden unbestreitbare Tatsachen festgehalten, die für die Behandlung des Südtirolproblems wesentlich sind.

Ritschel Karl Heinz, „Diplomatie um Südtirol", Politische Hintergründe eines europäischen Versagens, Seewald Verlag, Stuttgart 1966. Karl Heinz Ritschel,

Chefredakteur der „Salzburger Nachrichten", gibt in diesem nahezu 800 Seiten umfassenden Werk eine auf größter Detailkenntnis beruhende, überaus gründliche Darstellung aller politischen Vorgänge um Südtirol, angefangen von der Entstehung dieses Problems bis zur Gegenwart. Dieses grundlegende Werk ist für jede Arbeit, die sich mit Südtirol befaßt, unentbehrlich geworden.

„Der Schlern", Südtiroler Heimatzeitschrift, bringt laufend wissenschaftliche Aufsätze und Abhandlungen über Südtirol und unterrichtet über Neuerscheinungen der Südtirolliteratur.

„Tiroler Heimat", Jahrbuch für Geschichte und Volkskunde, herausgegeben von Hermann Wopfner, seit 1947 von Franz Huter, setzt die wissenschaftliche Arbeit des Tiroler Historikers und seiner Mitarbeiter fort.

„Archivio per l'Alto Adige". Dieses im Jahre 1906 von Ettore Tolomei gegründete Jahrbuch umfaßt Beiträge, die nahezu ausschließlich der Italienisierung Südtirols dienen, deren wissenschaftlicher Wert daher zweifelhaft ist. Anläßlich der Besetzung Südtirols durch die deutsche Wehrmacht im Jahre 1943 wurden sämtliche Schriften und Aufzeichnungen Tolomeis beschlagnahmt und fotokopiert. Der Verfasser dankt seinen Freunden in Bozen und Innsbruck, die ihm Einblick in dieses umfangreiche Material gewährt haben.

Battisti Carlo, „L'Alto Adige nel passato e nel presente", Florenz. Auf den Arbeiten Tolomeis aufbauend, leitet Carlo Battisti das „Istituto di studi per l'Alto Adige", das sich auf wissenschaftlicher Ebene um eine Festigung des italienischen Einflusses in Südtirol bemüht.

Salvemini Gaetano, „Opere Omnia". Unerschrocken ist dieser bedeutende italienische Gelehrte in seinen zahlreichen Veröffentlichungen und Reden für eine gerechte Lösung des Südtirolproblemes eingetreten. Sein Nachlaß wird von Enzo Tagliacozzo ausgewertet und der Öffentlichkeit zugänglich gemacht.

EINZELDARSTELLUNGEN

Amonn Erich, „Südtirols Ringen auf der Pariser Konferenz", Südtirol in Wort und Bild, Band I, 1966.

Arz von Straußenburg Arthur, „Zur Geschichte des großen Krieges 1914—1918", Wien 1924.

Bauer Otto, „Die österreichische Revolution", Wien 1923.

Benesch Eduard, „Der Aufstand der Nationen", Berlin 1928.

Berchtold Leopold, „Am Vorabend des Weltkrieges", Wien 1928.

Borodajkewycz Taras, „Saint Germain", Eckartschriften, Heft 31, Wien.

Brook-Shepherd Gordon, „Um Krone und Reich", die Tragödie des letzten Habsburger Kaisers, Wien 1968, englischer Titel = „The last Habsburg".

Brunner Heinz, „Geblieben aber ist das Volk", Graz 1948.

Papesch Josef, „Was bleibt", eine Bestandaufnahme im politischen und kulturellen Bereich, herausgegeben unter Mitarbeit hervorragender Sachbearbeiter, Graz 1960.

Burger Norbert, „Südtirol — wohin?", Leoni am Starnbergersee 1969.

Conrad von Hötzendorf Franz, „Aus meiner Dienstzeit", Band V, Wien 1925.

Dengel Philipp, „Italien auf falschem Wege", Wien 1919.

Dörrenhaus Fritz, „Deutsche und Ladiner in Südtirol", Archiv für wissenschaftliche Geographie 1953.

Ebner Toni, „Südtirol in Not und Bewährung", Festschrift zum 70. Geburtstag von Michael Gamper, Bozen 1955.

Ermacora Felix, „Südtirol als Rechtsproblem in nationaler und internationaler Sicht", in Huter „Südtirol".

Erzberger Mathias „Erlebnisse im Weltkrieg", Berlin 1920.

Fester Richard, „Die Politik Kaiser Karls und der Wendepunkt des Weltkrieges, München 1925.

Franzel Emil, „Die Geschichte unserer Zeit", München 1963.

Funder Friedrich, „Vom Gestern ins Heute", Wien 1952.

Gamper Michael, „Südtirol — ein Problem des Friedens", Bozen 1955.

Gatterer Claus, „Im Kampf gegen Rom-Bürger, Minderheiten und Autonomien in Italien. Europaverlag, Wien—Frankfurt—Zürich 1968.

Gatterer Claus, „Unter seinem Galgen stand Österreich — Cesare Battisti — Porträt eines Hochverräters", Wien 1967. Mit dieser Schrift hat der in Sexten geborene Südtiroler Journalist und Schriftsteller das von beiden Seiten verkannte und entstellte Bild des Trentiner Politikers Cesare Battisti richtiggestellt und zugleich auf jene italienischen Staatsmänner und Politiker hingewiesen, die gegen eine Annexion Südtirols aufgetreten sind.

Glaise-Horstenau Edmund, „Die Katastrophe", Die Zertrümmerung Österreich-Ungarns und das Werden der Nachfolgestaaten, Wien 1929, Der Leiter des österreichischen Kriegsarchivs, General Edmund von Glaise-Horstenau, dessen der Verfasser in jahrelanger Freundschaft dankbar gedenkt, gibt mit diesem Werk eine umfassende Darstellung aller politischen und militärischen Vorgänge, die zur Auflösung der Donaumonarchie geführt haben.

Grabmayr Karl, „Südtirol", Land und Leute vom Brenner bis zur Salurner Klause, Berlin 1919.

Grabmayr Karl, „Erinnerungen eines Tiroler Politikers 1892—1920", veröffentlicht in den Schlernschriften, 1955, S. 87.

Gschliesser Oswald, „Der italienische Nationalismus", in Huter, „Südtirol".

Gschnitzer Franz, „Die Frage Südtirols", Österreichische Monatshefte 1957, Heft 4.

Gschnitzer Franz, „Der Geist Tolomeis", Innsbruck.

Gschnitzer Franz, „Tirol, geschichtliche Einheit", Innsbruck 1957.

Hantsch Hugo, „Leopold Graf Berchtold", Wien 1963.

Hantsch Hugo, „Der Eintritt Italiens in den Weltkrieg" in Huter, „Südtirol".

Hennersdorf F. K., „Südtirol unter italienischer Herrschaft", eine Schilderung mit urkundlichen Belegen, 1926.

Hitler Adolf, „Die Südtiroler Frage und das deutsche Bündnissystem", München 1926.

Jakoncig Guido, „Tiroler Kaiserjäger im Weltkrieg", 1935.

Jedlicka Ludwig, „Südtirol auf der Pariser Friedenskonferenz", in „Südtirol in Wort und Bild", Band 4, 1959.

258

Jedlicka Ludwig, „Ende und Anfang Österreichs 1918/1919" unter Mitarbeit von Anton Staudinger, Salzburg 1969.

Kaser Josef, „Die Besteigung des Glockenkarkopfes durch Tolomei", Südtirol in Wort und Bild, Heft 2, 1960.

Kinzl Hans, „Südtirol geographisch betrachtet", in Huter, „Südtirol".

Kleinwaechter Friedrich F. G., „Von Schönbrunn bis Saint-Germain", die Entstehung der Republik Österreich", Graz 1964.

Krauss Alfred, „Die Ursachen unserer Niederlagen". Der Sieger von Karfreit gibt in diesem Buche wertvolle Erinnerungen und Urteile aus dem ersten Weltkrieg wieder, München 1922.

Krebs Norbert, „Die Ostalpen und das heutige Österreich", 1928.

Mayr Michael, „Der italienische Irredentismus", Innsbruck 1917.

Mörl Anton, „Die Standschützen im Weltkrieg", Innsbruck 1934.

Mörl Anton, „Die Standschützen verteidigen Tirol", Schlernschriften, Band 185, Innsbruck 1958.

Mumelter Norbert, „Südtirol auf neuem Wege", Burschenschaftliche Blätter, 85, Jahrgang 196, 1970, Heft 1.

Nayer Manfred, „Südtirol — Klischee und Wirklichkeit", Sondernummer des „Fahrenden Skolasten", Südtiroler Hochschülerschaft 1968.

Pan Christoph, „Südtirols interethnischer Konflikt", in: „Volkstum zwischen Moldau, Etsch und Donau", Wilhelm Braumüller Verlag, Wien 1971.

Penck Albrecht, „Die österreichische Alpengrenze", 1916.

Pfaundler Wolfgang, „Südtirol, Versprechen und Wirklichkeit", unter Mitarbeit von Eduard Reut-Nicolussi und Karl Tinzl, Innsbruck 1958.

Pese Walter Werner, „Hitler und Italien 1920—1926", 1955.

Pichler Cletus, „Der Krieg in Tirol 1915, 1916", Innsbruck 1924.

Punt Kassian und Moroder Vigil, „Italien in Südtirol", München 1959.

Raschhofer Hermann, „Selbstbestimmungsrecht", in Staatslexikon, Band VII, 1962.

Ratzenhofer Emil, „Der Waffenstillstand von Villa Giusti", Wien 1925.

Renner Karl, „Österreichs Erneuerung", Wien 1916.

Renner Karl, „Saint Germain und der kommende Friede", Wien 1946.

Riedl Franz Heronymus, „Südtirol, Land europäischer Bewährung", Schlernschriften, Band 140, 1955.

Ritschel Karl Heinz, „Südtirol — Warten auf Europa", Sonderdruck „Furche", 1959, Nr. 45/46, 1959.

Ritschel Karl Heinz, „Südtirol, ein europäisches Unrecht", 1964.

Rohmeder Wilhelm, „Das Deutschtum in Südtirol", Berlin 1919.

Rumpler Helmut, „Das Völkermanifest Kaiser Karls vom 16. Oktober 1918", Wien 1965.

Schloh Bernhard, „Italiens Politik in Südtirol 1919—1945", in Huter „Südtirol".

Sieger Robert, „Die neuen Grenzen in den Alpen", Jahrbuch des D. u. Ö. A. V., 1923.

Singer Ladislaus, „Ottokar Graf Czernin", 1965.

Singer Ladislaus, „Alle litten an Größenwahn", 1966.

Sölch J., „Die Auffassung der natürlichen Grenze in der wissenschaftlichen Geographie", Innsbruck 1924.

Sölch, J., „Die Brennergrenze — eine natürliche Grenze?", Tiroler Heimat, Heft 5/6, Innsbruck 1924.

Springenschmid Karl, „Großmächte unter sich", Salzburg 1934.

Springenschmid Karl, „Wer über den Brenner fährt", Ratschläge für Südtirol-Urlauber und Italienfahrer, Eckartschriften 38, Wien 1971.

Stadlmayer Victoria, „Die italienischen Argumente für die Brennergrenze", in Huter, „Südtirol".

Stadlmayer Viktoria, „Südtirol 1970, Versuch einer Analyse", in: „Volkstum zwischen Moldau, Etsch und Donau", Wilhelm Braumüller Verlag, Wien 1971.

Steinacher Hans, „In Kärntens Freiheitskampf", Verlag Johannes Heyn, Klagenfurt 1970.

Stadlmayer Victoria, „Südtirols Weg", in Huter „Südtirol".

Stolz Otto, „Die Ausbreitung des Deutschtums in Südtirol im Lichte der Urkunden" herausgegeben vom Institut für Sozialforschung in den Alpenländern an der Universität Innsbruck, München 1927—1930.

Stolz Otto, „Wehrverfassung und Schützenwesen in Tirol bis 1918, von den Anfängen bis 1918", aus dem Nachlaß herausgegeben von Franz Huter, Innsbruck 1960.

Stourzh Gerald, „Von Saint Germain zum Belvedere", Sondernummer der „Presse", Wien, „50 Jahre Saint-Germain".

Trafojer Karl, „50 Jahre Vittorio Veneto", in der „Fahrende Scholast", Zeitschrift der Südtiroler Hochschüler, 13. Jahrgang, Heft 5, November 1968.

Tumler Franz, „Das Land Südtirol — Menschen, Landschaft, Geschichte", R. Piper & Co., München 1971. In dem zwischen Bericht und Dichtung stehenden, 485 Seiten umfassenden Werk will der Verfasser ein Gesamtbild Südtirols geben. Die Bezeichnung „Land Südtirol" ist abzulehnen, weil Südtirol in politischem Sinne kein eigenständiges Land, sondern nur ein Teil des Landes Tirol ist. Der Verfasser nimmt die in Südtirol bestehenden Verhältnisse als gegeben hin und vertritt auf einzelnen Gebieten, z. B. in der Überbewertung des Rhätoromanischen, eher den Standpunkt der Italiener als den der Südtiroler.

Volgger Friedl, „Europa und Südtirol", in Pfaundler, „Südtirol, Versprechen und Wirklichkeit", 1958.

Weber von Webenau Victor, „Der Waffenstillstand von Villa Giusti", Innsbrucker Nachrichten vom 13. Februar 1932.

Weingartner Josef, „Südtirol, Landschaft, Kultur, Kunst", Wien 1950.

Werkmann Karl, „Der Waffenstillstand vom November 1918".

Wurzer Bernhard, „Die deutschen Sprachinseln in Oberitalien", 2. überarbeitete Auflage, 1969, Verlagsanstalt Athesia, Bozen. Mit großer Sachkenntnis und Einfühlungsgabe schildert der Verfasser die Verhältnisse in den abgetrennten deutschen Sprachgebieten, — wertvolle Erkenntnisse für den künftigen Schicksalsweg der Südtiroler.

ITALIENISCHE UND ANDERE FREMDSPRACHLICHE VERÖFFENTLICHUNGEN

Almagia Roberto, „La geographia in Italia", 1919.

Battisti Carlo „L'Italia e l'Alto Adige", „Archivio", LII, 1957.

Battisti Carlo, „Il confine italo-austriaco al Brennero", in „Archivio", L, 1956.

Battisti Cesare „Il Trentino", 1898, Neuauflage 1923.

Battisti Cesare, „Scritti politici", Firenze 1923.

Bisolati Leonoda, „La politica estera dell'Italia del 1897 al 1920", 1923.

Buratti Gustavo' „Le populazioni alpine e l'Europa". In: l'Alto Adige in un quadro europeo, Sondrio 1966.

Colmano Serverino, „La Figure di Ettore Tolomei", nei ricordi di un amico, Trient 1957.

Crespi, „Verlorener Sieg", 1917—1919.

Cambillo Carlo, „Il Trentino", 1880.

Malatesta, „I socialisti italiani durante la guerra", Mailand 1926.

Morandini, „Trentino — Alto Adige", Turin 1962.

Mussolini Benito, „Il Trentino veduto da un socialista", Note e notizie, Florenz 1911.

Nuvolone Pietro, „La posizione costituzionale delle minoranze etniche", Sondernummer des „Fahrenden Skolasten" zur XII. Studientagung der Südtiroler Hochschülerschaft, Bozen 1968, S. 28.

Prezzolini Giovanni, „Vittorio Veneto", „Quaderni della", Voce 2, Serie III, Nr. 43, Rom 1920.

Salvemini Gaetano, „Mussolini diplomatico", 1952, Bari 1953.

Tagliacozzo Enzo, „Lettere inedite di Salvemini ai Battisti", 2. Teil, Brennero o Salerno in „Il Mondo", 13. Juni 1961.

Tolomei Ettore „L'Alto Adige durante la guerra", in „Archivio", XIII, 1918.

Tolomei Ettore, „Politica oltre Brennero Rapporti con la Germania e con l'Austria", „Archivio", XXV, 1930.

Tolomei Ettore, „Trentino e Alto Adige provincia unica", in „La Vita Italiana", 1919.

Vinassa Paolo, „Monti e Valli d'Italia", 1943.

Bailey Ch. A., „Wilson and the Peacemakers", 1947.

Baker Ray Stannard, „Woodrow Wilson", Memoiren und Dokumente über den Vertrag zu Versailles, Leipzig 1923.

Baker Ray Stannard, „Woodrow Wilson and World Settlement", Band II.

De Block Mathilde, „Südtirol", Groninge 1954.

Hoover War Library, „The Treaty of St. Germain", 1935.

Intimate Papers of Colonel House, Band IV., 1920.

Nicolson Harald „Peacemakers", 1919, deutsch 1933.

Zemann Zbynêk, „The break-up of the Habsburg Empire", London 1961.

QUELLENANGABEN

[1] Die von Giovanni Marinelli verkündete Wasserscheidentheorie wurde von seinem Sohne Olinto Marinelli in dem geographischen Sammelwerk „La Terra", Florenz 1895, eingehend erläutert und dargestellt. Vgl. Albrecht Penck, „Die österreichische Alpengrenze", Stuttgart 1916, S. 6.

[2] Zit. Hans Kinzl, „Südtirol geographisch betrachtet", in Franz Huter, „Südtirol", S. 238.

[3] Robert Sieger, „Die neuen Grenzen in den Alpen". Zeitschrift des D. u. Ö. A. V. 1923 und Johann Sölch, „Die Auffassung der natürlichen Grenzen in der wissenschaftlichen Geographie", Innsbruck 1924 und „Die Brennergrenze — natürliche Grenze?", Tiroler Heimat V/VI, 1924, Innsbruck Tyrolia.

[4] C. Cambillo in „Il Trentino", Florenz 1880, zit. bei Oswald von Gschliesser, „Der Italienische Nationalismus", in Huter, „Südtirol", S. 174.

[5] Karl Heinz Ritschel, „Diplomatie um Südtirol", S. 62.

[6] Vgl. Franz Gschnitzer, „Der Geist Tolomeis", Innsbruck.

[7] Franz Gschnitzer in „Brennerwanderung", Jahrbuch des Südtiroler Kulturinstitutes 1961, „Die Brennerstraße — Deutscher Schicksalsweg von Innsbruck nach Bozen", S. 366.

[8] Fritz Kögl, Zeitschrift des D. u. Ö. A. V., Jahrgang 1897, S. 197.

[9] Josef Kaser, „Die Erstbesteigung des Glockenkarkopfes durch Tolomei,, Südtirol in Wort und Bild, Heft 2, Mai 1960.

[10] Eugenio Sebastiani, in der alpinen italienischen Zeitschrift „Scarpone".

[11] Der Brief Ludwig Thomas an seinen Freund Konrad Hausmann wurde wiederholt in Tiroler Zeitschriften und Büchern veröffentlicht.

[12] Ettore Tolomei, „Archivio per l'Alto Adige", Band XI, S. 27.

[13] Ritschel, „Diplomatie", S. 59.

[14] Denkschrift von Prato und Genossen vom 3. Juni 1848.

[15] Cesare Battisti, „Il Trentino", Trient 1898, S. 8, Gedenkausgabe 1923, S. 7.

[16] Schreiben Tolomeis an Ernesta Battisti vom 7. September 1937, zit. Claus Gatterer, „Unter seinem Galgen stand Österreich — Cesare Battisti, Porträt eines Hochverräters", Wien 1967.

[17] Ettore Tolomei, „Archivio" Band XXVIII, S. 498.

[18] Ritschel, „Diplomatie", S. 58.

[19] Benito Mussolini, „Il Trentino veduto da un socialista", Florenz 1911, zit. Gatterer, „Battisti", S. 64.

[20] Benito Mussolini, „Il Trentino veduto da un socialista", zit. Gatterer, „Battisti", S. 65.

[21] Claus Gatterer, „Battisti", S. 71.

[22] Leopold Berchtold, „Am Vorabend des Weltkrieges", zit. Ritschel, „Diplomatie", S. 30.

[23] Ritschel, „Diplomatie", S. 31.

[24] Ritschel „Diplomatie", S. 31.

[25] Hugo Hantsch, „Leopold Graf Berchtold", Band II, S. 685/686, vgl. Paul Herre, „Die Südtirolfrage", S. 34.

[26] Österreichisches Staatsarchiv, Ministerprotokolle (Telegramm von Botschafter Mérey vom 2. August 1914).

[27] Hugo Hantsch, „Berchtold", Band II, S. 659.

28 Ettore Tolomei, „Memorie di vita", Rom 1948, S. 326.
29 Claus Gatterer, „Battisti", S. 72.
30 Gaetano Salvemini „Opera Omnia III/I, Mailand 1963, S. 441 ff.
31 Claus Gatterer, „Battisti", S. 89.
32 Gaetano Salvemini, „Opera Omnia", III/II, S. 487.
33 Gaetano Salvemini, „Opera Omnia", III/S. 488 ff.
34 Claus Gatterer, „Battisti", S. 90.
35 Gaetano Salvemini, „Il problema dell'Alto Adige", in „Unitá", vom 15. Jänner 1919.
36 Hugo Hantsch, „Berchtold", Band II, S. 706.
37 Harald Nicolson, „Peacemakers", 1919, deutsch, Stuttgart 1933, S. 156.
38 Ritschel, „Diplomatie", S. 41.
39 Ritschel, „Diplomatie", S. 42.
40 Claus Gatterer, „Battisti", S. 98.
41 Claus Gatterer, „Battisti", S. 99.
42 Claus Gatterer, „Battisti", S. 9.
43 vgl. Gordon Broock-Shepherd, „Um Krone und Reich" und Edmund von Glaise-Horstenau, „Die Katastrophe", S. 78 ff.
44 Giovanni Prezzolini, „Vittorio Veneto", Quaderni delle „Voce", Serie III, Nr. 43, Rom 1920, S. 32 ff.
45 Ludwig Jedlicka, „Ende und Anfang Österreich 1918/1919", S. 18.
46 Ludwig Jedlicka, „Österreich", S. 23.
47 Ludwig Jedlicka, „Österreich", S. 28.
48 vgl. Herre „Südtirol", S. 18/19.
49 Ettore Tolomei, „Archivio", Band X, S. 168.
50 Ettore Tolomei, „Archivio", Band X, S. 317.
51 zit. Richard G. Plaschka, „Die Zerstörung des östlichen Mitteleuropa", Presse/Wien, Sonderausgabe, „50 Jahre nach Saint Germain", 1969.
52 Glaise-Horstenau, „Katastrophe", S. 410.
53 Glaise-Horstenau, „Katastrophe", S. 341.
54 Glaise-Horstenau, „Katastrophe", S. 341.
55 Volle italienische Truppenstärke, bei Glaise-Horstenau, „Katastrophe", S. 342.
56 Glaise-Horstenau, „Katastrophe", S. 338.
57 Vgl. Glaise-Horstenau, „Katastrophe", S. 345.
58 Zit. Karl Trafojer, „50 Jahre Vittorio Veneto", Zeitschrift der Südtiroler Hochschüler, November 1968, 13. Jahrgang, S. 35.
59 Einsatz des Edelweißkorps, bei Glaise-Horstenau, „Katastrophe", S. 351.
60 Glaise,Horstenau, „Katastrophe", S. 421.
61 Giovanni Prezzolini, „Vittorio Veneto", S. 34 ff.
62 J. Hans, „Zum Waffenstillstand von Villa Giusti/Padua, Forschungen, Bilder, Erlebnisse", S. 16.
63 J. Hans, „Waffenstillstand", S. 21.
64 J. Hans, „Waffenstillstand", S. 38.
65 J. Hans, „Waffenstillstand", S. 38.
66 Henry Wilson, „Tagebücher", Herausgegeben von C. E. Callwell, Stuttgart, 1930, S. 324.

[67] Victor Seiller, „Villa Giusti 1918", in „Furche", Nr. 45, vom 8. November 1958, S. 5.

[68] J. Hans, „Waffenstillstand", S. 23.

[69] Gordon Broock-Shepherd, „Krone", S. 236 vgl. Glaise-Horstenau, „Katastrophe", S. 416.

[70] Glaise-Horstenau, „Katastrophe", S. 418.

[71] Glaise-Horstenau, „Katastrophe", S. 418.

[72] Glaise-Horstenau, „Katastrophe", S. 418.

[73] Glaise-Horstenau, „Katastrophe", „Der letzte Waffengang", S. 332—352.

[74] Victor von Weber, „Der Waffenstillstand von Villa Giusti", Innsbrucker Nachrichten, vom 13. Februar 1932.

[75] Victor von Weber, „Waffenstillstand", Innsbrucker Nachrichten, vom 13. Februar 1932.

[76] Victor Seiller, „Villa Giusti", in „Furche" Nr. 46 vom 15. November 1958, S. 3.

[77] Victor Seiller, „Villa Giusti", in „Furche", Nr. 46 vom 15. November 1958, S. 3.

[78] Victor Seiller, „Villa Giusti", in „Furche", Nr. 46, 15. November 1958.

[79] Victor Seiller, „Villa Giusti", in „Furche", Nr. 46, 15. November 1958, S. 3.

[80] Bericht der Südtiroler Hochschülerschaft.

[81] Die Inschrift ist lateinisch: „HIC PATRIAE FINIS SISTE SIGNA — HINC CETEROS EXCOLUIMUS LINGUA LEGIBUS ARTIBUS".

[82] Ritschel, „Diplomatie", S. 70.

[83] Ettore Tolomei, „Archivio", Band XXVI, S. 257 und 265.

[84] Franz Gschnitzer, „Brennerwanderung", Jahrbuch des „Südtiroler Kulturinstitutes", 1961, S. 366.

[85] Claus Gatterer, „Battisti", S. 104.

[86] Reutt-Nicolussi „Tirol unterm Beil", S. 48.

[87] Claus Gatterer, „Battisti", S. 90.

[88] Ritschel, „Diplomatie", S. 102.

[89] Ettore Tolomei, „Archivio", Band X, S. 141, 303, 307.

[90] Harald Nicolson, „Peacemakers", deutsch 1933.

[91] Claus Gatterer, „Der Freund stand links", Forum IX, Heft 103, S. 292.

[92] Leonida Bissolati, „La politica estera dell'Italia 1897—1920", Mailand 1923, S. 405 f.

[93] Claus Gatterer, „Freund", Forum IX, Heft 101, S. 195.

[94] Emil Franzel, „Geschichte unserer Zeit", Augsburg 1963, S. 233.

[95] Im Original: „*Readjustment of the frontiers of Italy should be affected along clearly recognizable lines of nationality.*"

[96] Robert Lansing, „War Memoirs", 1935.

[97] Ritschel, „Diplomatie", S. 78.

[98] Vollständiger Text des Gutachtens bei Ritschel, „Diplomatie", S. 612.

[99] „Intimate Papers of Colonel House", Band IV, S. 435.

[100] Harald Nicolson, „Peacemakers", 1919, deutsch 1933, vgl. Ladislaus Singer, „Alle litten an Größenwahn", 166, S. 42 f.

[101] Luigi Aldovrandi-Marescotti, „Der Krieg der Diplomaten 1914—1919", deutsche Ausgabe 1940, vgl. Ritschel, „Diplomatie", S. 99.

[102] Erschienen in „Alto Adige", Bozen, Nr. 54 vom 4. März 1950, vgl. Ritschel, „Diplomatie", S. 97.

[103] Ch. A. Bailey, „Wilson and the Peacemakers", 1947, S. 252 f.

[104] Ray Stannard Baker, „Woodrow Wilson and World Settlement", Band II, S. 146.

[105] Zit. Gerald Stourzh, „Von Saint Germain zum Belvedere", Presse, Wien, Sondernummer, „50 Jahre Saint-Germain", 1969.

[106] Karl Renner, „Österreich, Saint Germain und der kommende Friede", 1946.

[107] Ritschel, „Diplomatie", S. 80.

[108] Vollständiger Text der Rede bei Ludwig Jedlicka „Österreich", S. 106—109.

[109] Ritschel, „Diplomatie", S. 84/85.

[110] Zit. Gerald Stourzh, „Von Saint Germain zum Belvedere", Presse Wien, Sondernummer, „50 Jahre Saint Germain", 1969.

[111] Vollständiger Text der Rede bei Reutt-Nicolussi, „Tirol unterm Beil", S. 29/30.

[112] Taras Borodajkewycz, „Saint Germain", Eckartschriften 31, S. 38.

[113] Ludwig Jedlicka, „Österreich", S. 114.

[114] Ritschel, „Diplomatie", S. 92.

[115] Ritschel, „Diplomatie", S. 216.

[116] Paul Herre, „Die Südtirolfrage", S. 107.

[117] Claus Gatterer, „Freund", Forum IX, Heft 105.

[118] Claus Gatterer, „Freund", Forum IX, Jeft 105.

[119] Gaetano Salvemini, „Opera Omnia".

[120] Claus Gatterer, „Freund", Forum IX, Heft 102, S. 248.

[121] Claus Gatterer, „Freund", Forum IX, Heft 102, S. 248.

[122] Claus Gatterer, „Freund", Forum IX, Heft 102, S. 247.

[123] Claus Gatterer, „Battisti", S. 112.

[124] Claus Gatterer, „Freund", Forum IX, Heft 105.

[125] Claus Gatterer, „Freund", Forum IX, Heft 105.

[126] Claus Gatterer, „Freund", Forum IX, Heft 105.

[127] Claus Gatterer, „Freund Battisti", S. 113.

[128] Ettore Tolomei, „Archivio", Band XVIII, S. 766 und 781.

[129] Gaetano Salvemini, „Mussolini diplomatico", Bari 1952, S. 439.

[130] Adolf Hitler, „Die Südtirolfrage und das deutsche Bündnissystem", München 1926, vgl. Ritschel, „Diplomatie", S. 133.

[131] Vollständiger Text des Briefes und Faksimile bei Ritschel, „Diplomatie", S. 134—137.

[132] Zit. aus Peter Mayr, „Die Gesellschaft". Dante Alighieri, S. 26.

BILDVERZEICHNIS

Bild 1: Schloß Tirol (Foto: Dr. Frass, Bozen)

Bild 2: Meran, Lauben (Foto: Dr. Frass, Bozen)

Bild 3: Bozen, Pfarrturm und Rosengarten (Foto: Dr. Frass, Bozen)

Bild 4: Schloß Sigmundskron (Foto: Dr. Frass, Bozen)

Bild 5: Bergbauernhof im Pflerschertal (Foto: Dr. Frass, Bozen)

Bild 6: Paternkofel — Sextner Dolomiten (Foto: Dr. Frass, Bozen)

Bild 7: Marmolata (Foto: Dr. Frass, Bozen)

Bild 8: Salurn (Foto: Dr. Frass, Bozen)

Bild 9: Drei Zinnen (Foto: Dr. Frass, Bozen)

Bild 10: Klausen (Foto: Dr. Frass, Bozen)

Bild 11: Industriezone in Bozen (Foto: Dr. Frass, Bozen)

Bild 12: Reschensee (Foto: Dr. Frass, Bozen)

Bild 13: Ossarium bei Innichen

Bild 14: Brennerautobahn mit Europabrücke (Foto: W. Abrecht, Innsbruck)

Bild 16: Vogelweider

INHALTSVERZEICHNIS

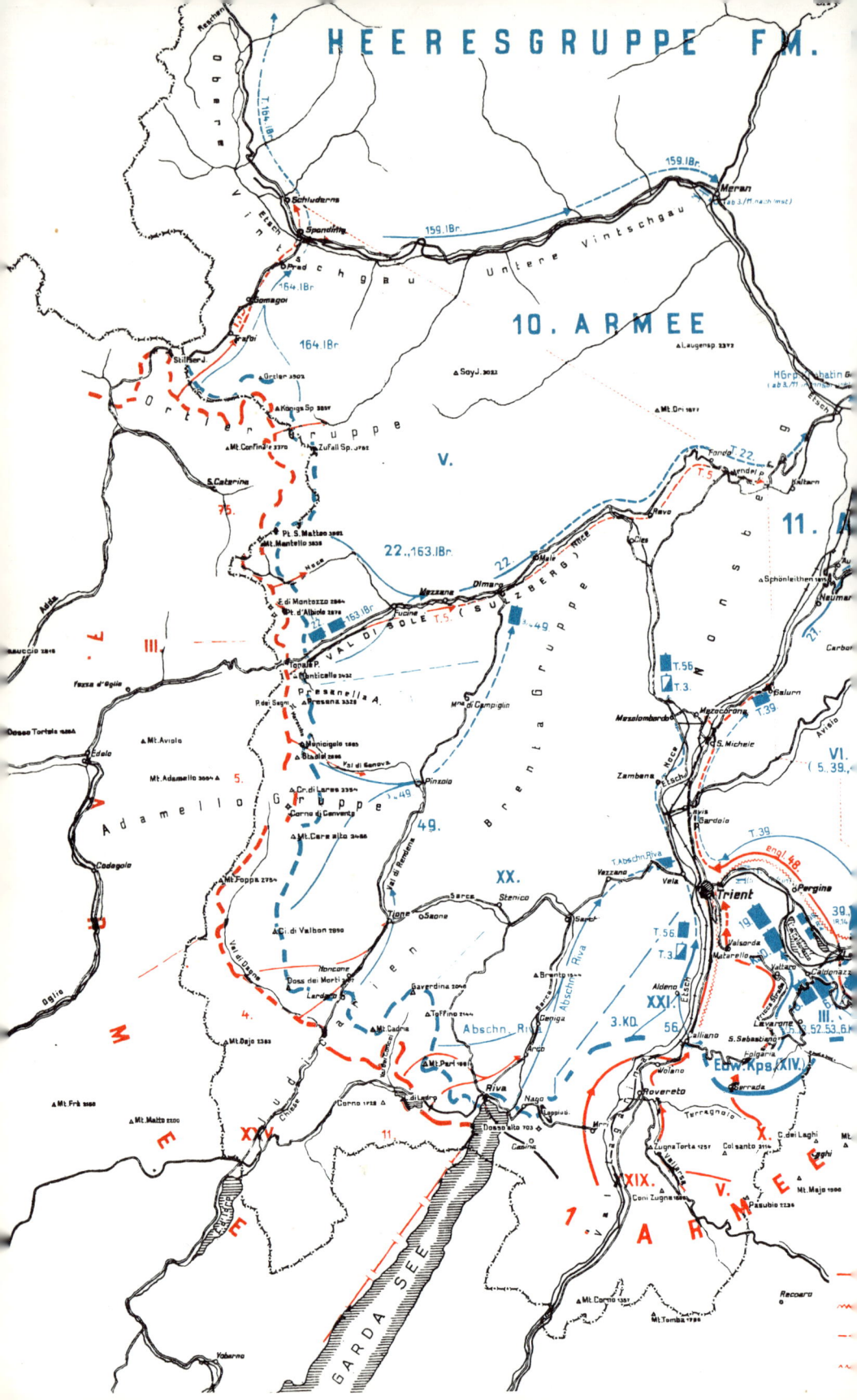